"十四五"职业教育国家规划教材

"十二五"职业教育国家规划教材 修订版
经全国职业教育教材审定委员会审定

U0748052

汽车底盘电控系统故障诊断与检修

第2版

主　编　武　忠　于立辉
副主编　毕亚峰　吕　春　马俊艳
参　编　惠兆旭　李小南　华春龙　苏明海
主　审　杨洪庆

机械工业出版社
CHINA MACHINE PRESS

本书是"十四五"职业教育国家规划教材，书中内容包括电控液力自动变速器故障诊断与检修、防抱死制动系统故障诊断与检修、驱动防滑控制系统故障诊断与检修、电控动力转向系统故障诊断与检修和电控空气悬架系统故障诊断与检修五个项目。

本书在修订过程中新增了扩展和提升内容，以适应汽车新知识、新技术的需要，同时将理论知识和技能实践有机地融合在一起，符合技能型人才培养规律要求。本书贯穿课程思政内容，有助于教学中学生职业道德与敬业精神的养成。

本书基于生产实践选取的典型工作任务及其操作规程和标准，具有示范性，符合"1+X"证书目标要求。

本书配有微视频、动画及网络教学资源，顺应了互联网+教育趋势，便于实施理论学习和网络化教学。

本书可作为职业院校汽车类专业教材，也可供广大车主、汽车维修人员学习参考。

图书在版编目（CIP）数据

汽车底盘电控系统故障诊断与检修/武忠，于立辉主编. —2版. —北京：机械工业出版社，2021.5（2024.8重印）

"十二五"职业教育国家规划教材：修订版

ISBN 978-7-111-68234-9

Ⅰ.①汽…　Ⅱ.①武…②于…　Ⅲ.①汽车–底盘–电气控制系统–故障诊断–中等专业学校–教材②汽车–底盘–电气控制系统–车辆检修–中等专业学校–教材　Ⅳ.①U472.41

中国版本图书馆 CIP 数据核字（2021）第 084738 号

机械工业出版社（北京市百万庄大街 22 号　邮政编码 100037）
策划编辑：曹新宇　责任编辑：曹新宇　师　哲
责任校对：潘　蕊　封面设计：张　静
责任印制：单爱军
北京虎彩文化传播有限公司印刷
2024 年 8 月第 2 版第 8 次印刷
184mm×260mm・14.5 印张・252 千字
标准书号：ISBN 978-7-111-68234-9
定价：49.00 元

电话服务　　　　　　　　网络服务
客服电话：010-88361066　　机 工 官 网：www.cmpbook.com
　　　　　010-88379833　　机 工 官 博：weibo.com/cmp1952
　　　　　010-68326294　　金 书 网：www.golden-book.com
封底无防伪标均为盗版　机工教育服务网：www.cmpedu.com

关于"十四五"职业教育
国家规划教材的出版说明

为贯彻落实《中共中央关于认真学习宣传贯彻党的二十大精神的决定》《习近平新时代中国特色社会主义思想进课程教材指南》《职业院校教材管理办法》等文件精神，机械工业出版社与教材编写团队一道，认真执行思政内容进教材、进课堂、进头脑要求，尊重教育规律，遵循学科特点，对教材内容进行了更新，着力落实以下要求：

1. 提升教材铸魂育人功能，培育、践行社会主义核心价值观，教育引导学生树立共产主义远大理想和中国特色社会主义共同理想，坚定"四个自信"，厚植爱国主义情怀，把爱国情、强国志、报国行自觉融入建设社会主义现代化强国、实现中华民族伟大复兴的奋斗之中。同时，弘扬中华优秀传统文化，深入开展宪法法治教育。

2. 注重科学思维方法训练和科学伦理教育，培养学生探索未知、追求真理、勇攀科学高峰的责任感和使命感；强化学生工程伦理教育，培养学生精益求精的大国工匠精神，激发学生科技报国的家国情怀和使命担当。加快构建中国特色哲学社会科学学科体系、学术体系、话语体系。帮助学生了解相关专业和行业领域的国家战略、法律法规和相关政策，引导学生深入社会实践、关注现实问题，培育学生经世济民、诚信服务、德法兼修的职业素养。

3. 教育引导学生深刻理解并自觉实践各行业的职业精神、职业规范，增强职业责任感，培养遵纪守法、爱岗敬业、无私奉献、诚实守信、公道办事、开拓创新的职业品格和行为习惯。

在此基础上，及时更新教材知识内容，体现产业发展的新技术、新工艺、新规范、新标准。加强教材数字化建设，丰富配套资源，形成可听、可视、可练、可互动的融媒体教材。

教材建设需要各方的共同努力，也欢迎相关教材使用院校的师生及时反馈意见和建议，我们将认真组织力量进行研究，在后续重印及再版时吸纳改进，不断推动高质量教材出版。

机械工业出版社

第2版前言

本书是"十四五"职业教育国家规划教材，是根据教育部公布的中等职业学校汽车类专业教学标准，对接汽车维修工职业标准和岗位需求，参照职业技能大赛要求进行编写的。

进行本书编写前，编写组成员深入学习教育部有关教育教学指导精神，学习国内外先进的职业教育理念、教学模式和方法，深入企业调研、座谈，为本书的编写奠定了坚实的基础，从而达到使学生学好一本教材就能掌握一门技能，并养成良好的职业道德的目标。

为贯彻党的二十大精神，加强教材建设，推进教育数字化，编者在动态修订过程中，对本书内容进行了全面梳理。

本书采用项目任务式体例编写模式，每个项目包含项目描述、任务目标、任务描述、知识储备、任务准备、任务实施、检测评价和课后测评等栏目，使得知识学习和技能培养密切相连，突出"做中教，做中学"的职业教育特色，符合生产实践要求，便于教学实施。

本书坚持知识简练、注重技能培养的原则组织教学内容，教学内容强化操作规范、技能标准和安全要求，并融入了课程思政内容，为培养学生的工匠精神打下基础。

全书共包括五个项目，建议学时为 102 学时，学时分配建议见下表。

项目序号	项目名称	建议学时
一	电控液力自动变速器故障诊断与检修	36
二	防抱死制动系统故障诊断与检修	18
三	驱动防滑控制系统故障诊断与检修	12
四	电控动力转向系统故障诊断与检修	18
五	电控空气悬架系统故障诊断与检修	18
合　计		102

　　本书由长春市机械工业学校武忠、于立辉担任主编，长春市机械工业学校毕亚峰、吕春、马俊艳担任副主编，其他参加编写的有惠兆旭、李小南、华春龙、苏明海。本书在编写过程中，荣邀了长春市通立汽车服务有限公司技术培训师刘成成、长春市晟孚汽车销售服务有限公司技术总监吴洪星广泛参与，他们在专业技能及技术方面提供了大力支持，对教材的编写内容提供了许多宝贵意见，使教材与时俱进，贴近生产实践，在此特表感谢。

　　由于编者水平有限，书中不妥之处在所难免，恳请广大读者批评指正。

编　者

第1版前言

本书是根据教育部《关于职业教育专业技能课教材选题立项的函》（教职成司〔2012〕95号），由全国机械职业教育教学指导委员会和机械工业出版社联合组织编写的"十二五"职业教育国家规划教材，是根据教育部公布的中等职业学校汽车类专业教学标准，同时参考汽车维修工职业资格标准编写的。

本书主要介绍电控液力自动变速器故障诊断与检修、防抱死制动系统故障诊断与检修、驱动防滑控制系统故障诊断与检修、电控动力转向系统故障诊断与检修和电控空气悬架系统故障诊断与检修。本书重点强调培养学生实际动手的能力，编写过程中力求体现以下的特色。

（1）执行新标准　本书依据专业教学标准和"汽车底盘电控系统故障诊断与检修"课程大纲要求，对接汽车维修工职业标准和岗位需求进行编写。

（2）体现新模式　本书采用理实一体化的编写模式，每个项目包含项目描述、任务目标、任务描述、知识储备、任务准备、任务实施、检测评价和课后测评等栏目，突出"做中教，做中学"的职业教育特色。

（3）突出新规范　本书注重操作要点及安全性，突出工作过程规范化，综合企业评价内容对实施任务进行综合性评价。

本书在内容处理上根据职业院校学生的心理特点和认知规律，相关知识的选取、加工、整理，以够用为度，实施内容的选取结合生产实践，以实用为原则。全书共包括五个项目，建议学时为80学时，学时分配建议见下表。

项目序号	项目名称	建议学时
一	电控液力自动变速器故障诊断与检修	36
二	防抱死制动系统故障诊断与检修	12
三	驱动防滑控制系统故障诊断与检修	8
四	电控动力转向系统故障诊断与检修	12
五	电控空气悬架系统故障诊断与检修	12
合　计		80

　　全书由长春市机械工业学校武忠、马俊艳担任主编，长春市机械工业学校徐向东和长春通立汽车商贸有限公司李鹏担任副主编，其他参加编写的有车惠顺、惠兆旭、赵冰、周利伟、赵志明，全书由辽宁省交通高等专科学校杨洪庆副教授任主审。本书经全国职业教育教材审定委员会审定，评审专家对本书提出了宝贵的建议，在此对他们表示衷心的感谢！编写过程中，编者参阅了国内外出版的有关教材和资料，在此对有关作者表示衷心的感谢！

　　由于编者水平有限，书中不妥之处在所难免，恳请广大读者批评指正。

编　者

二维码索引

（续）

序号	二维码	名　　称	页码
9		ABS 的组成	105
10		轮速传感器的安装	105
11		科鲁兹轿车 ABS 电控系统检修	129
12		科鲁兹轿车电动助力转向电动机电路检查	184

目　录

项目一

电控液力自动变速器故障诊断与检修

项目描述

　　自动变速器（Automatic Transmission，AT）因为提高了汽车驾乘的舒适性、安全性及使汽车节能减排而得到了广泛的应用。电控自动变速器结构复杂、制作精密，对汽车维修服务人员能力水平提出了极高的要求。本项目的目标是使学生在学习职业技能的同时养成服务意识，培养学生的职业道德与敬业精神、创新能力和"工匠精神"，使学生牢记社会主义核心价值观，为推动行业进步、社会文明而努力钻研业务。

　　自动变速器有多种形式，主要分为液力自动变速器（AT）、机械式无级自动变速器（CVT）、电控机械自动变速器（AMT）和双离合器自动变速器（DCT）。本项目主要以电控液力自动变速器（EAT）为例进行讲解。

任务一　电控液力自动变速器简介与性能测试

任务目标

1. 知识目标

1）掌握电控液力自动变速器的作用及组成。

2）掌握电控液力自动变速器的基本工作原理。

2. 技能目标

1）能够正确地进行电控液力自动变速器的测试。

2）能够正确地使用测试项目所需的各种仪器设备。

3. 素养目标

培养学生遵守劳动纪律、保障生产安全的意识；树立职业道德、敬业精神、合作意识和创新精神的思维；养成良好的服务意识及责任感。

任务描述

汽车的电控液力自动变速器在使用过程中会出现各种故障，如汽车不能行驶、变速器不能升降档以及换档冲击等，严重影响汽车的正常使用。当故障出现时，不能盲目拆检变速器，应基于变速器结构与工作原理及故障现象特点，有针对性地对变速器进行相应的诊断测试，分析确定故障是由发动机引起的还是由变速器引起的，是由变速器的哪个部分引起的等，以便最终有目的地检修具体部件，从而利于提高变速器的维修质量和维修效率。

知识储备

一、电控液力自动变速器的作用

电控液力自动变速器（图1-1）安装于发动机与传动轴之间，能够根据发动机负荷和车速等情况自动变换传动比，使汽车获得良好的动力性和燃油经济性，并减少发动机排放污染，能有效地减轻驾驶人的工作强度，提高汽车乘坐舒适性及操作安全性。

二、电控液力自动变速器的基本组成及工作原理

1. 基本组成

电控液力自动变速器主要由液力变矩器、机械齿轮变速器、换档执行机构、液压控制系统、电子控制系统和冷却滤油装置等组成。

（1）液力变矩器　液力变矩器是一个通过自动变速器油（ATF）传递动力的装置，其主要功用是：

1）在一定范围内自动、连续地改变转矩比，以适应不同行驶阻力的要求。

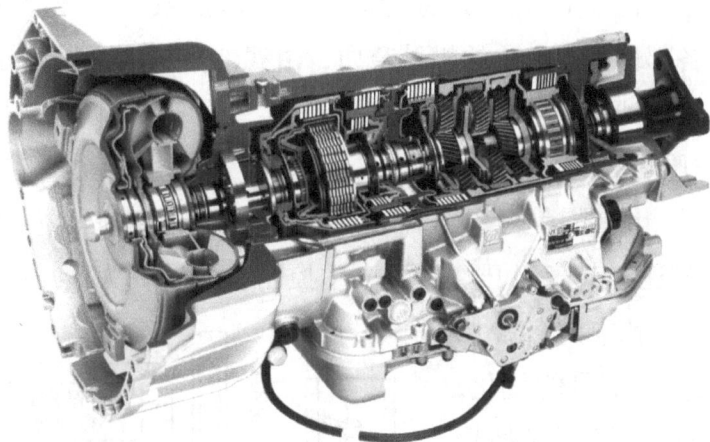

图 1-1 电控液力自动变速器

2）具有自动离合器的功用。在发动机不熄火、自动变速器位于动力档（D 或 R 位）的情况下，汽车可以处于停车状态。驾驶人可通过控制节气门开度控制液力变矩器的输出转矩，逐步加大输出转矩，实现动力的柔和传递。

（2）机械齿轮变速器　以常见的行星齿轮变速器为例，其由 2～3 排行星齿轮机构组成，不同的运动状态组合可得到 2～5 种速比，其功用主要有：

1）在液力变矩器的基础上将转矩增大 2～4 倍，以提高汽车的行驶适应能力。

2）实现倒档传动。

（3）换档执行机构　换档执行机构主要用来改变行星齿轮中的主动元件或限制某个元件的运动。

（4）液压控制系统　液压控制系统是由液压泵、各种控制阀及与之相连通的液压换档执行元件（如离合器、制动器油缸等）组成的液压控制回路。汽车行驶中根据驾驶人的要求和行驶条件的需要，控制离合器和制动器的工作状况的改变来实现机械变速器的自动换档。

（5）电子控制系统　电子控制系统将自动变速器的各种控制信号输入电控单元（ECU），经 ECU 处理后发出控制指令控制液压系统中的各种电磁阀实现自动换档，并改善换档性能。

（6）冷却滤油装置　自动变速器油（ATF）在自动变速器工作过程中会因冲击、摩擦产生热量，并会吸收齿轮传动过程中所产生的热量，油温将会升高。油温升高将导致 ATF 黏度下降，传动效率降低，因此必须对 ATF 进行冷却，使油温保持在 80~90℃ 左右。ATF 是通过油冷却器与冷却液或空气进行热量交换的。自动变速器工作中各部件磨损产生的机械杂质，由滤油器从油中过滤分离出去，以减少机械的磨损、液压油路的堵塞和控制阀的卡滞。

2. 基本工作原理

（1）液控行星齿轮自动变速器　液控行星齿轮自动变速器通过机械传动方式将汽车行驶时的车速和节气门开度这两个主控制参数转变为液压控制信号。液压控制系统的阀板总成中的各控制阀根据这些液压控制信号的变化，按照设定的换档规律操纵换档执行元件，实现自动换档。液控行星齿轮自动变速器基本工作原理如图 1-2 所示。

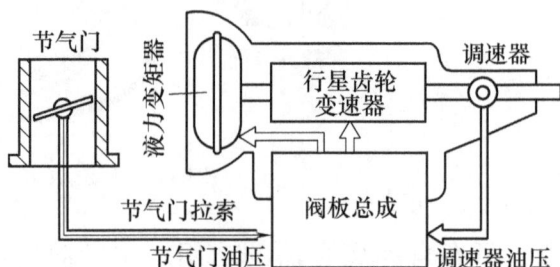

（2）电控行星齿轮自动变速器　电控行星齿轮自动变速器利用各种传感器将发动机的转速、节气门开度、车速、发动机冷却液温度和自动变速器油温度等参数信号输入 ECU，ECU 根据这些信号按照设定的换档规律向换档电磁阀、油压电磁阀等发出控制信号，换档电磁阀和油压电磁阀将 ECU 的动作控制信号转变为液压控制信号，阀板中的各控制阀根据这些液压控制信号控制换档执行元件的动作，从而实现自动换档。电控行星齿轮自动变速器基本工作原理如图 1-3 所示。

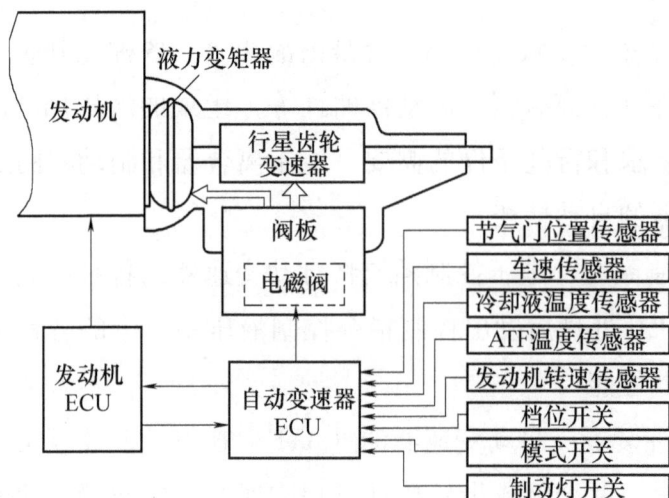

图 1-2　液控行星齿轮自动变速器基本工作原理

图 1-3　电控行星齿轮自动变速器基本工作原理

三、电控液力自动变速器的档位介绍

一般来说，自动变速器的档位分为 P 位、R 位、N 位、D 位、2 位和 1 位等。

（1）P 位（停车档）　只有在车辆完全停稳时，才可挂入该档。挂入该档后，驱动车轮被机械装置锁止而使车轮无法转动。若想将变速杆移出该位置，需踏下制动踏板并按下变速杆手柄上的锁止按钮。

（2）R 位（倒车档）　只有当车辆静止且发动机怠速运转时，才可挂入倒车档。按下变速杆手柄按钮，即可将变速杆移入或移出倒车档。在车辆前行时，不要误将变速杆挂入 R 位，特别是在变速器处于应急状态时，千万不能在前行中挂入 R 位，那样会使自动变速器严重损坏。

（3）N 位（空档）　在点火开关打开状态下，车辆静止或车速低于 5km/h 时，挂入该档后，变速杆会被锁止电磁铁锁止。若想移出该档，需踏下制动踏板，同时按下变速杆手柄按钮，在车速高于 5km/h 时，只需按下手柄按钮即可将变速杆移入或移出 N 位。

（4）D 位（驱动档）　一般情况下可选用此档。在 D 位，变速器控制单元根据车速及发动机负荷等参数，控制变速器在 1～9 档中自由切换。

（5）2 位　2 位为前进档。当变速杆置于 2 位时，汽车会由 1 位起步，随着车速的增加，变速器会自动转至 2 位。2 位可用作上、下斜坡之用，车辆稳定地保持在 1 位或 2 位，不会跳至其他档位。

（6）1 位　1 位是前进档。变速杆置于 1 位时，变速器只在 1 位工作，不能转至其他档位。1 位用于发生严重交通堵塞或斜坡较大的爬坡时。

四、电控液力自动变速器使用注意事项

1）只有变速杆置于 P、N 位时，才可起动发动机。在点火开关打开状态下，若想移出这两个档位，必须先踏下制动踏板，同时按下手柄按钮，才可将变速杆移入其他档位。

2）P 位可作为驻车制动的辅助制动器，但不可替代驻车制动器。

3）车辆被牵引时，变速杆需置于 N 位，牵引时车速不可超过 50km/h，牵引距离不能超过 50km。若需牵引更长的距离，需将驱动车轮升离地面。

4）若自动变速器的电控单元因电气故障而导致其进入应急状态，此时只有 L（或 1）、R 位可以工作，不要认为还有档位可用，就不去修理，应及时查明故障

并排除，否则会损坏自动变速器内的离合器。

5）装有自动变速器的车辆无法用牵引或推动起动的方法起动发动机，因为ATF液压泵不工作，自动变速器无法建立起正常的工作油压。

6）在寒冷的冬季，行车前先起动发动机，预热1min后再挂档行驶。

7）部分驾驶人认为在高速行驶或下坡时挂N位滑行可以节省燃油，其实这是非常错误而且危险的做法。自动变速器在汽车行驶时输出轴转速较高，而此时如果发动机转入怠速状态（挂N位时），变速器会出现供油不足，尤其对离合器而言更是容易因为缺少润滑、冷却而烧损。

五、电控液力自动变速器的检查与性能试验

1. 基本检查

1）油位与油质检查：ATF在使用过程中会有损耗，需定期检查油面高度；油面过低、过高都可能造成系统压力过低及排油不畅，使离合器与制动器接合、分离不彻底而严重影响自动变速器功能。自动变速器高温及机件磨损，易使油液变质并含有杂质，从而影响油液的润滑能力并可能造成油路阻塞，为此要定期对ATF进行检查。

2）节气门拉索检查：节气门的开度将影响自动变速器的换档时间和换档质量，一般节气门拉索上有调节记号，按厂家提供说明进行调节，以保证发动机熄火后节气门全闭，当加速踏板踩死时节气门全开。

3）变速杆检查：变速杆调整不当会使变速杆的位置与自动变速器阀板中手动阀的实际位置不符，造成挂不进停车档或前进低档，或变速杆的位置与仪表盘上档位指示灯的显示不符，造成在空档或停车档时无法起动发动机。

4）换档开关检查：将变速杆拨至各个档位，检查档位指示灯与变速杆位置是否一致、P位和N位时发动机能否起动，R位时倒档灯是否亮起。发动机应只能在空档（N位）和驻车档（P位）起动，其他档位不能起动。若有异常，应调节空档起动开关螺栓和开关电路。

5）发动机怠速检查：发动机怠速不正常，特别是怠速过高，会使自动变速器工作不正常，出现换档冲击等故障。因此，在对自动变速器作进一步的检查之前，应先检查发动机的怠速是否正常。

2. 性能试验

1）失速试验：失速试验是自动变速器在正常工作温度下，将其输出轴制动，

检查变速器在 D、R 位时发动机最大转速。失速试验是检查发动机功率大小、液力变矩器性能好坏及自动变速器中有关换档执行元件的工作是否正常的一种常用方法，用来诊断可能的机械故障部位。

2）时滞试验：时滞试验就是测出在发动机怠速运转时，变速杆由空档位置移动到 D 位、R 位时执行器工作的迟滞时间。时滞试验可根据迟滞时间的长短来判断主油路油压及换档执行元件的工作是否正常。

3）液压试验：在自动变速器一定的工作条件下，利用专用油压表检测相应控制管路的油压。目的是检查液压控制系统各管路及元件是否漏油及各元件（如液力变矩器、蓄能器等）是否工作正常，是判别故障在液压控制系统还是在机械系统的主要依据。

4）手动换档试验：手动换档试验是将电控自动变速器所有换档电磁阀的线束插头全部脱开，用变速杆控制自动变速器档位的工作过程。手动换档试验的作用是确定故障在电子控制系统还是自动变速器其他部分。

5）道路试验：道路试验的目的是验证失速试验、液压试验和时滞试验的结果，进一步确定故障的原因与部位，也是自动变速器维修后质量的验证。

任务准备

1）设备及工具：性能良好的带自动变速器车辆 1 辆，举升器、车轮挡块等；自动变速器油压表、万用表、解码器、秒表等量具、检具；常用成套拆装工具及螺钉旋具等。

2）根据作业任务特点对学生进行分组；发放维修手册，制订工艺流程及作业工单，确定评价机制，制订评价标准。

3）强调任务责任、安全意识、操作规范和质量标准等量化指标，确保工作任务安全有序、保质保量地完成。

任务实施

一、自动变速器基本检查

1. 变速器油面及油质的检查

1）将汽车停放在水平地面上，并拉紧驻车制动器手柄。

2）把变速杆置于 P 位或 N 位（空档），将发动机在怠速时至少运转 1min，油液工作温度为 50 ~ 90℃。

3）踩住制动踏板，将变速杆拨至倒档（R位）、前进档（D位）、前进低档（S、L或2、1）等位置，并在每个档位上停留数秒，使液力变矩器和所有换档执行元件中都充满液压油，最后将变速杆拨至驻车档（P位）位置。

4）从加油管内拔出自动变速器油尺，将擦干净的油尺全部插入加油管后再拔出，检查油尺上的油迹对应的油面高度，如图1-4所示。

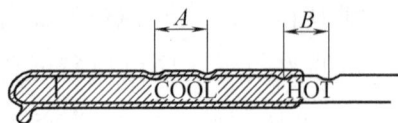

图 1-4　自动变速器油尺

技术要求：自动变速器处于冷态（即冷车刚刚起动，液压油的温度较低，为室温或低于25℃时），ATF油面高度应在油尺刻线的下限附近；如果自动变速器处于热态（如低速行驶5min以上，液压油温度已达70 ~ 80℃），油面高度应在油尺刻线的上限附近。

5）找出ATF油面不正常的原因，排除故障后调整油面至规定位置。

6）拔出油尺，观察油尺上的ATF，应清洁，颜色应接近原油颜色。

7）嗅一嗅油尺上的油液，不应有烧焦味。

8）在手指点上少许油液，再用手指互相摩擦，不应有渣粒，应有一定的黏性。

9）记录检测结果，填写任务单。

10）整理、清洁作业现场。

2. 节气门拉索的检查与调整

1）推动加速踏板连杆，检查节气门是否全开。如果节气门不能全开，调整加速踏板连杆。

2）将加速踏板踩到底，将调整螺母拧松。

3）调整节气门拉索，拧动调整螺母，使索套端和索芯上限位杆之间的距离为0 ~ 1mm，如图1-5所示。

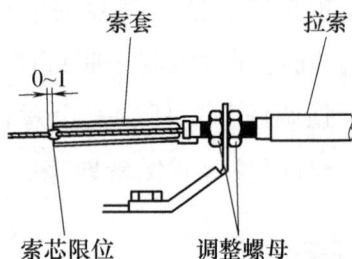

图 1-5　加速踏板拉索调节

4）拧紧调整螺母，重新检查调整情况。

3. 变速杆位置的检查和调整

1）拆下变速杆与自动变速器手动阀摇臂之间的连接杆。

2）将变速杆拨至空档位置。

3）将手动阀摇臂向后拨至极限位置（停车档位置），然后退回2格，使手动阀摇臂处于空档位置。

4）稍稍用力将变速杆靠向R位方向，然后连接并固定变速杆与手动阀摇臂之间的连杆。

5）记录检测结果，填写任务单。

6）整理、清洁作业现场。

4. 档位开关的检查和调整

1）松开档位开关的固定螺钉，将变速杆置于N位。

2）将槽口对准空档基准线。有些自动变速器的档位开关外壳上刻有一条基准线，调整时应将基准线和手动阀摇臂轴上的槽口对齐，如图1-6a所示；也有一些自动变速器的档位开关上有一个定位孔，调整时应使摇臂上的定位孔和档位开关上的定位孔对准，如图1-6b所示。

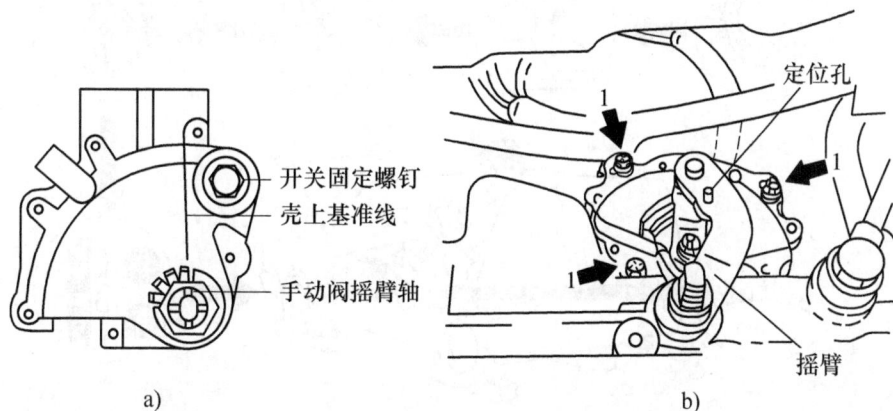

图1-6 档位开关的调整

自动变速器档位开关与调整

3）档位开关的位置调好后进行固定。

4）记录检测结果，填写任务单。

5）整理、清洁作业现场。

二、自动变速器性能检测与试验

1. 失速试验

（1）失速测试前的准备

1）检查ATF油量。如果液面过低，应该补足到规定的油量；如果液面过高，应该放掉多余的油液，使得 ATF 在标准范围以内。

2）检查发动机机油量，必要时进行补充。

3）使车辆行驶 10min，油液的温度达到 50～80℃。

（2）失速试验操作步骤

1）选择一块宽敞平整的场地，停放车辆。

2）用驻车制动器或行车制动器将车轮抱死。

3）用三角木将 4 只车轮前、后均塞住，防止车辆窜动。

4）发动机起动后，踩下制动踏板，将变速杆挂到 D 位。

5）在踩住制动踏板的同时，逐渐踩下加速踏板，使节气门全开，当发动机转速达到某值而不再升高时，迅速记录此时的转速（失速测试转速），然后完全松开加速踏板，如图 1-7 所示。

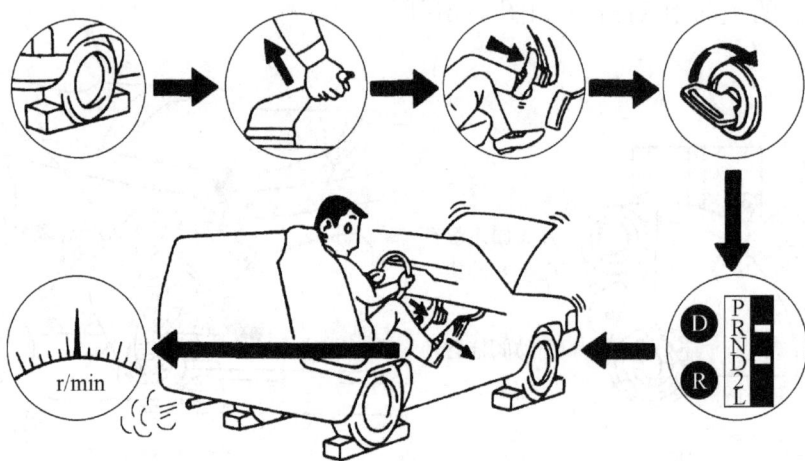

自动变速器失速试验　　　　　　　图 1-7　自动变速器失速试验

>>> **注意**　　自加速踏板踩下到松开，整个时间不得超过 5s，以防油温急剧升高和液力变矩器损坏。

6）将变速杆置于 N 位，踩加速踏板到发动机转速 1200r/min 左右保持 1min，冷却机油。

7）记录检测结果，填写任务单。

8）整理、清洁作业现场。

2. 时滞试验操作步骤

1）让汽车行驶，使发动机和自动变速器达到正常工作温度。

2）将汽车停放在水平地面上，拉紧驻车制动器手柄。

3）检查发动机怠速。如果不正常，应按标准予以调整。

4）将变速杆从空档（N）位置拨至前进档（D）位置，用秒表测量从拨动变速杆开始到感觉到汽车振动为止所需的时间，称为 N→D 迟滞时间。

5）将变速杆拨至空档（N 位），让发动机怠速运转 1min 之后，再重复做一次同样的试验，如图 1-8 所示。

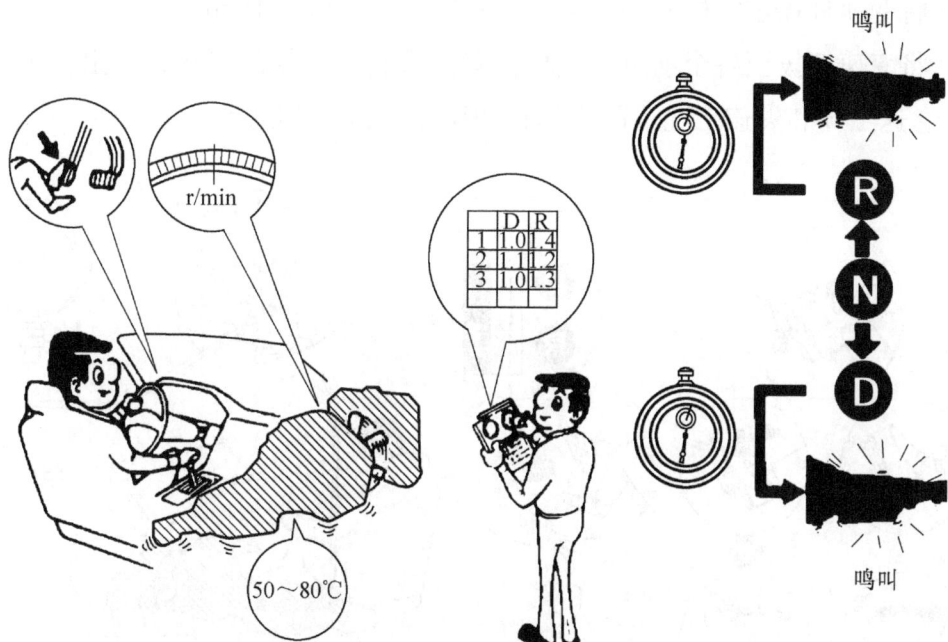

图 1-8　自动变速器时滞试验

6）做 3 次试验，取其平均值。

7）按照上述方法，将变速杆由空档（N 位）拨至倒档（R 位），以测量 N→R 迟滞时间。

技术要求：自动变速器 N→D 迟滞时间小于 1.0 ~ 1.2s，N→R 迟滞时间小于 1.2 ~ 1.5s。

8）记录检测结果，填写任务单。

9）整理、清洁作业现场。

3. 液压试验

1）前进档主油路油压测试操作步骤：

①拆下变速器壳体上主油路测压孔或前进档油路测压孔螺塞，接上油压表。

②起动发动机，拉紧驻车制动器手柄，在油温正常（50 ~ 80℃）时进行试

验，并用三角木将4只车轮前、后均塞住。

③ 将变速杆拨至前进档（D位）。

④ 读出发动机怠速运转时的油压，该油压即为怠速工况下的前进档主油路油压。

⑤ 用左脚踩紧制动踏板，同时用右脚将加速踏板完全踩下，在失速工况下读取油压。该油压即为失速工况下的前进档主油路油压。

⑥ 将变速杆拨至空档或停车档，让发动机怠速运转1min以上。

⑦ 将变速杆拨至各个前进低速档位置，重复①～⑥的步骤，读出各个前进低速档在怠速工况和失速工况下的主油路油压，如图1-9所示。

图1-9　自动变速器油路压力测试

自动变速器主油
路油压检测

⑧ 记录检测结果，填写任务单。

⑨ 整理、清洁作业现场。

2）倒档主油路油压测试操作步骤：

① 拆下自动变速器壳体上的主油路测压孔或倒档油路测压孔螺塞，接上油压表。

② 起动发动机。

③ 将变速杆拨至倒档（R位）。

④ 在发动机怠速运转工况下读取油压，该油压即为怠速工况下的倒档主油路油压。

⑤ 用左脚踩紧制动踏板，同时用右脚将加速踏板完全踩下，在发动机失速工况下读取油压，该油压即为失速工况下的倒档主油路油压。

⑥ 将变速杆拨至空档（N 位），让发动机怠速运转 1min 以上。

⑦ 记录检测结果，填写任务单。

⑧ 整理、清洁作业现场。

4. 手动换档试验操作步骤

1）脱开电控自动变速器的所有换档电磁阀线束插头。

2）起动发动机，将变速杆拨至不同位置，然后做道路试验（也可以将驱动轮悬空，进行台架试验）。

3）观察发动机转速和车速的对应关系，以判断自动变速器所处的档位。自动变速器不同档位时发动机转速和车速的关系见表 1-1。

表 1-1　自动变速器不同档位时发动机转速和车速的关系

档　　位	发动机转速/(r/min)	车速/(km/h)
1 档	2000	18 ~ 22
2 档	2000	34 ~ 38
3 档	2000	50 ~ 55
超速档	2000	70 ~ 75

4）试验结束后，接上电磁阀线束插头。

5）清除 ECU 中的故障码，防止因脱开电磁阀线束插头而产生的故障码保存在 ECU 中，影响自动变速器的故障自诊断工作。

6）记录检测结果，填写任务单。

7）整理、清洁作业现场。

5. 道路试验

（1）升档检查操作步骤

1）将变速杆拨至前进档（D 位）。

2）踩下加速踏板。

3）节气门保持在 1/2 开度左右。

4）让汽车起步加速，检查自动变速器的升档情况。

技术要求：升档时，发动机转速瞬时下降，同时车身有轻微的撞动感。

5）记录检测结果，填写任务单。

6）整理、清洁作业现场。

（2）升档车速检查操作步骤

1）将变速杆拨至前进档（D位）。

2）踩下加速踏板。

3）节气门保持在1/2开度左右。

4）让汽车起步加速。

5）当察觉到自动变速器升档时，记录升档车速，见表1-2。

表1-2　技术要求

节气门开度	1~2档	2~3档	3~4档
50%	25~30km/h	55~70km/h	90~120km/h

6）记录检测结果，填写任务单。

7）整理、清洁作业现场。

（3）升档时发动机转速的检查操作步骤

1）将变速杆拨至前进档（D位）。

2）踩下加速踏板。

3）节气门保持在1/2开度左右。

4）让汽车起步加速。

5）当察觉到自动变速器升档时，记下发动机转速表值，见表1-3。

表1-3　技术要求（检查标准值）

节气门开度	1~2档	2~3档	3~4档
50%	900r/min	2200r/min	3200r/min

6）记录检测结果，填写任务单。

7）整理、清洁作业现场。

（4）换档质量检查操作步骤

1）将变速杆拨至前进档（D位）。

2）踩下加速踏板。

3）节气门保持在1/2开度左右。

4）让汽车起步加速。

5）当察觉到自动变速器升档时，感觉换档时有无冲击感。

技术要求：换档时，自动变速器有微弱的冲击感。

6）记录检测结果，填写任务单。

7）整理、清洁作业现场。

（5）锁止离合器工作状态的检查操作步骤

1）将变速杆拨至前进档（D位）。

2）踩下加速踏板。

3）节气门保持在1/2开度左右。

4）让汽车起步并加速到超速档。

5）以高于80km/h的车速行驶，使变矩器进入锁止状态。

6）快速将加速踏板踩下至节气门达到2/3开度，同时检查发动机转速的变化情况，操作方法如图1-10所示。

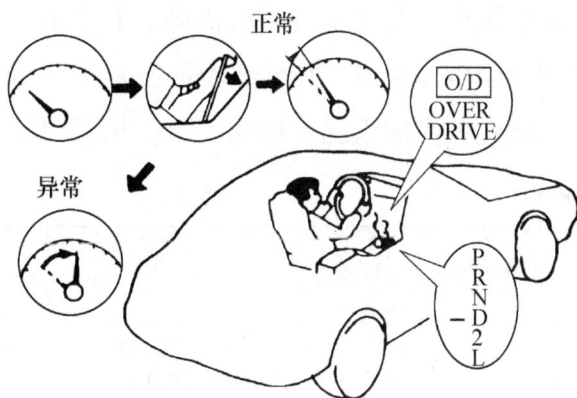

图1-10 锁止离合器工作状态的检查

技术要求：此时，发动机转速没有太大的变化。

7）记录检测结果，填写任务单。

8）整理、清洁作业现场。

（6）发动机制动检查操作步骤

1）将变速杆拨至前进档位置。

2）在汽车以2档或1档行驶时，突然松开加速踏板，检查是否有发动机制动作用。

技术要求：突然松开加速踏板后，车速应立即随之下降。

3）记录检测结果，填写任务单。

4）整理、清洁作业现场。

（7）强制降档功能的检查操作步骤

1）将变速杆拨至前进档（D位）。

2）保持节气门开度为1/3左右。

3）以2档、3档或超速档行驶。

4）突然将加速踏板完全踩到底，检查自动变速器是否强制降低一个档位。

技术要求：在强制降档时，发动机转速会上升至4000r/min左右，并随着加速升档，转速逐渐下降。

5）记录检测结果，填写任务单。

6）整理、清洁作业现场。

检测评价

评价机构人员由学校高级讲师、企业高级技师及经验丰富的客户组成。三方分别侧重学生知识点、技能点及服务意识的考核。

根据任务完成情况及作业工单，填写以下评价表。

班级：　　　　　　　　姓名：　　　　　　　　学号：

序号	考核内容	配分	评 分 标 准	评分记录	扣分	得分
1	生产安全	20	作业工艺流程不符合要求、有安全隐患的，每项扣3分 违反设备、工具、量具安全操作规程，该项不得分 汽油等易燃物使用不当，该项不得分			
2	操作流程规范	26	不能严格执行作业指导书或维修手册操作规范的，每项扣2分			
3	量具与工具使用	16	工具、量具组装及校正错误，该项不得分 工具、量具使用及测量方法不正确每次扣2分			
4	任务工单记录分析	20	记录不正确，每项扣2分 记录分析不正确，每项扣5分			
5	知识点	10	不正确，每项扣2分			
6	思政点	8	违反文明生产及组织纪律扣3分 无合作意识和创新精神扣2分 无服务意识及责任感扣3分			
7	总　评			总　分		

课后测评

一、判断题

（　　）1. 装有自动变速器的汽车，只有当变速杆位于N位时才能起动。

（　　）2. 档位开关为变速器的信号输入部件。

（　　）3. 液力控制自动变速器比电控自动变速器控制更加准确。

（　　）4. 汽车未完全停稳时，不允许由 D 位换入 R 位，也不允许由 R 位换入 D 位。

（　　）5. 怠速过高会产生换档冲击，还会产生车辆蠕动现象。

（　　）6. 自动变速器是无级变速，还可以自动实现升降档，方便操作。

（　　）7. 失速试验是检查发动机、自动变速器及有关换档执行元件是否正常的一种常用方法。试验中当发动机转速高于失速转速时，说明变速器主油路油压过高或换档执行元件打滑。

二、填空题

1. 自动变速器使用过程中临时停车可以选用_____位，长时间停车应选用_____位。

2. 电控液力自动变速器的换档是由_____油压和_____油压控制换档阀工作的。

3. 手动换档试验能够确定故障发生在_____还是_____，可以缩小故障范围。

4. 自动变速器试验包括_____试验、_____试验、_____试验、_____试验和_____试验等。

5. 自动变速器油液的检查分成两部分，即_____和_____的检查。

三、简答题

1. 电控液力自动变速器由哪几部分组成，各部分组成有哪些作用？

2. 简述电控行星齿轮自动变速器基本工作原理。

3. 自动变速器常见档位有哪些？各档位有什么作用？

4. 自动变速器使用注意事项有哪些?

5. 道路试验前应做好哪些准备工作?

任务二　　液力变矩器故障诊断与检修

任务目标

1. 知识目标

1) 了解液力变矩器的功用。

2) 掌握液力变矩器的结构与工作原理。

3) 掌握液力变矩器的单向离合器及锁止离合器的检修方法。

2. 技能目标

1) 能够正确地拆卸与安装液力变矩器。

2) 能够正确地诊断液力变矩器的故障。

3. 素养目标

培养学生遵守劳动纪律、保障生产安全的意识;树立职业道德、敬业精神、合作意识和创新精神的思维;养成良好的服务意识及责任感。

任务描述

液力变矩器安装在发动机的飞轮上,以自动变速器油(ATF)为工作介质,把飞轮的动力传给变速器,车速较低时进行液力传动,车速较高时进行机械传动,极大地提高了汽车乘坐舒适性和操作安全性。在实际工作中由于其内部脏污、磨损等,会大大降低液力变矩器的传动效率,进而影响汽车的起步、加速性能,严重时甚至造成车辆不能行驶。

知识储备

1. 液力变矩器的作用和性能

（1）作用

1）传递转矩。发动机的转矩通过液力变矩器的主动元件，由自动变速器油传给液力变矩器的从动元件，最后传给变速器。

2）无级变速。根据工况的不同，液力变矩器可以在一定范围内实现转速和转矩的无级变化。

3）自动离合。液力变矩器由于采用 ATF 传递动力，发动机怠速时传递小转矩，随转速升高传递大转矩。

4）驱动液压泵。液力变矩器壳体驱动液压泵产生变速器工作油压。

5）离合器的锁止。通过离合器的锁止，实现动力直接传动。

（2）性能

1）自适应性。自适应性指变矩器能够根据外界负荷的大小，自动改变其转速和转矩并使系统处于稳定工作的特性。

2）变矩性能。变矩性能指液力变矩器在一定范围内按一定规律无级改变由泵轮传到涡轮轴转矩的能力。

3）效率性能。效率性能指变矩器在传递能量过程中效率的变化。

4）透穿性能。透穿性能指液力变矩器涡轮轴上的转矩和转速变化时，是否影响泵轮轴上转矩和转速也相应变化的能力。

5）局限性。局限性包括传动效率低、经济性差、结构复杂以及成本高。

2. 液力变矩器的分类

常根据元件数、级数和相数对液力变矩器进行分类。元件数指的是泵轮、涡轮和导轮的总个数；级数是指涡轮的个数；相数是指工作特性（工作状态）的个数，主要有耦合器特性、变矩器特性和锁止离合器特性。汽车使用的液力变矩器普遍采用带有锁止离合器的三元件三相单级液力变矩器。

3. 带有锁止离合器液力变矩器的结构与组成

带有锁止离合器液力变矩器的结构与组成，如图 1-11 所示。

（1）液力变矩器　液力变矩器壳体通过螺栓与发动机曲轴后端的飞轮连接，与发动机曲轴一起旋转，可以在一定转速范围内改变发动机的输出转矩。液力变矩器总成封在一个钢制壳体（变矩器壳体）中，内部充满 ATF。液力变矩器主要

图 1-11　液力变矩器的结构与组成

由三个工作轮（泵轮、涡轮、导轮）和一个单向离合器组成。泵轮位于液力变矩器的后部，与变矩器壳体连在一起；涡轮位于泵轮前，通过带花键的从动轴向后面的机械变速器输出动力；导轮位于泵轮与涡轮之间，通过单向离合器支承在固定套管上，泵轮、涡轮和导轮上都带有叶片，液力变矩器装配好后形成环形内腔，其间充满 ATF。

单向离合器位于变矩器内的导轮和固定套管之间，使得导轮只能单向旋转（顺时针旋转）。常见有滚柱斜槽式和楔块式两种，楔块式单向离合器由外座圈、内座圈、保持架和楔块等组成。

（2）锁止离合器　锁止离合器位于变矩器壳与涡轮之间，可以将泵轮和涡轮直接连接起来，这样能减少液力变矩器在高速比时的能量损耗，提高了传动效率。锁止离合器由主动盘、从动盘和扭转减振器组成。主动盘通过变矩器外壳与泵轮连接，从动盘通过扭转减速器由花键与涡轮连接。

4. 带有锁止离合器液力变矩器的工作原理

（1）动力的传递　液力变矩器工作时，壳体内充满 ATF，发动机带动壳体旋转，壳体带动泵轮旋转，泵轮的叶片将 ATF 带动起来，并冲击到涡轮的叶片；如果作用在涡轮叶片上冲击力大于作用在涡轮上的阻力，涡轮将开始转动，并使机械变速器的输入轴一起转动。由涡轮叶片流出的自动变速器油经过导轮后再流回到泵轮，形成如图 1-12 所示的循环流动。

上述 ATF 的循环流动是两种运动的合运动，当液力变矩器工作，泵轮旋转时，泵轮叶片带动 ATF 旋转起来，ATF 绕着泵轮轴线作圆周运动；同样随着涡轮的旋转，ATF 也绕着涡轮轴线作圆周运动。旋转起来的 ATF 在离心力的作用下，沿着泵轮和涡轮的叶片从内缘流向外缘。当泵轮转速大于涡轮转速时，泵轮叶片外缘的液压大于涡轮外缘的液压。因此，ATF 在绕泵轮和涡轮轴线作圆周运动的同时，在上述压差的作用下由泵轮流向涡轮，再流向导轮，最后返回泵轮，形成在液力变矩器环形腔内的循环运动，如图 1-13 所示。

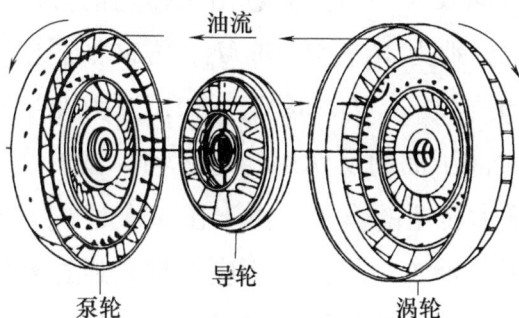

图 1-12　ATF 在液力变矩器中的循环流动

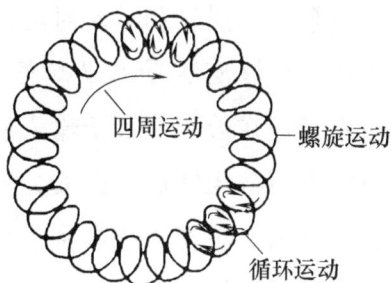

图 1-13　液力变矩器中油的运动流向

（2）变矩原理　变矩器之所以能起变矩作用，是由于结构上有了导轮机构。导轮通过单向超越离合器支撑在固定于变速器壳体的导轮固定套上。单向超越离合器使导轮可以朝顺时针方向旋转（从发动机前面看），但不能朝逆时针方向旋转。

现以变矩器工作轮的展开图（图1-14）来说明液力变矩器的工作原理。沿图所示的工作轮循环圆中间流线将三个工作轮叶片假想地展开，得到泵轮（B），涡轮（W）和导轮（D）的环形平面图。各叶轮片的形状和进出口角度也被显示于图 1-14 中。

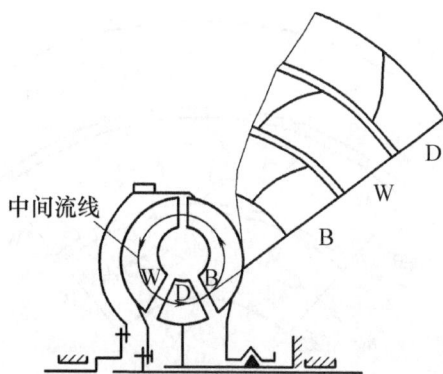

图 1-14　液力变矩器工作轮展开示意图
B—泵轮　W—涡轮　D—导轮

在分析时，假设发动机转速及负荷不变，即变矩器泵轮的转速 N_b 及转矩 M_b 为常数。

首先以汽车起步工况为例进行分析。当发动机运转而汽车还未起步时，涡轮的转速 n_w 为零，如图 1-15a 所示。ATF 在泵轮叶片带动下，以一定的绝对速度沿图 1-15a 所示中 1 的方向冲向涡轮叶片，对涡轮有一作用力，产生绕涡轮轴的转矩，此为液力变矩器的输出转矩。因此时涡轮静止不动，从涡轮流出的液压油从正面冲击导轮叶片，对导轮施加一个朝逆时针方向旋转的力矩，但由于单向超越离合器在逆时针方向具有锁止作用，将导轮锁止在导轮固定套上固定不动，其方向如图1-15a中箭头2所示，然后液流再从固定不动的导轮叶片沿箭头1-5a所示箭头3的方向流回泵轮中。当液流流过叶片时，对叶片作用有冲击力矩，根据作用力与反作用力定律，液流此时会受到叶片的反作用力矩，其大小与作用力矩相等，方向相反。作用力矩与反作用力矩的方向及大小与液流进出工作轮的方向有关。设泵轮、涡轮和导轮对液流的作用力矩分别为M_b、M_w和M_d，方向如图中箭头所示。根据液流受力平衡条件，可得：$M_w = M_b + M_d$。因此可知，液力变矩器的输出转矩在数值上等于输入转矩与导轮对液压油的反作用转矩之和。显然这一转矩要大于输入转矩，即液力变矩器具有增大转矩的作用。由于在起步时$n_w = 0$，从涡轮流出的工作液冲击到导轮叶片的正面，冲击力最大，相应地导轮通过液体给涡轮的反作用力产生的力矩也最大，故起步时涡轮的输出转矩最大，这便于汽车克服较大的起步阻力。

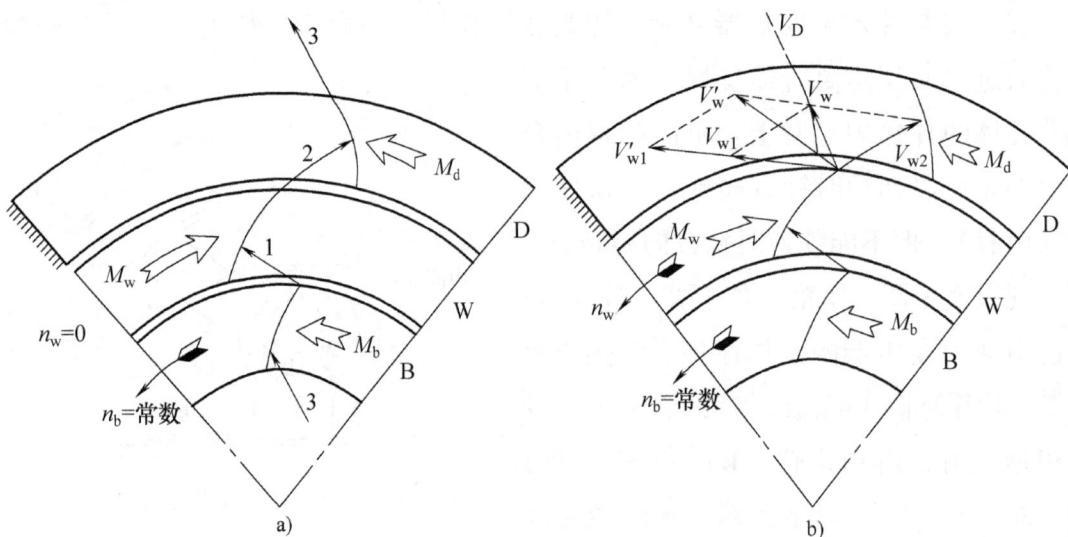

图1-15 液力变矩器工作原理

液力变矩器输出转矩增大的部分即为固定不动的导轮对循环流动的液压油的作用力矩，其数值不但取决于由涡轮冲向导轮的液流速度，也取决于液流方向与导轮叶片之间的夹角。当液流速度不变时，叶片与液流的夹角越大，反作用力矩也越大，液力变矩器的增扭作用也就越大。一般液力变矩器的最大输出转矩可达输入转矩的2.6倍左右。

当汽车在液力变矩器输出转矩的作用下起步后，与驱动轮相连接的涡轮也开始转动,其转速随着汽车的加速不断增加。这时由泵轮冲向涡轮的液压油除了沿着涡轮叶片流动之外,还要随着涡轮一同转动,使得由涡轮下缘出口处冲向导轮的液压油的方向发生变化,不再与涡轮出口处叶片的方向相同,而是顺着涡轮转动的方向向前偏斜了一个角度,使冲向导轮的液流方向与导轮叶片之间的夹角变小,导轮上所受到的冲击力矩也减小,液力变矩器的增扭作用也随之减小。车速越高,涡轮转速越大,冲向导轮的液压油方向与导轮叶片的夹角就越小,液力变矩器的增扭作用亦越小;反之,车速越低,液力变矩器的增扭作用就越大。

当涡轮转速随车速的提高而增大到某一数值时,冲向导轮的液压油的方向与导轮叶片之间的夹角减小为0,这时导轮将不受液压油的冲击作用,液力变矩器失去增扭作用,其输出转矩等于输入转矩。

若涡轮转速进一步增大,冲向导轮的液压油方向继续向前斜,使液压油冲击在导轮叶片的背面,如图1-15b所示,对导轮产生一个顺时针方向的转矩。由于单向超越离合器在顺时针方向没有锁止作用,可以像轴承一样滑转,所以导轮在液压油的冲击作用下开始朝顺时针方向旋转。由于自由转动的导轮对液压油没有反作用力矩,液压油只受到泵轮和涡轮的反作用力矩的作用。因此,这该变矩器不能起增扭作用,其工作特性和液力耦合器相同,这时涡轮转速较高,该变矩器也处于高效率的工作范围。

导轮开始空转的工作点称为耦合点。由上述分析可知,液力变矩器在涡轮转速由0至耦合点的工作范围内按液力变矩器的特性工作,在涡轮转速超过耦合点转速之后按液力耦合器的特性工作。因此,这种变矩器既利用了液力变矩器在涡轮转速较低时所具有的增扭特性,又利用了液力耦合器涡轮转速较高时所具有的高传动效率的特性。

(3)单向离合器作用原理　楔块式单向超速离合器的外环和内环之间有多个特殊独特的端面形状——楔块,如图1-16所示。楔

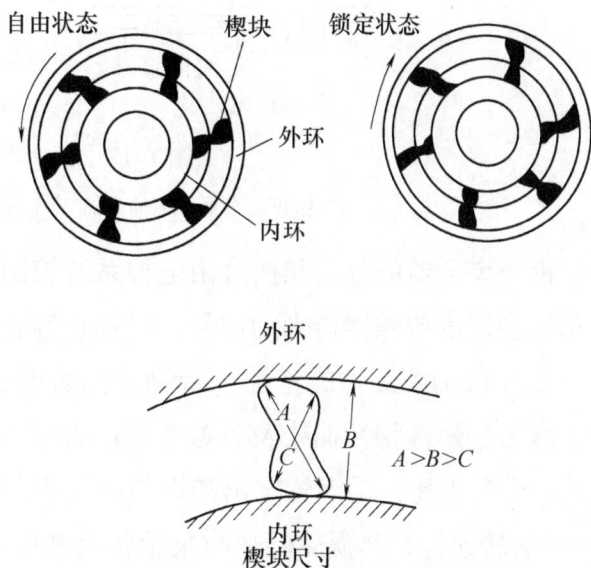

图1-16　单向离合器工作原理

块在 A 方向上的尺寸略大于内外环之间的距离 B，而 C 方向上的尺寸则略小于 B。当外环相对于内环朝顺时针方向旋转时，楔块在摩擦力的作用下立起，因自锁作用而被卡死在内外环之间，使内环和外环无法相对滑转，此时单向超速离合器处于锁定状态；当外环相对于内环朝逆时针方向旋转时，楔块在摩擦力的作用下倾斜，以 C 方向上的尺寸介于内外环自由转动，脱离自锁状态，内外环可以相对滑转，此时单向超速离合器处于自由状态。楔块式单向超速离合器的锁定方向取决于楔块的安装方向，在维修时不可装反，以免影响自动变速器的正常工作。

（4）锁止离合器工作原理　锁止离合器与涡轮一起安装在输出轴上，在油压作用下，锁止离合器可以在输出轴上左右移动，如图 1-17 所示。液力变矩器起变矩作用时，液压油从 A 口进入，锁止离合器分离，回油从 B 口流出。汽车在高速工况下锁止运行时，液力变矩器液压油从 B 口进入，回油从 A 口流出，锁止离合器接合，发动机动力直接经过锁止离合器输出给输出轴，不再经过泵轮、涡轮传出去，这时锁止离合器的传动效率为 1。

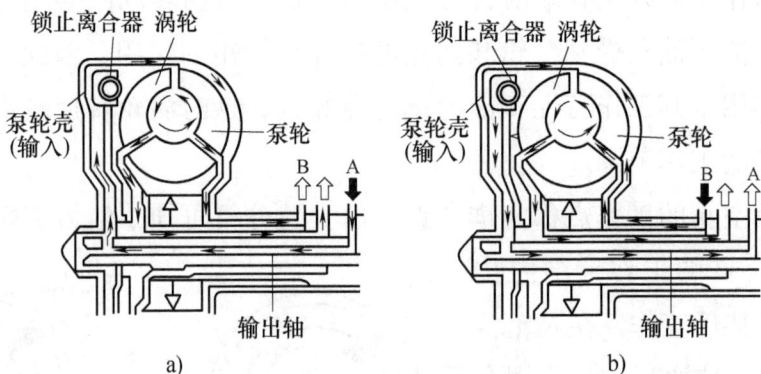

图 1-17　锁止离合器

a）锁止离合器分离油入口　b）锁止离合器接合油入口

锁止离合器的分离和接合由电控系统控制，电控系统根据发动机转速传感器、汽车行驶速度传感器传来的信号，对锁止离合器的分离和接合作出判断。

（5）液力变矩器的特性　带锁止离合器的液力变矩器特性曲线如图 1-18 所示，液力变矩器特性曲线及各参数表达为：

K 为变矩比，是涡轮输出转矩与泵轮输入转矩之比。

i 为转速比，是涡轮转速与泵轮转速之比。

η 为传动效率，是涡轮输出功率与泵轮输入功率之比。

η_0 为液力变矩器的传动效率。

在 $i < i_1$ 区域，$K > 1$ 为变矩器工况。

在 $i_1 \leqslant i \leqslant i_2$ 区域 $K = 1$，为耦合器工况。当涡轮转速升高到 i_2（约为 0.8）时，锁止离合器接合，动力由锁止离合器直接传递，此时 $K = 1$，效率 η 上升约为 100%。锁止离合器的效率特性曲线为 $OABCDE$，其动力性及经济性均较理想，故在轿车上应用较为广泛。

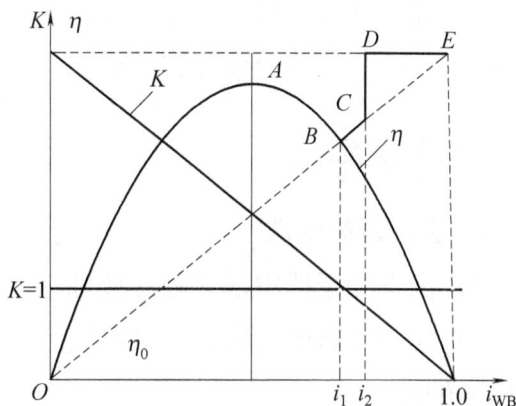

图 1-18　液力变矩器工作特性曲线

当车辆在良好路面行驶时，变矩器进入锁止工况的工作条件一般包括以下五方面：

1）工作温度：ATF 工作温度因车型而异（一般为 50～70℃）。

2）档位：档位开关指示变速器处于前进位，且档位在 D2、D3 或 D4 档。

3）制动开关状态：制动灯开关必须指示没有进行制动。

4）车速：车速必须高于规定值（因车型而异，大部分在 3 档进入锁止工况，50～70km/h）。

5）节气门位置信号：加速踏板处于开启状态。

当车辆起步、低速或在坏路面上行驶时，应将锁止离合器分离，使液力变矩器具有变矩作用。

锁止离合器的常见故障有不锁止和常锁止。不锁止的现象是车辆的油耗高、发动机高速运转而车速不够快。具体检查时要相应检查电路部分、阀体部分以及锁止离合器本身。

常锁止的现象是发动机怠速运转正常，但变速杆置于动力档（R、D、2、L）后发动机熄火。

任务准备

1）设备及工具：工作台，完整的自动变速器 1 台；千分尺、游标卡尺、塞尺、百分表、磁力表座等量具、检具，液力变矩器专用检查工具；常用成套拆装工具及螺钉旋具，台虎钳，油盆和油管等；抹布、煤油等辅料。

2）根据作业任务特点对学生进行分组；发放维修手册，制订工艺流程及作业工单，确定评价机制，制订评价标准。

3）强调任务责任、安全意识、操作规范和质量标准等量化指标，确保工作任务安全有序、保质保量地完成。

任务实施

1. 变矩器的清洗

1）倒出变矩器中残留的液压油。

2）向变矩器中加入2L干净的液压油，摇动变矩器，以清洗其内部，然后将液压油倒出。

3）再次向变矩器内加入2L干净的液压油，清洗后倒出。

2. 液力变矩器的目视检查

1）检查液力变矩器外部有无损坏和裂纹，是否有高温发蓝烧灼现象。

2）检查液力变矩器的连接螺栓是否损坏。

3）检查液力变矩器的传动轴套外圆有无磨损、驱动液压泵的轴套缺口有无损伤。

4）检查涡轮花键有无损伤。

5）上述检视如有异常，应更换液力变矩器。

3. 检查驱动盘和齿圈

1）检查飞轮及挠性板是否翘曲，是否有裂纹。

2）检查起动齿圈有无变形、损坏。

3）安装百分表测量驱动盘的跳动量。

技术标准：最大跳动不超过0.25mm。

4）记录检测结果，确定驱动盘使用性能。

4. 径向圆跳动的检查

1）将液力变矩器安装在发动机飞轮上。

2）将百分表支架及百分表安装在发动机后变速器的安装平面上，使百分表测量触点顶压在变矩器的轴套上。

3）转动发动机曲轴，用千分表检查变矩器轴套的最大偏摆量，如图1-19所示。

4）如果在飞轮转动一周的过程中，千分表指针偏摆大于0.03mm，应采用转换一个角

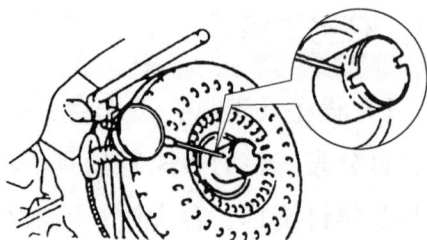

图1-19　液力变矩器轴套偏摆量的检查

度重新安装的方法予以校正，并在校正后的位置上作一记号，以保证安装正确。

5）若无法校正，应更换液力变矩器。

6）记录检测结果，填写作业工单。

5. 检查导轮的单向超越离合器

1）将清洗后的变矩器放置在工作台上。

2）将单向超越离合器内座圈驱动杆（专用工具）插入变矩器导轮的花键中，如图1-20a所示。

3）将单向离合器外座圈固定器（专用工具）插入变矩器中，并卡在轴套上的液压泵驱动缸口内，如图1-20b所示。

4）转动驱动杆，检查单向超越离合器工作是否正常，如图1-20c所示。

技术要求：在逆时针方向上单向超越离合器锁止，顺时针方向上应能自由转动。

5）如有异常，说明单向超越离合器损坏，更换液力变矩器。

6）记录检测结果，填写作业工单。

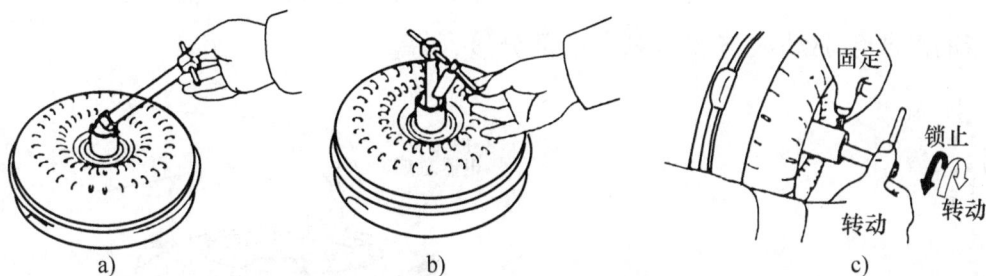

图1-20 导轮单向超越离合器的检查

6. 导轮和涡轮之间的干涉检查

1）将清洗后的液力变矩器使其与飞轮连接侧朝下放在台架上。

2）然后装入液压泵总成，确保液力变矩器液压泵驱动毂与液压泵主动部分接合好，如图1-21所示。

3）把变速器输入轴（涡轮轴）插入涡轮轮毂中，使液压泵和液力变矩器保持不动。

4）然后顺时针、逆时针反复转动涡轮轴，如果转动不顺畅或有噪声，则更换液力变矩器。

技术要求：转动顺畅、无异响。

5）记录检测结果，填写作业工单。

涡轮轴

液压泵
总成

液力变矩器总成

导轮和涡轮之间的干涉检查　　　　图1-21　导轮和涡轮之间的干涉检查

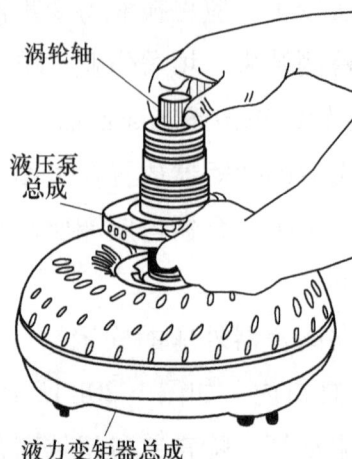

7. 导轮和泵轮之间的干涉检查

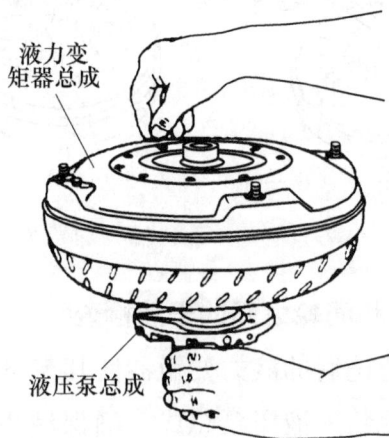

1）将液压泵放在台架上。

2）把液力变矩器安装在液压泵上，如图1-22所示，旋转液力变矩器使液力变矩器的液压泵驱动毂与液压泵主动部分接合好。

液力变
矩器总成

液压泵总成

导轮和泵轮之间的干涉检查　　　　图1-22　导轮和泵轮之间的干涉检查

3）固定住液压泵并逆时针转动液力变矩器，如果转动不顺畅或有噪声，则更换液力变矩器。

4）记录检测结果，填写作业工单。

8. 检测液力变矩器的安装尺寸

1）将变速器总成安装到工作台架上，使其安装接合面朝上。

2）把液力变矩器安装到变速器上时，要使两个传动销坐落在液压泵的切口内。

3）用深度尺检查变矩器与飞轮的安装端面到变速器壳与发动机安装端面的距离，应符合规定值，如图1-23所示。

技术要求：查阅相关维修车辆的维修手册。

4）记录检测结果，填写作业工单。

5）回收设备、工具，清理作业场地。

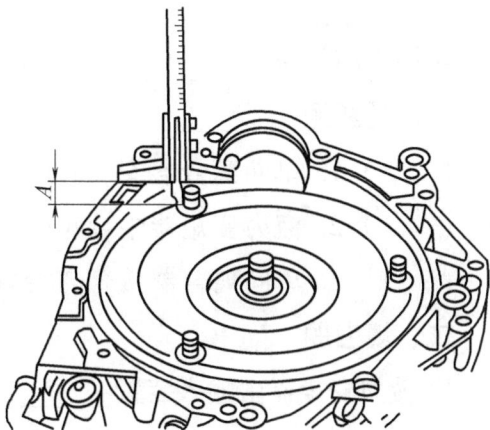

图1-23　液力变矩器安装尺寸检查

检测评价

评价机构人员由学校高级讲师、企业高级技师及经验丰富的客户组成。三方分别侧重学生知识点、技能点及服务意识的考核。

根据任务完成情况及作业工单，填写以下评价表。

班级：　　　　　　　　姓名：　　　　　　　　学号：

序号	考核内容	配分	评 分 标 准	评分记录	扣分	得分
1	生产安全	20	作业工艺流程不符合要求、有安全隐患的，每项扣3分 违反设备、工具、量具安全操作规程，该项不得分 汽油等易燃物使用不当，该项不得分			
2	操作流程规范	26	不能严格执行作业指导书或维修手册操作规范的，每项扣2分			
3	量具与工具使用	16	工具、量具组装及校正错误，该项不得分 工具、量具使用及测量方法不正确每次扣2分			
4	任务工单记录分析	20	记录不正确，每项扣2分 记录分析不正确，每项扣5分			
5	知识点	10	不正确，每项扣2分			
6	思政点	8	违反文明生产及组织纪律扣3分 无合作意识和创新精神扣2分 无服务意识及责任感扣3分			
7	总　评			总　分		

课后测评

一、判断题

（   ）1. 单向离合器安装时应注意其方向性。

（   ）2. 液力变矩器中导轮的作用是改变涡轮上的输出转矩。

（   ）3. 单向离合器接合与否取决于是否有液力油直接作用于单向离合器。

二、填空题

1. 液力变矩器由输入装置_____，输出装置_____，增距装置_____以及固定的_____单向离合器和负责锁止的_____组成。

2. 自动变速器中的大部分液压泵是由_____直接驱动。

3. 紧急制动时，发动机熄火，可能是由于变矩器不能及时使_____分离。

4. 只有_____转速和_____转速比较接近时才有耦合工况。

5. 变矩器在工作时有_____、_____和_____三种传动方式。

三、简答题

1. 简述变矩器进入锁止工况的条件。

2. 在不分解液力变矩器的情况下，如何检查锁止离合器的工作是否正常？

3. 当变矩器内固定导轮的单向离合器出现故障时，自动变速器车辆行驶过程中会有何症状？

4. 锁止离合器的常见故障有哪些？各自对应的现象是什么？

　行星齿轮变速机构故障诊断与检修

任务目标

1. 知识目标

1）掌握单排行星齿轮机构的组成及其运动规律。

2）掌握辛普森行星齿轮变速器的结构、组成和各档传动路线。

3）掌握拉维娜行星齿轮变速器的结构、组成和各档传动路线。

2. 技能目标

1）能够正确地进行行星齿轮变速机构的拆装。

2）能够对行星齿轮变速机构进行检修。

3. 素养目标

培养学生遵守劳动纪律、保障生产安全的意识；树立职业道德、敬业精神、合作意识和创新精神的思维；养成良好的服务意识及责任感。

任务描述

行星齿轮机构是自动变速器中最重要的变速机构，通过其上液压执行器控制行星齿轮的传动路线，实现不同的传动比。其优点是体积小、质量轻、传动比选择范围宽。变速器工作时可能会出现因润滑不良而产生的磨损，交变负荷造成的齿面脱落，过载打齿而引起异响、振动等机械故障，严重影响自动变速器的使用性能；检修中应侧重于部件的表面质量、几何形状尺寸及配合间隙的检测。

知识储备

1. 齿轮转动基础

（1）转速与传动比　转速为单位时间内齿轮或轴的旋转速度，用 r/min 表示。

$$传动比\ i = \frac{从动齿轮齿数}{主动齿轮齿数} = \frac{主动齿轮转速}{从动齿轮转速}$$

由上式可知，齿轮齿数与其转速成反比，简记为：大轮带小轮，输出高速（实现高速档）；小轮带大轮，输出低速（实现低速档）。

（2）旋转方向

1）外啮合方式：两个外齿轮互相啮合进行旋转，转向相反，如图1-24a所示。

2）内啮合方式：一外齿轮和一内齿轮互相啮合进行旋转，转向相同，如图1-24b所示。

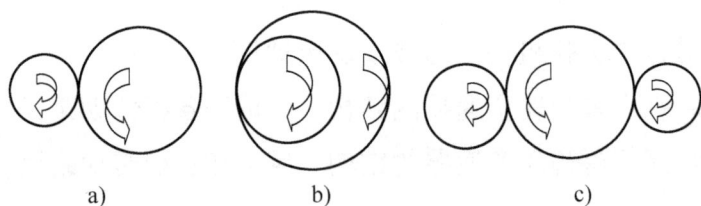

图1-24 齿轮旋转方式

（3）中间齿轮 中间齿轮也称过渡齿轮或惰轮，是在主动和从动齿轮之间加入另一齿轮，与主、从动齿轮啮合，如图1-24c所示。惰轮只是改变主、从动齿轮的旋转方向，不影响传动比。在行星齿轮机构中，行星齿轮就等同于惰轮。

（4）转矩 齿轮的转速改变，转矩也改变。假设主动齿轮转速和转矩分别为 N_1 和 T_1，从动齿轮转速和转矩为 N_2 和 T_2 它们之间的关系如下：

$$\frac{N_1}{N_2} = i = \frac{T_2}{T_1}$$

由上式可知，齿轮转速与转矩成反比，简记为：减速增扭。

2. 单排单级行星齿轮机构

（1）基本结构 如图1-25所示，单排单级行星齿轮机构主要由一个太阳轮（或称为中心轮）、一个带有若干个行星齿轮的行星架和一个齿圈组成。

行星齿轮机构中的太阳轮、齿圈及行星架有一个共同的固定轴线，行星齿轮支承在固定于行星架的行星齿轮轴上，并同时与太阳轮和齿圈啮合。当行星齿轮机构运转时，空套在行星架上的行星齿轮轴上的几个行星齿轮一方面可以绕着自己的轴线旋转，另一方面又可以随着行星架一起绕着太阳轮回转，就像天上行星的运动那样，兼有自转和公转两种运动状态，若行星架固定，太阳轮与齿圈转向相反。在行星排中，具有固定轴线的太阳轮、齿圈和行星架称为行星排的三个基本元件，如图1-26所示。

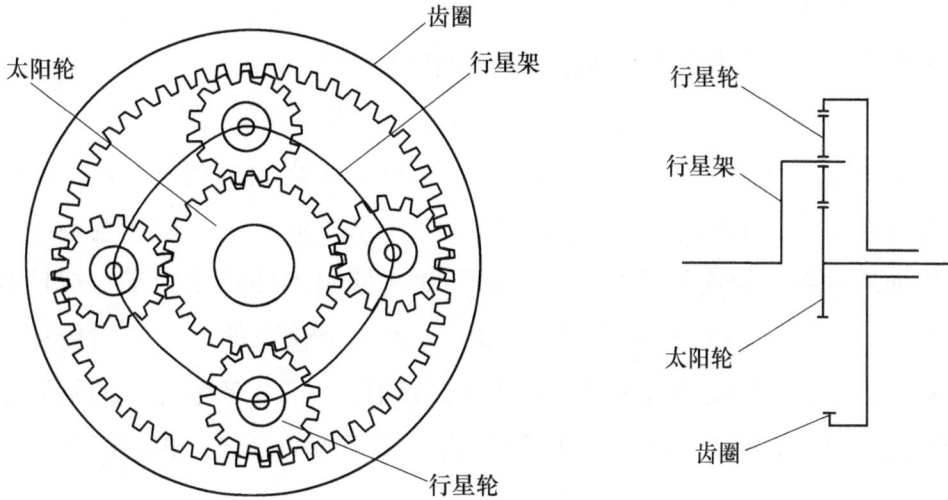

图1-25　单排单级行星齿轮机构

用行星齿轮机构作为变速机构，由于有多个行星齿轮同时传递动力，而且常采用内啮合式，充分利用了齿圈中部的空间，故与普通齿轮变速机构相比，在传递同样功率的条件下，可以大大减小变速机构的尺寸和质量，并可实现同向、同轴减速传动；另外，由于采用常啮合传动，动力不间断、加速性好、工作也可靠。

（2）单排单级行星齿轮机构运动规律　如图1-27所示为单排单级行星齿轮机构的传动简图。设太阳轮的齿数为 Z_1，齿圈齿数为 Z_2，行星架的假想齿数可推导求出，是内齿圈齿数加上太阳轮齿数，即：$Z_H = Z_2 + Z_1$。太阳轮、齿圈和行星架的转速分别为 n_1、n_2、n_3，并设齿圈与太阳轮的齿数比为 α，即

$$\alpha = Z_2/Z_1$$

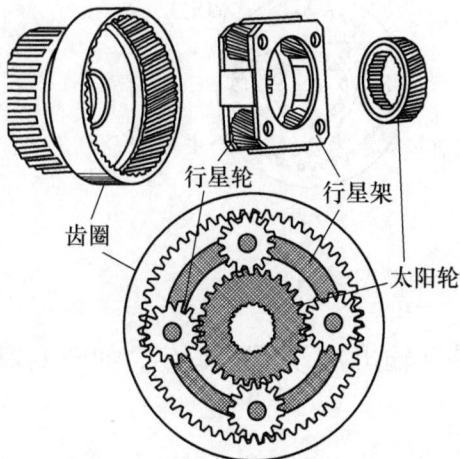

图1-26　单排单级行星齿轮基本结构

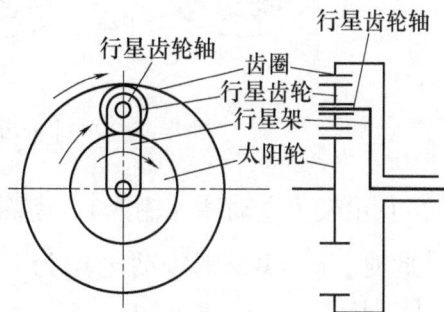

图1-27　单排单级行星齿轮机构的传动简图

根据能量守恒定律，由作用在单排行星齿轮机构各元件上的力矩和结构参数，可以得出单排行星齿轮机构的一般运动规律特性方程：

$$n_1 + \alpha n_2 - (1 + \alpha)n_3 = 0$$

（3）单排行星齿轮机构的动力传递 由单排行星齿轮机构的一般运动规律特性方程可以看出，在太阳轮、齿圈和行星架三个基本元件中，可任选两个分别作为主动件和从动件，而使另一个元件固定不动（使该元件转速为零）或使其运动受一定约束（使该元件的转速为某一定值），则整个轮系即以一定的传动比传递动力。不同的连接和固定方案可得到不同的传动比，三个基本元件的不同组合可有六种不同的组合方案，加上直接档和空档，共有八种组合，相应能获得六种不同的传动比。

1）齿圈为主动件（输入），行星架为从动件（输出），太阳轮固定，如图1-28a所示。此时，$n_1 = 0$，则传动比 i_{23} 为

$$i_{23} = n_2 / n_3 = 1 + 1/\alpha > 1$$

由于传动比大于1，说明为减速传动，可以作为降速档。

2）太阳轮为主动件（输入），行星架为从动件（输出），齿圈固定，如图1-28b所示。此时，$n_2 = 0$，则传动比 i_{13} 为

$$i_{13} = n_1 / n_3 = 1 + \alpha > 1$$

由于传动比大于1，说明为减速传动，可以作为降速档。

对比这两种情况的传动比，由于 $i_{13} > i_{23}$，虽然都为降速档，但 i_{13} 是降速档中的低档，而 i_{23} 为降速档中的高档。

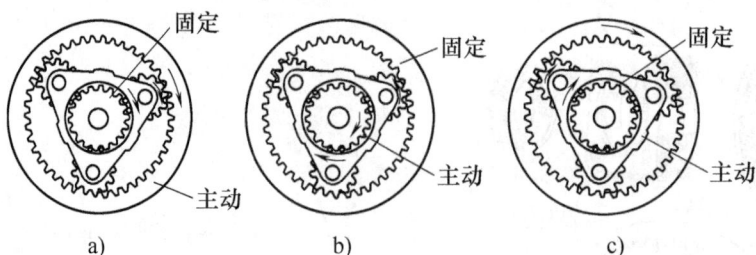

图1-28 单排行星齿轮机构传动简图（一）

3）行星架为主动件（输入），齿圈为从动件（输出），太阳轮固定，如图1-28c所示。此时，$n_1 = 0$，则传动比 i_{32} 为

$$i_{32} = n_3 / n_2 = \alpha / (1 + \alpha) < 1$$

由于传动比小于1，说明为增速传动，可以作为超速档。

4）行星架为主动件（输入），太阳轮为从动件（输出），齿圈固定，如图1-29a所示。此时，$n_2 = 0$，则传动比 i_{31} 为

$$i_{31} = n_3/n_1 = 1/(1 + \alpha) < 1$$

由于传动比小于1，说明为增速传动，可以作为超速档。

5）太阳轮为主动件（输入），齿圈为从动件（输出），行星架固定，如图1-29b所示。此时，$n_3 = 0$，则传动比 i_{12} 为

$$i_{12} = n_1/n_2 = -\alpha$$

由于传动比为负值，说明主从动件的旋转方向相反；又由于 $|i_{12}| > 1$，说明为减速传动，可以作为倒档。

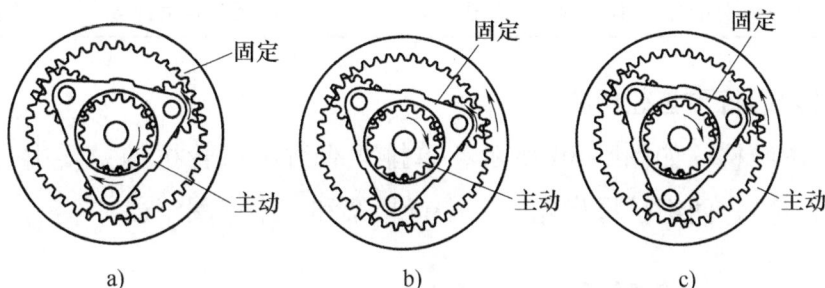

图1-29 单排行星齿轮机构传动简图（二）

6）行星架固定，齿圈为主动件（输入），太阳轮为从动件（输出），如图1-29c所示。此时，$n_3 = 0$，则传动比为

$$i_{12} = n_2/n_1 = -1/\alpha$$

由于传动比为负值，说明主从动件的旋转方向相反；又由于 $|i_{12}| < 1$，说明为超速传动，一般不能被作为倒档。

7）如果 $n_1 = n_2$，则可以得到 $n_3 = n_1 = n_2$。同样，$n_1 = n_3$ 或 $n_2 = n_3$ 时，均可以得到 $n_1 = n_2 = n_3$ 的结论。因此，若使太阳轮、齿圈和行星架三个元件中的任何两个元件连为一体转动，则另一个元件的转速必然与前两者等速同向转动。即行星齿轮机构中所有元件（包含行星轮）之间均无相对运动，传动比 $i = 1$。这种传动方式用于变速器的直接档传动。

8）如果太阳轮、齿圈和行星架三个元件没有任何约束，则各元件的运动是不确定的，此时为空档。

单排单级行星齿轮机构的传动特点及变速规律可归纳为表1-4（α 为齿圈与太阳轮齿数之比）。

表1-4 单排单级行星齿轮机构传动特点及变速规律

主 动 件	从 动 件	固 定 件	传 动 比	结 论
太阳轮	行星架	齿圈	$1 + \alpha$	减速增扭
齿圈		太阳轮	$(1 + \alpha)/\alpha$	
行星架	齿圈	太阳轮	$\alpha/(1 + \alpha)$	增速减扭
	太阳轮	齿圈	$1/(1 + \alpha)$	
齿圈	太阳轮	行星架	$-1/\alpha$	反向
太阳轮	齿圈		$-\alpha$	
任意两个连成一体			1	直接传动
既无任一元件制动又无任何两元件连成一体			三元件自由转动	不传递动力

3. 单排双级行星齿轮机构

（1）基本结构 如图1-30所示，单排双级行星齿轮机构主要由一个太阳轮（或称为中心轮）、两组行星齿轮、一个行星架和一个齿圈组成。

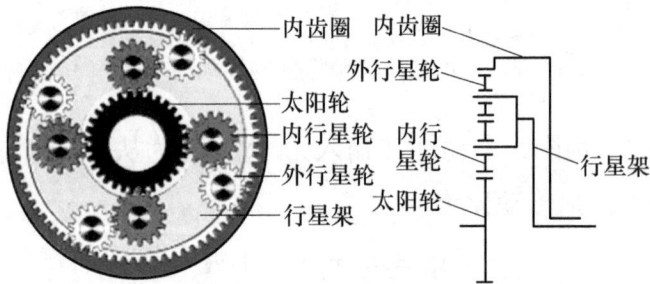

图1-30 单排双级行星齿轮机构

与单级行星齿轮机构不同之处是：两组行星齿轮分别相互啮合，并且其中一组同时与太阳轮外啮合，另一组与齿圈同时与齿圈啮合，两组行星齿轮共用一个行星架。若行星架固定，太阳轮与齿圈转向相同。

（2）单排双级行星齿轮机构运动规律 设太阳轮的齿数为 Z_1，齿圈齿数为 Z_2，行星架的假想齿数可推导求出，是内齿圈齿数减去太阳轮齿数，即：$Z_H = Z_2 - Z_1$。太阳轮、齿圈和行星架的转速分别为 n_1、n_2、n_3，并设齿圈与太阳轮的齿数比为 α，即

$$\alpha = Z_2/Z_1$$

根据能量守恒定律，由作用在单排行星齿轮机构各元件上的力矩和结构参数，

可以得出单排行星齿轮机构的一般运动规律特性方程：

$$N_1 + (\alpha - 1)N_3 - \alpha N_2 = 0$$

（3）单排行星齿轮机构的动力传递　单排双级式行星齿轮机构有七种状态：

1）行星架主动、太阳轮固定、齿圈输出，代入方程得：$0 + (\alpha - 1)N_3 - \alpha N_2 = 0$。解得：$N_3 = [\alpha/(\alpha - 1)]N_2$。增速比：$i = \alpha/(\alpha - 1)$，为同向减速档。

2）齿圈主动、太阳轮固定、行星架输出，代入方程得：$0 + (\alpha - 1)N_3 - \alpha N_2 = 0$。解得：$N_2 = [(\alpha - 1)/\alpha]N_3$。减速比：$i = (\alpha - 1)/\alpha < 1$，为同向超速档（如用于赛欧轿车 AF13 型自动变速器的 4 档）。

3）行星架主动、齿圈固定、太阳轮输出，代入方程得：$N_1 + (\alpha - 1)N_3 - \alpha N_2 = 0$，即：$N_1 + (\alpha - 1)N_3 - 0 = 0$。解得：$N_3 = [-1/(\alpha - 1)]N_1$。增速比：$i = -1/(\alpha - 1)$ 为反向不确定档，一般不采用（当 $\alpha = 2$ 时为反向等速运转；当 $\alpha > 2$ 时为反向超速运转；当 $\alpha < 2$ 时为反向减速运转）。

4）太阳轮主动、齿圈固定、行星架输出，代入方程得：$N_1 + (\alpha - 1)N_3 - \alpha N_2 = 0$，即：$N_1 + (\alpha - 1)N_3 - 0 = 0$。

解得：$N_1 = -(\alpha - 1)N_3$。减速比：$i = -(\alpha - 1)$。由上式可知，它们的旋转方向相反，但其转速关系比较复杂，可以分为三种：当 $\alpha = 2$ 时为反向等速运转；当 $\alpha > 2$ 时为反向减速运转，如用于赛欧轿车 AF13 型自动变速器的倒档，$i = -[(98/26) - 1]$；当 $\alpha < 2$ 时为反向超速运转。由于齿圈齿数不可能小于太阳轮齿数，所以 $\alpha < 1$ 不必考虑。

5）齿圈主动、行星架固定、太阳轮输出，代入方程得：$N_1 + (\alpha - 1)N_3 - \alpha N_2 = 0$。即：$N_1 + 0 - \alpha N_2 = 0$。解得：$N_2 = (1/\alpha)N_1$。增速比：$i = 1/\alpha$。因超速过大，一般不采用。

6）太阳轮主动、行星架固定、齿圈输出，代入方程得：$N_1 + (\alpha - 1)N_3 - \alpha N_2 = 0$，即：$N_1 + 0 - \alpha N_2 = 0$。解得：$N_1 = \alpha N_2$。减速比：$i = \alpha$。用于减速档，如拉维娜式自动变速器的 1 档。

7）任意两个元件均为同转速主动，另一个元件为输出；或一个元件为主动，另两个元件为同转速输出，两组行星齿轮无相对转动，此时三者的转速必然相等，称直接档，其速比为 $i = 1$，可作为直接档。

单排双级行星齿轮机构的传动特点及变速规律可归纳为表 1-5（α 为齿圈与太阳轮齿数之比，I 为齿圈齿数，S 为太阳轮齿数。）

表1-5 单排双级行星齿轮机构的传动特点及变速规律

固 定 件	主 动 件	从 动 件	转 速 关 系	旋 转 方 向
太阳轮	行星架	齿圈	减速	同向
太阳轮	齿圈	行星架	增速	同向
齿圈（3）	行星架	太阳轮	当 $I-S>S$ 时：增速 当 $I-S=S$ 时：等速 当 $I-S<S$ 时：减速	反向
齿圈（4）	太阳轮	行星架	当 $I-S<S$ 时：减速 当 $I-S=S$ 时：等速 当 $I-S<S$ 时：增速	反向
行星架	齿圈	太阳轮	增速	同向
行星架	太阳轮	齿圈	减速	同向

4. 典型行星齿轮机构

由以上行星齿轮机构传动比分析可知，简单的行星齿轮机构不能满足汽车行驶时对不同速比的要求，因此在实际应用中常常采用多个单排行星齿轮机构，利用制动器及离合器对各单排行星齿轮机构组成元件进行串、并联或混联主从动构件的方法，组成更为复杂的行星齿轮机构，来满足汽车行驶档位的需要。将两个单排单级行星齿轮机构组合起来形成的双排单级行星齿轮机构，称为辛普森结构；将一个单排单级行星齿轮机构和一个单排双级行星齿轮机构或由两个单排双级行星齿轮机构按特定的方式组合起来，称为拉维娜式行星齿轮机构。

（1）辛普森行星齿轮变速器 辛普森（Simpson）行星齿轮变速器是在自动变速器中应用最广泛的一种行星齿轮变速器，它是由美国福特公司的工程师H·W·辛普森发明的，目前广泛采用的是4档辛普森行星齿轮变速器。

如图1-31、图1-32所示为4档辛普森行星齿轮变速器的结构简图和元件位置图。不同厂家的4档辛普森行星齿轮变速器的元件位置稍有不同。

4档辛普森行星齿轮变速器由4档辛普森行星齿轮机构和换档执行元件两大部分组成。其中，4档辛普森行星齿轮机构由三排行星齿轮机构组成，前面一排为超速行星排。输入轴与超速行星排的行星架相连，超速行星排的齿圈与中间轴相连，中间轴通过前进档离合器或直接档、倒档离合器与前、后行星排相连。前、后行星排的结构特点是，共用一个太阳轮，前行星排的行星架与后行星排的齿圈相连并与输出轴相连。

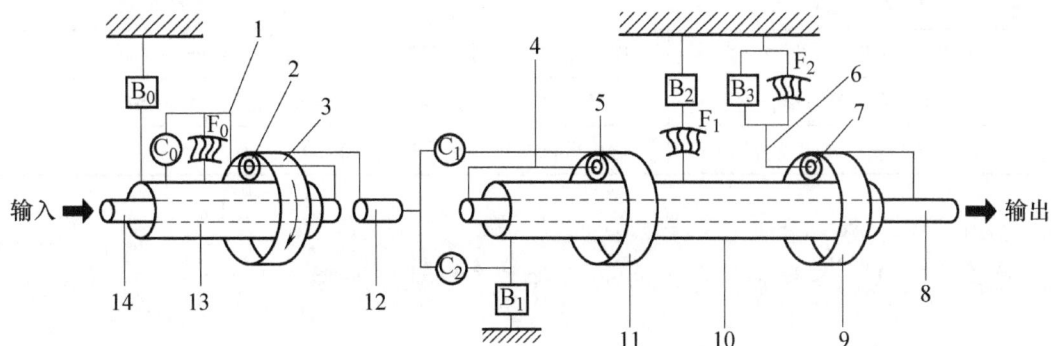

图1-31 4档辛普森行星齿轮变速器的结构简图

1—超速（OD）行星排行星架 2—超速（OD）行星排行星轮 3—超速（OD）行星排齿圈 4—前行星排行星架 5—前行星排行星轮 6—后行星排行星架 7—后行星排行星轮 8—输出轴 9—后行星排齿圈 10—前后行星排太阳轮 11—前行星排齿圈 12—中间轴 13—超速（OD）行星排太阳轮 14—输入轴 C_0—超速档（OD）离合器 C_1—前进档离合器 C_2—直接档、倒档离合器 B_0—超速档（OD）制动器 B_1—2档滑行制动器 B_2—2档制动器 B_3—低、倒档离合器 F_0—超速档（OD）单向离合器 F_1—2档（1号）单向离合器 F_2—低档（2号）单向离合器

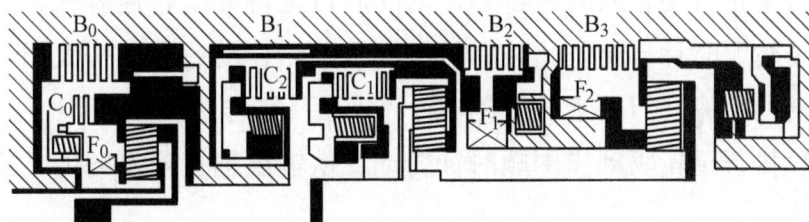

图1-32 4档辛普森行星齿轮变速器的元件位置图

换档执行机构包括三个离合器、四个制动器和三个单向离合器共十个元件，具体的功能见表1-6。

表1-6 换档执行元件的功能

换档执行元件		功　能
C_0	超速档（OD）离合器	连接超速行星排太阳轮与超速行星排行星架
C_1	前进档离合器	连接中间轴与前行星排齿圈
C_2	直接档、倒档离合器	连接中间轴与前后行星排太阳轮
B_0	超速档（OD）制动器	制动超速行星排太阳轮
B_1	2档滑行制动器	制动前后行星排太阳轮
B_2	2档制动器	制动F_1外座圈，当F_1也起作用时，可以防止前后行星排太阳轮逆时针转动
B_3	低、倒档离合器	制动后行星排行星架

（续）

换档执行元件		功　能
F_0	超速档（OD）单向离合器	连接超速行星排太阳轮与超速行星排行星架
F_1	2档（1号）单向离合器	当 B_2 工作时，防止前后行星排太阳轮逆时针转动
F_2	低档（2号）单向离合器	防止后行星排行星架逆时针转动

>>> **提示** 各换档执行元件的名称与其功能有关系。

（2）4档辛普森行星齿轮变速器各档传动路线

1）D_1 档。如图1-33所示，D位1档时，C_0、C_1、F_0、F_2 工作。C_0 和 F_0 工作将超速行星排的太阳轮和行星架相连，此时超速行星排成为一个刚性整体，输入轴的动力顺时针传到中间轴。C_1 工作将中间轴与前行星排齿圈相连，前行星排齿圈顺时针转动，驱动前行星排行星轮，前行星排行星轮即顺时针自转又顺时针公转，前行星排行星轮顺时针公转则输出轴也顺时针转动，这是一条动力传动路线。由于前行星排行星轮顺时针自转，则前后行星排太阳轮逆时针转动，再驱动后行星排行星轮顺时针自转，此时后行星排行星轮在前后行星排太阳轮的作用下有逆时针公转的趋势，但由于 F_2 的作用，使得后行星排行星架不动。这样顺时针转动的后行星排行星轮驱动齿圈顺时针转动，从输出轴也输出动力，这是第二条动力传动路线。

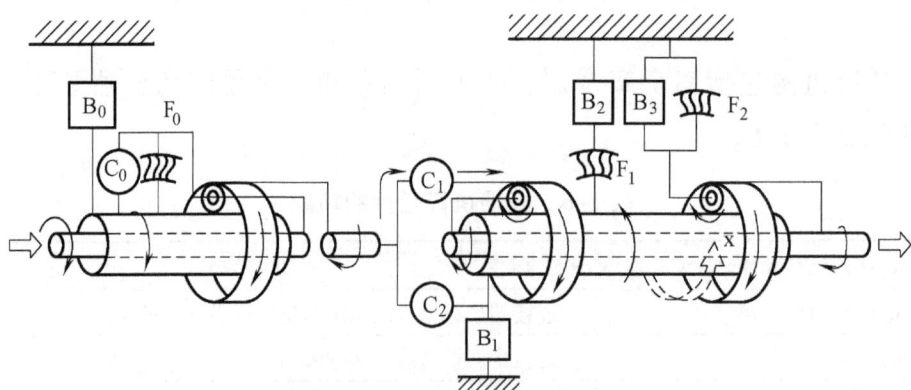

图1-33　D位1档动力传动路线

2）D_2 档。如图1-34所示，D位2档时，C_0、C_1、B_2、F_0、F_1 工作。C_0 和 F_0 工作如前所述直接将动力传给中间轴。C_1 工作，动力顺时针传到前行星排齿圈，驱动前行星排行星轮顺时针转动，并使前后太阳轮有逆时针转动的趋势，由

于 B_2 的作用，F_1 将防止前后太阳轮逆时针转动，即前后太阳轮不动。此时，前行星排行星轮将带动行星架也顺时针转动，从输出轴输出动力，后行星排不参与动力的传动。

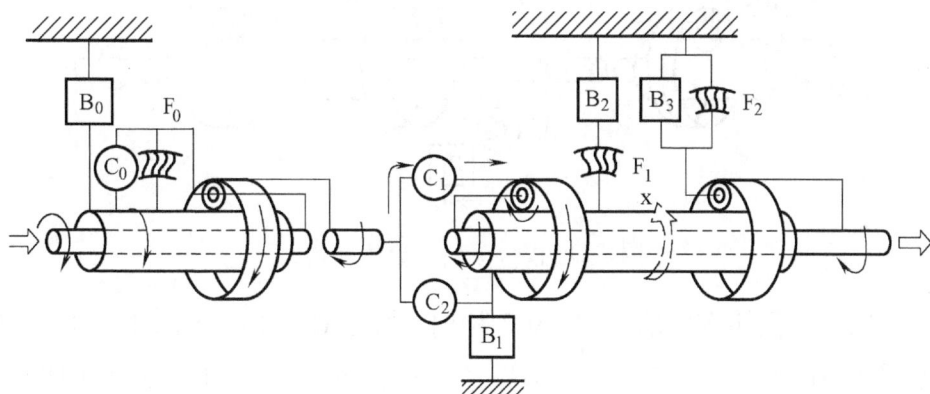

图 1-34　D 位 2 档动力传动路线

3）D_3 档。如图 1-35 所示，D 位 3 档时，C_0、C_1、C_2、B_2、F_0 工作。C_0 和 F_0 工作如前所述直接将动力传给中间轴。C_1、C_2 工作将中间轴与前行星排的齿圈和太阳轮同时连接起来，前行星排成为刚性整体，动力直接传给前行星排行星架，从输出轴输出动力。此档为直接档。

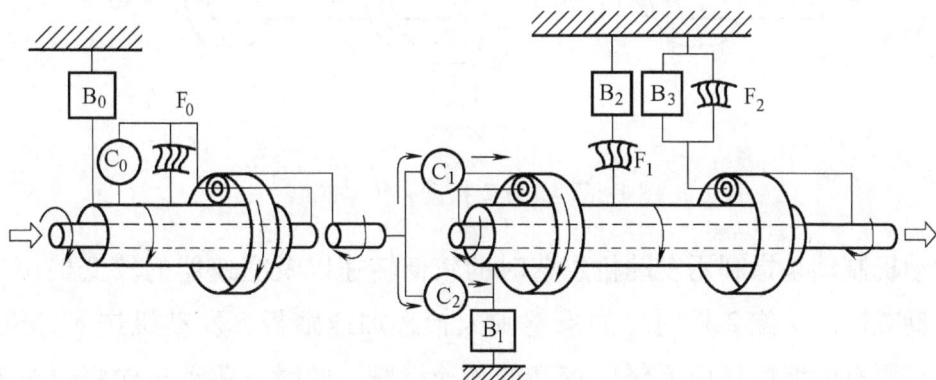

图 1-35　D 位 3 档动力传动路线

4）D_4 档。如图 1-36 所示，D 位 4 档时，C_1、C_2、B_0、B_2 工作。B_0 工作，将超速行星排太阳轮固定。动力由输入轴输入，带动超速行星排行星架顺时针转动，并驱动行星轮及齿圈顺时针转动，此时的传动比小于 1。C_1、C_2 工作使得前后行星排的工作同 D_3 档，即处于直接档。所以整个机构以超速档传递动力，B_2 的作用同前所述。

5）2_1 档。2 位 1 档的工作与 D 位 1 档相同。

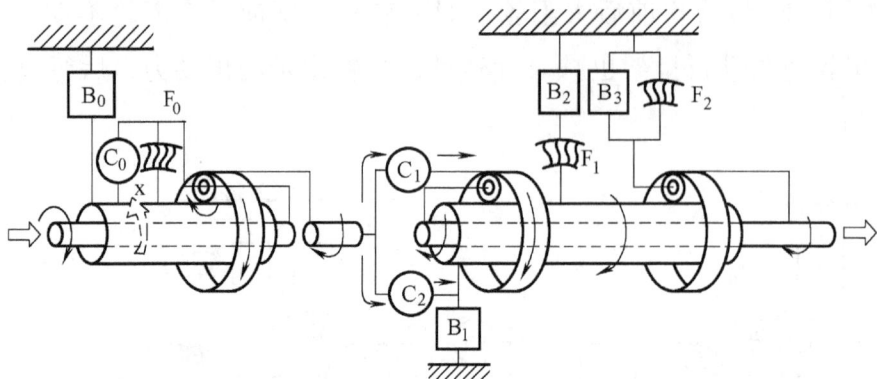

图 1-36　D 位 4 档动力传动路线

6）2_2 档。如图 1-37 所示，2 位 2 档时，C_0、C_1、B_1、B_2、F_0、F_1 工作。动力传动路线与 D 位 2 档时相同。区别只是由于 B_1 的工作，使得 2 位 2 档有发动机制动，而 D 位 2 档没有。此档为高速发动机制动档。

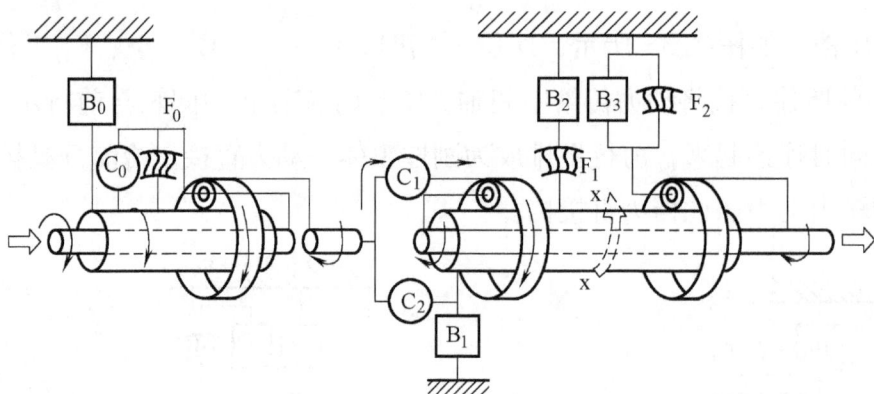

图 1-37　2 位 2 档动力传动路线

发动机制动是指利用发动机怠速时的较低转速以及变速器的较低档位来使较快的车辆减速。D 位 2 档时，如果驾驶人抬起加速踏板，发动机进入怠速工况，而汽车在原有的惯性作用下仍以较高的车速行驶。此时，驱动车轮将通过变速器的输出轴反向带动行星齿轮机构运转，各元件都将以相反的方向转动，即前后太阳轮将有顺时针转动的趋势，F_1 不起作用，使得反转的动力不能到达发动机，无法利用发动机进行制动。而在 2 位 2 档时，B_1 工作使得前后太阳轮固定，既不能逆时针转动也不能顺时针转动，这样反转的动力就可以传到发动机，所以有发动机制动。

7）2_3 档。2 位 3 档的工作与 D 位 3 档相同。

8）L_1 档。如图 1-38 所示，L 位 1 档时，C_0、C_1、B_3、F_0、F_2 工作。动力传

动路线与 D 位 1 档时相同。区别只是由于 B_3 的工作，使后行星排行星架固定，有发动机制动，原因同前所述。此档为低速发动机制动档。

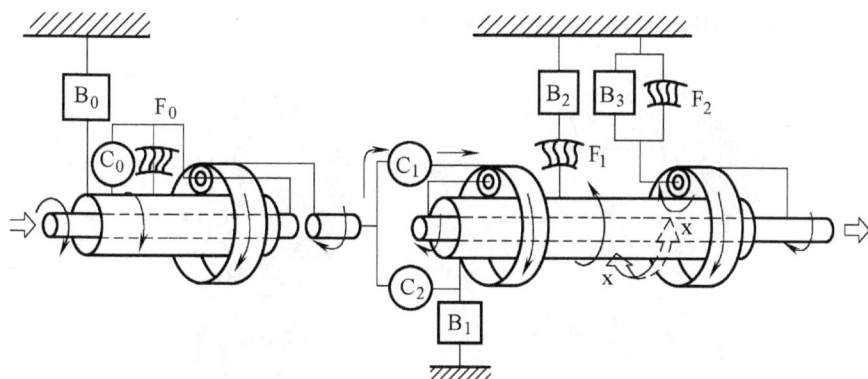

图 1-38　L 位 1 档动力传动路线

9）L_2 档。L 位 2 档的工作与 2 位 2 档相同。

10）R 位（倒车档）。如图 1-39 所示，倒档时，C_0、C_2、B_3、F_0 工作。C_0 和 F_0 工作如前所述直接将动力传给中间轴。C_2 工作，将动力传给前后行星排太阳轮。由于 B_3 工作，将后行星排行星架固定，使得行星轮仅相当于一个惰轮。前后行星排太阳轮顺时针转动驱动后行星排行星架逆时针转动，进而驱动后行星排齿圈也逆时针转动，从输出轴逆时针输出动力。

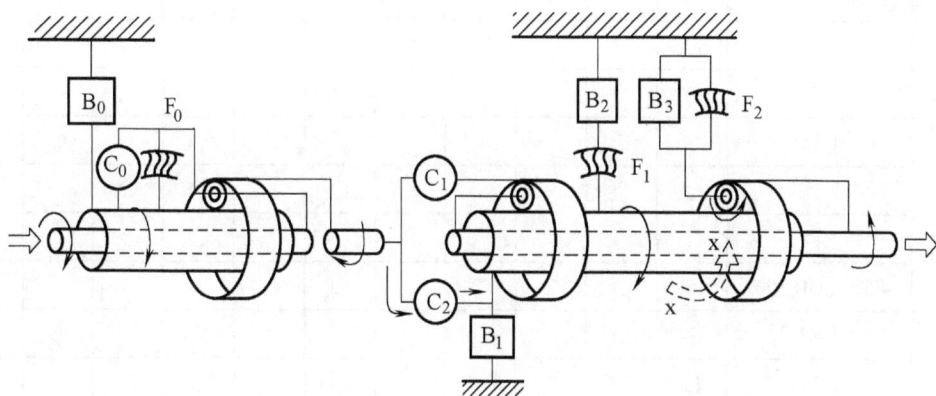

图 1-39　R 位动力传动路线

11）P 位（驻车档）。变速杆置于 P 位时，一般自动变速器都是通过驻车锁止机构将变速器输出轴锁止以实现驻车。如图 1-40 所示，驻车锁止机构由输出轴外齿圈、锁止棘爪和锁止凸轮等组成。锁止棘爪与固定在变速器壳体上的枢轴相连。当变速杆处于 P 位时，与变速杆相连的手动阀通过锁止凸轮将锁止棘爪推向输出轴外齿圈，并嵌入齿中，使变速器输出轴与壳体相连而无法转动，如图 1-40b 所示。当变速杆处于其他位置时，锁止凸轮退回，锁止棘爪在复位弹簧的作用下离开输出轴外齿圈，锁止撤销，如图1-40a所示。

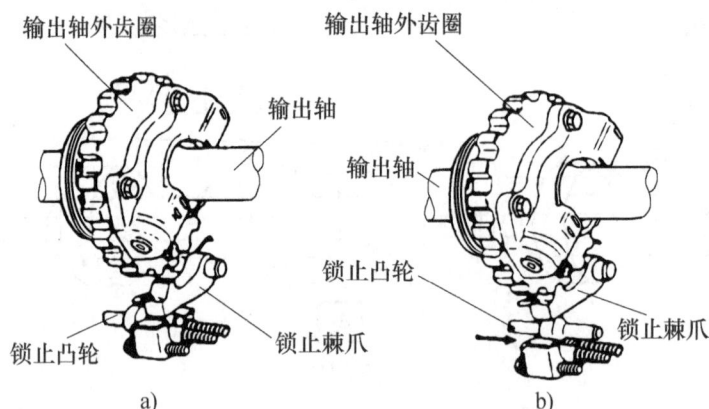

图1-40　驻车锁止机构

在变速器各档位时，换档执行元件的动作情况见表1-7。

表1-7　各档位时换档执行元件的动作情况

变速杆位置	档　位	换档执行元件										发动机制动
		C_0	C_1	C_2	B_0	B_1	B_2	B_3	F_0	F_1	F_2	
P	驻车档	○										
R	倒档	○		○				○	○			
N	空档	○										
D	1档	○	○						○		○	
	2档	○	○				○		○	○		
	3档	○	○	○			○		○			
	4档（OD档）		○	○	○		○					
2	1档	○	○						○		○	
	2档	○	○			○	○		○	○		○
	3档*	○	○	○			○		○			○
L	1档	○	○					○	○		○	○
	2档*	○	○			○	○		○	○		○

注：＊：只能降档不能升档。

　　○：换档元件工作或有发动机制动。

（3）拉维娜行星齿轮变速器　拉维娜（Ravigneaux）行星齿轮变速器将以桑

塔纳 2000GSi-AT 型轿车的 01N 型 4 档自动变速器为例进行介绍。

拉维娜行星齿轮变速器的结构如图 1-41 所示,包括拉维娜行星齿轮机构和离合器、制动器和单向离合器等换档执行器。

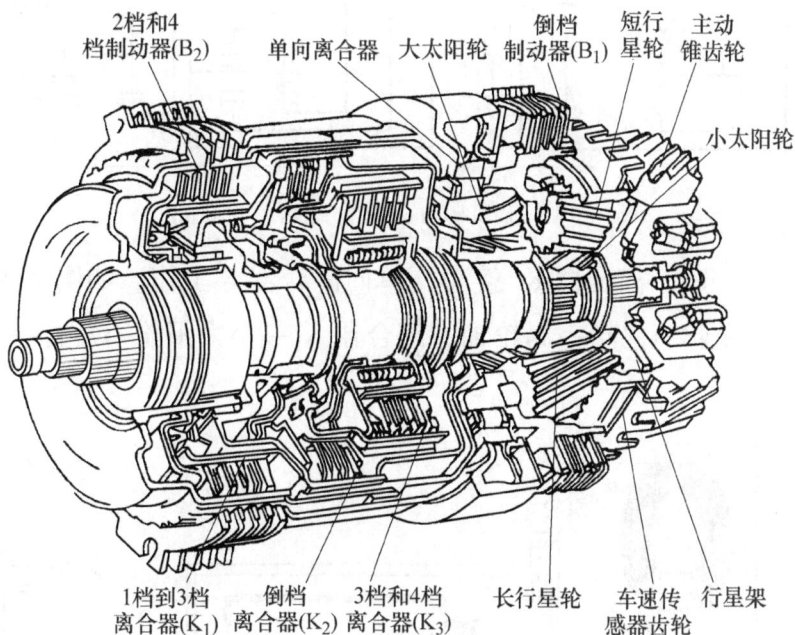

图 1-41　拉维娜行星齿轮变速器

拉维娜行星齿轮机构如图 1-42 所示,由双行星排组成,包括大太阳轮、小太阳轮、长行星轮、短行星轮、齿圈和行星架。大、小太阳轮采用分段式结构,使 3 档到 4 档的转换更加平顺。短行星轮与长行星轮及小太阳轮啮合,长行星轮同时与大太阳轮、短行星轮及齿圈啮合,动力通过齿圈输出。两个行星轮共用一个行星架(图中未画出)。

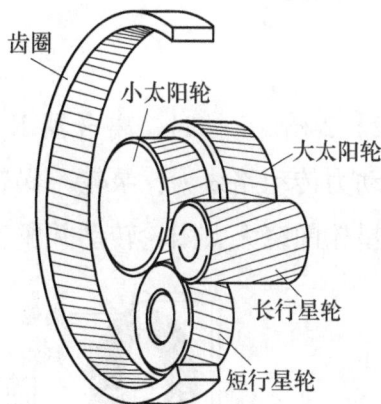

图 1-42　拉维娜行星齿轮机构

拉维娜行星齿轮变速器的简图如图 1-43 所示,其中离合器 K_2 用于驱动大太阳轮,离合器 K_3 用于驱动行星齿轮架,制动器 B_1 用于制动行星齿轮架,制动器 B_2 用于制动大太阳轮,单向离合器 F 防止行星架逆时针转动,锁止离合器 L_C 将变矩器的泵轮和涡轮刚性连在一起。

各档动力传动路线如下:

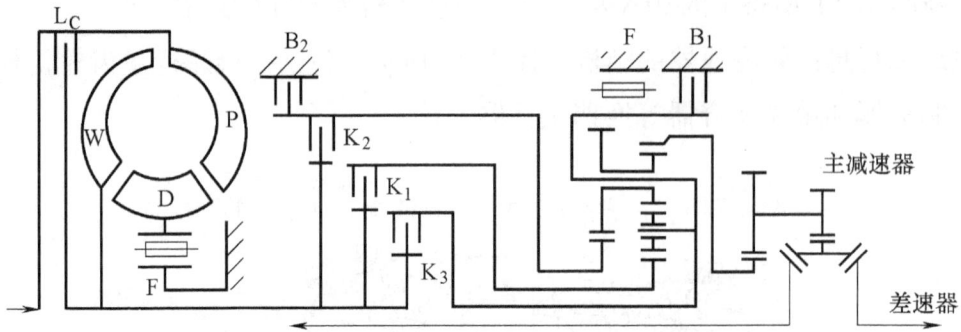

图1-43 拉维娜行星齿轮变速器的简图

1）1档。1档时，离合器K_1接合，单向离合器F工作。如图1-44所示，动力传动路线为：泵轮→涡轮→涡轮轴→离合器K_1→小太阳轮→短行星轮→长行星轮驱动齿圈。

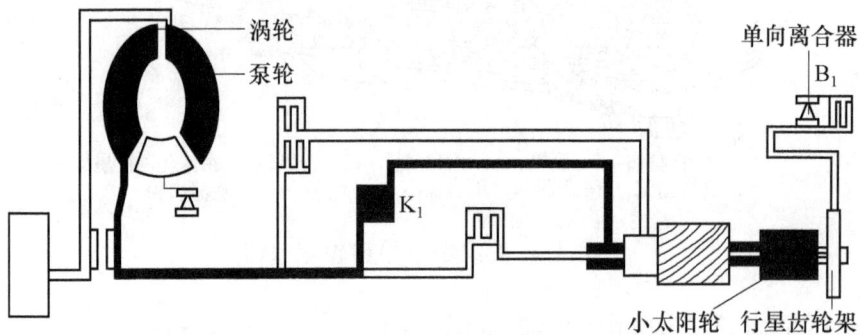

图1-44 1档动力传动路线

2）2档。2档时，离合器K_1接合，制动器B_2制动大太阳轮。如图1-45所示，动力传动路线为：泵轮→涡轮→涡轮轴→离合器K_1→小太阳轮→短行星轮→长行星轮围绕大太阳轮转动并驱动齿圈。

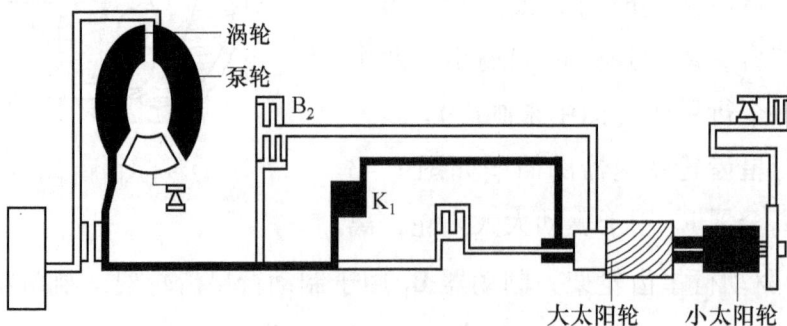

图1-45 2档动力传动路线

3）3档。3档时，离合器K_1和K_3接合，驱动小太阳轮和行星架，因而使行星齿轮机构锁止并一同转动。如图 1-46 所示，动力传动路线为：泵轮→涡轮→涡轮轴→离合器 K_1 和 K_3→整个行星齿轮转动。

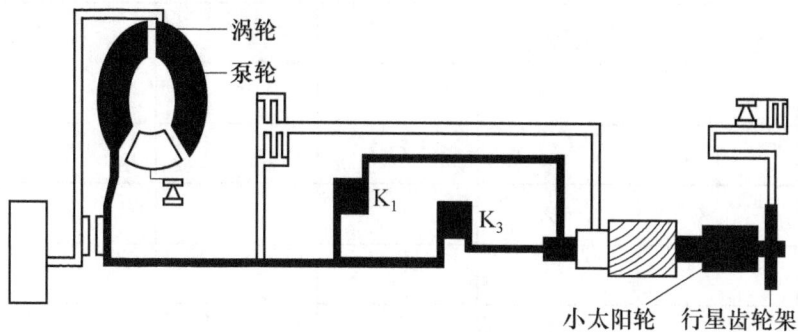

图 1-46 3 档动力传动路线

4）4 档。4 档时，离合器 K_3 接合，制动器 B_2 工作，使行星架工作，并制动大太阳轮，如图 1-47 所示，动力传动路线为：泵轮→涡轮→涡轮轴→离合器 K_3→行星架→长行星轮围绕大太阳轮转动并驱动齿圈。

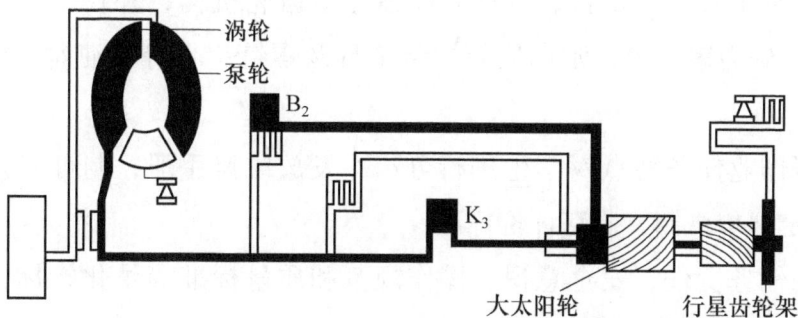

图 1-47 4 档动力传动路线

5）R 位。变速杆在 R 位时，离合器 K_2 接合，驱动大太阳轮；制动器 B_1 工作，使行星架制动。如图 1-48 所示，动力传动路线为：泵轮→涡轮→涡轮轴→离合器 K_2→大太阳轮→长行星轮反向驱动齿圈。

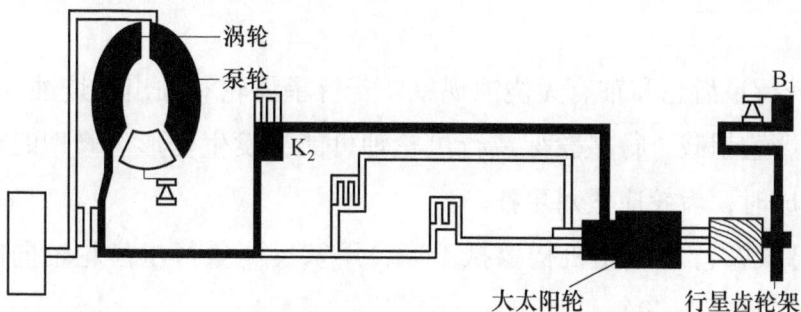

图 1-48 倒档动力传动路线

各档位换档元件的工作情况见表1-8。

表1-8 各档位换档元件的工作情况

档 位	B_1	B_2	K_1	K_2	K_3	F
R 位	○			○		○
1 档			○			○
2 档		○	○			
3 档			○		○	
4 档		○			○	

注：○表示离合器、制动器或单向离合器工作。

任务准备

1）设备及工具：工作台、自动变速器行星齿轮机构；外径千分尺、内径百分表、塞尺、磁力表座等；常用成套拆装工具及螺钉旋具等；油盆、抹布、煤油等辅料。

2）根据作业任务特点对学生进行分组；发放维修手册，制订工艺流程及作业工单，确定评价机制，制订评价标准。

3）强调任务责任、安全意识、操作规范和质量标准等量化指标，确保工作任务安全有序、保质保量地完成。

任务实施

行星齿轮机构的检测：

1）检查太阳轮、行星轮、齿圈的齿面，如有磨损或疲劳剥落，应更换整个行星排。

2）检查行星齿轮和轴有无烧蚀现象，若行星齿轮和轴出现烧蚀（边黑），说明在工作时严重超载，行星轮架或行星轮轴可能会发生变形。修理时或更换行星齿轮机构总成时，齿轮应成对更换。

3）将塞尺及行星齿轮机构擦拭干净，用塞尺测量行星齿轮轴向间隙，并记录检测结果（见图1-49）。

技术要求：标准间隙为0.2～0.6mm，最大间隙为1.0mm。

4）如不符合要求，应更换止推垫片或行星架和行星轮组件。

5）用手转动行星齿轮感觉其与行星架的松旷程度；将齿圈套在轴上感觉齿圈衬套与轴的间隙。分解行星齿轮机构，检查太阳轮、行星轮和齿圈等零部件的轴颈或滑动轴承处有无磨损，如有异常，应更换新件。

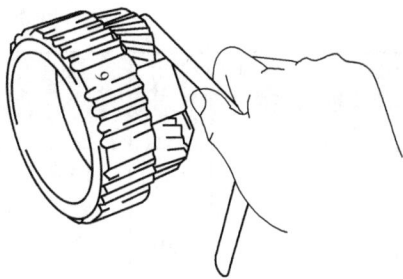

图 1-49 行星轮与行星架之间间隙的检查

6）用千分表测量太阳轮的内径，并记录检测结果，如图 1-50 所示。

技术要求： 见相关自动变速器维修手册。

7）用千分表测量齿圈轴孔衬套内径，并记录检测结果，如图 1-51 所示。

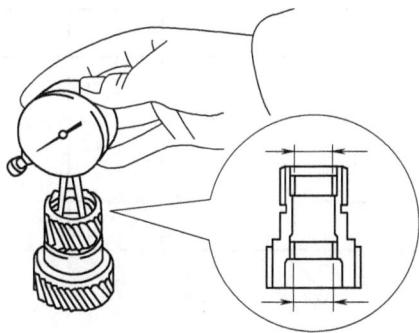

图 1-50 检测太阳轮内径

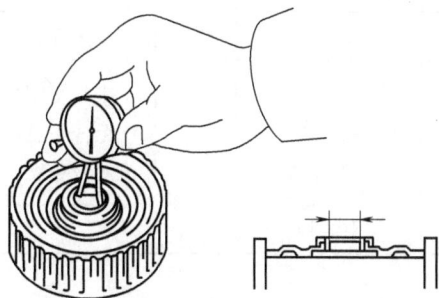

图 1-51 测量齿圈轴孔衬套内径

8）检查止推垫片或止推轴承的磨损情况，止推垫片固定爪有无脱落，若有损伤应更换。

9）装复行星齿轮总成。

10）记录检测结果，填写作业工单。

11）回收设备、工具，清理作业场地。

检测评价

评价机构人员由学校高级讲师、企业高级技师及经验丰富的客户组成。三方分别侧重学生知识点、技能点及服务意识的考核。

根据任务完成情况及作业工单，填写以下评价表。

班级： 姓名： 学号：

序号	考核内容	配分	评 分 标 准	评分记录	扣分	得分
1	生产安全	20	作业工艺流程不符合要求、有安全隐患的，每项扣3分 违反设备、工具、量具安全操作规程，该项不得分 汽油等易燃物使用不当，该项不得分			
2	操作流程规范	26	不能严格执行作业指导书或维修手册操作规范的，每项扣2分			
3	量具与工具使用	16	工具、量具组装及校正错误，该项不得分 工具、量具使用及测量方法不正确每次扣2分			
4	任务工单记录分析	20	记录不正确，每项扣2分 记录分析不正确，每项扣5分			
5	知识点	10	不正确，每项扣2分			
6	思政点	8	违反文明生产及组织纪律扣3分 无合作意识和创新精神扣2分 无服务意识及责任感扣3分			
7	总 评			总 分		

课后测评

一、判断题

（ ） 1. 4T65E 的主减速器是采用行星齿轮的机构。

（ ） 2. 自动变速器是无级传动，可以自动实现升降档，方便操作。

（ ） 3. 自动变速器中行星齿轮变速装置中的行星齿轮不改变传动比。

（ ） 4. 空档滑行是提高自动变速器车辆经济性的有效方法。

（ ） 5. 自动变速器车辆，当变速杆置于前进低档（L位或1位）位置，发动机有制动作用。

二、填空题

1. 最简单的行星齿轮机构是由_____、_____、_____和支撑在行星架上的几个_____构成。

2. 两排行星轮共用一个太阳轮的是_____机构，一长一短两组行星齿轮，一大一小两个太阳轮共用一个齿圈的是_____结构。

3. 若太阳轮输入，_____固定，_____输出，会得到倒档。

4. 单排行星齿轮机构一般运动规律的特性方程式为_____。

5. 单排行星齿轮机构的传动比取决于_____和_____，与行星小齿轮的齿数无关。

6. 按照齿轮的啮合方式分类，行星齿轮机构可以分为_____和_____。

三、简答题

1. 简述行星齿轮传动的优点。

2. 写出单排行星齿轮机构的运动特性方程，并说明各符号字母表示的含义。

3. 行星齿轮组实现减速、倒档和超速的传动方法是什么？

4. 简述辛普森式和拉维娜式两种行星齿轮系统的组成及特点。

任务四　换档执行元件故障诊断与检修

任务目标

1. 知识目标

1）了解自动变速器换档执行元件的类型与特点。

2）掌握自动变速器和离合器、制动器及单向离合器的结构。

3）掌握自动变速器和离合器、制动器及单向离合器的工作原理。

2. 技能目标

1）能够正确地拆装自动变速器换档执行元件。

2）能够正确地分析各执行元件的具体功能。

3）能够正确地检测各执行元件的性能。

3. 素养目标

培养学生遵守劳动纪律、保障生产安全的意识；树立职业道德、敬业精神、合作意识和创新精神的思维；养成良好的服务意识及责任感。

任务描述

换档执行元件的主动部分和从动部分分别与行星齿轮机构各元件或变速器壳体连接，由液压控制系统控制其两部分的接合或分离，从而改变行星齿轮的传动路线，达到变速的目的。换档执行元件结构类型有多种，主要利用摩擦作用实现传动，由于油品质量差、液压系统堵塞或泄露、传动系统过载、不正确使用和保养等，会使换档执行元件出现故障。因此检修换档执行元件故障时，应综合考虑油品、油质及液压控制管路问题。

知识储备

行星齿轮变速器的换档执行元件包括多片离合器、制动器和单向离合器。

1. 多片离合器

离合器的功用是连接轴和行星齿轮机构中的元件或是连接行星齿轮机构中的不同元件。

（1）结构与组成 离合器主要由离合器鼓、活塞、主动摩擦片、从动钢片和复位弹簧等组成，如图1-52所示。

离合器鼓是一个液压缸，鼓内有内花键齿圈，内圆轴颈上有进油孔与控制油路相通。离合器活塞为环状，内外圆上有密封圈，安装在离合器鼓内。从动钢片和主动摩擦片交错排列，二者统称为离合器片，均使用钢料制成，但摩擦片的两面烧结有铜基粉末冶金的摩擦材料。为保证离合器接合柔和及散热良好，离合器片浸在油液中工作，因而称为湿式离合器。钢片带有外花键齿，与离合器鼓的内花键齿圈连接，并可轴向移动，摩擦片则以内花键齿与花键毂的外花键槽配合，也可做轴向移动。花键毂和离合器鼓分别以一定的方式与变速器输入轴或行星齿

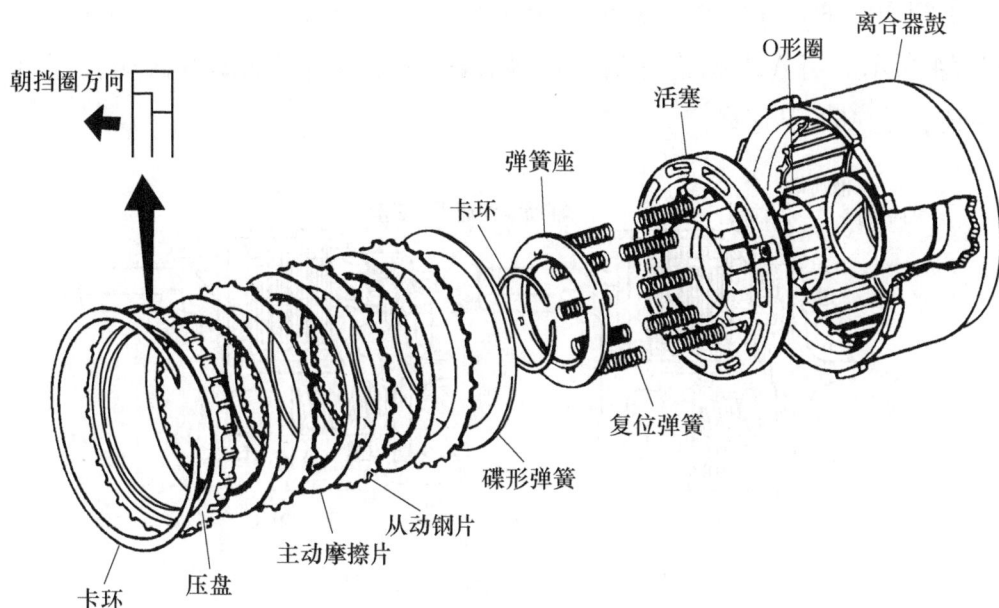

图 1-52　离合器零部件分解图

轮机构的元件相连接。碟形弹簧的作用是使离合器接合柔和，防止换档冲击。可以通过调整卡环或压盘的厚度调整离合器的间隙。

（2）工作原理　离合器的工作原理如图 1-53 所示。

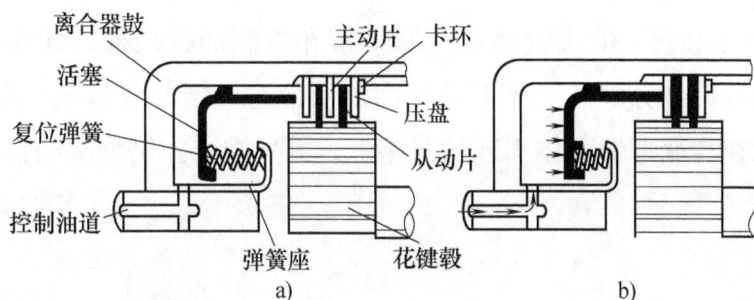

图 1-53　离合器工作原理

a）分离状态　b）接合状态

当一定压力的 ATF 经控制油道进入活塞左面的液压缸时，液压作用力便克服弹簧力使活塞右移，将所有离合器片压紧，即离合器接合，与离合器主、从动部分相连的元件也被连接在一起，以相同的速度旋转。

当控制阀将作用在离合器液压缸的油压撤除后，离合器活塞在复位弹簧的作用下回复原位，并将缸内的 ATF 从进油孔排出，使离合器分离，离合器主从动部分可以不同转速旋转。

为了快速泄油，保证离合器彻底分离，一般在液压缸中都有一个单向球阀，如图 1-54 所示。当 ATF 被撤除时，球体在离心力的作用下离开阀座，开启辅助泄油通道，使 ATF 迅速撤离。

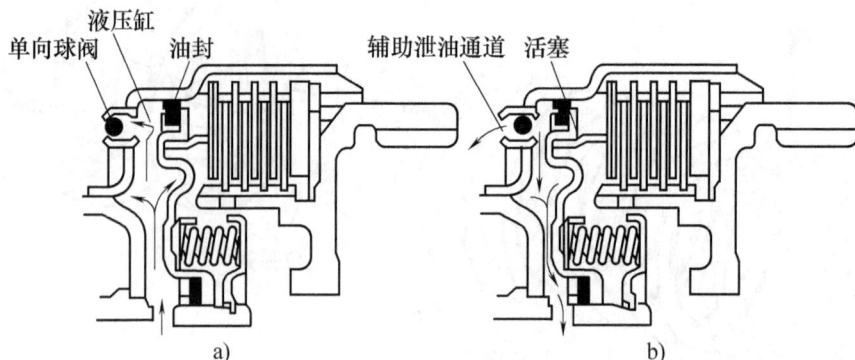

图 1-54 带单向球阀的离合器

a）接合时 b）分离时

2. 制动器

制动器的功用是固定行星齿轮机构中的元件，防止其转动。制动器有片式和带式两种形式。片式制动器与离合器的结构和原理相同，不同之处是离合器是起连接作用而传递动力，而片式制动器是通过连接而起制动作用。下面介绍带式制动器。

（1）结构与组成 带式制动器由制动带和控制油缸组成，如图 1-55 所示为带式制动器的零部件分解图。制动带是内表面带有镀层的开口式环形钢带。制动带的一端支承在与变速器壳体固连的支座上，另一端与控制油缸的活塞杆相连。

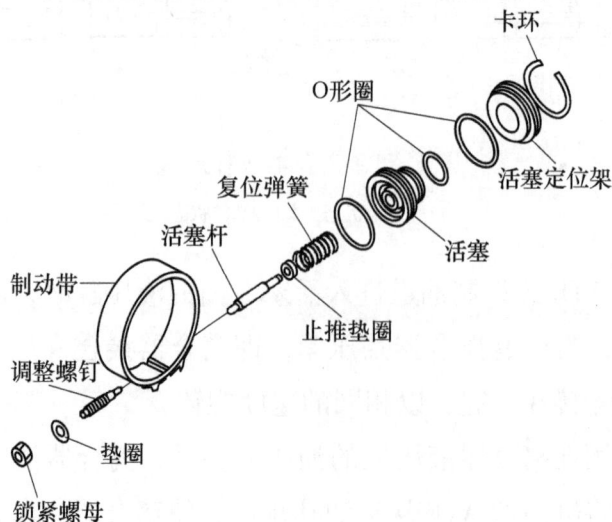

图 1-55 带式制动器的零部件分解图

（2）工作原理　制动器的工作原理如图1-56所示，制动带开口处的一端通过支柱支承于变速器壳体的调整螺钉上，另一端支承于油缸活塞杆端部，活塞在复位弹簧和左腔油压作用下位于右极限位置。此时，制动带和制动鼓之间存在一定间隙。

制动时，压力油进入活塞右腔，克服左腔油压和复位弹簧的作用力推动活塞左移，制动带以固定支座为支点收紧。在制动力矩的作用下，制动鼓停止旋转，行星齿轮机构某元件被锁止。随着油压撤除，活塞逐渐复位，制动解除。

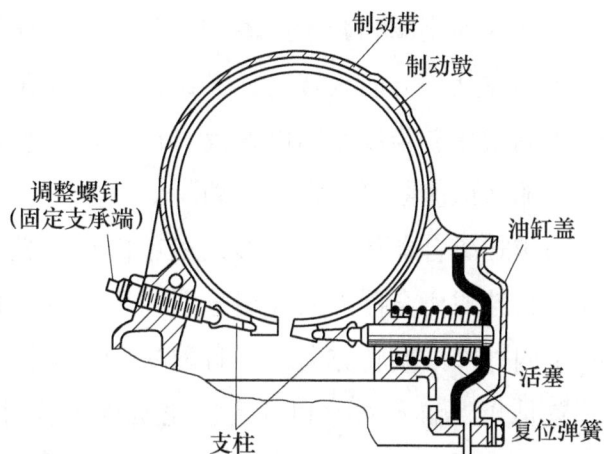

图1-56　制动器的工作原理

3. 单向和超越式离合器

自动变速器中单向离合器是一种固定装置，它的功能和制动带相似。制动带能够在两个方向都能锁止制动鼓旋转，而单向离合器只能在一个方向锁止，而在另一方向则能自由转动。单向离合器的内外圈中有一件是直接和壳体固定的，而另外一件则和行星齿轮机构的某一构件连接。在自动变速器中常用的单向离合器有：滚柱式和凸块式两种形式，如图1-57所示。

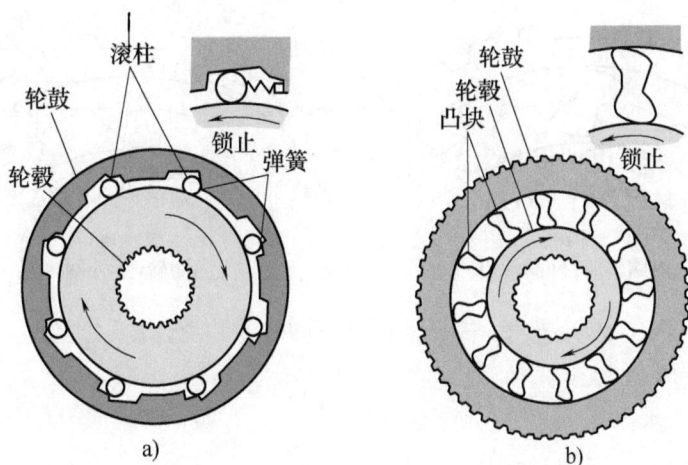

图1-57　两种结构的单向离合器

a）滚柱式单向离合器　b）凸块式单向离合器

滚柱式单向离合器利用弹簧把滚柱固定在离合器内外座圈之间适当位置。外座圈的内表面有若干个凸轮状缺口，滚柱在弹簧力作用下，使其介于内座圈和缺口表面之间，当某一座圈固定，而另一座圈以一定方向转动时，滚柱楔紧在缺口滚道的狭窄端，则旋转座圈也锁止。当该座圈朝相反方向旋转时，滚柱朝缺口滚道较宽端运动，滚柱和缺口滚道无楔紧趋势，该座圈能自由转动。凸块式单向离合器包括内外座圈和介于座圈间的 8 字形的金属凸块。当其中一个座圈固定，而另一座圈往某一方向旋转时，其结果使 8 字形凸块竖起，楔紧内外座圈表面，则旋转座圈锁止。当该座圈以相反方向旋转，使凸块倒下，没有楔紧内外座表面的趋势，那么该座圈可以自由转动。

超越式离合器尽管结构形式和单向离合器完全相同，但它的作用方式有较大区别，超越式离合器的内外圈分别和运动的部件相连，"锁止"或"超越"不仅取决于内外圈的旋转方向，而且取决于内外圈的相对速度。超越式离合器一般安装位置是介于输入动力和行星齿轮机构某构件之间，其功能类似于多片离合器，但多片离合器的接合与释放借助于活塞上的作用油压，而超越式离合器是纯机械控制。如图 1-58 所示是超越式离合器在内外座圈不同速度下离合器的锁止和超越状态。当内座圈转速大于外座圈时，则离合器超越，即内外座圈各自按原有转速旋转，相互间无干扰。当内座圈转速小于外座圈时，则离合器锁止。注意上述判定条件都是图示的结构所决定的。假若 8 字凸块倒向另外一方向（即把离合器水平旋转180°），上述的结果正好都相反。

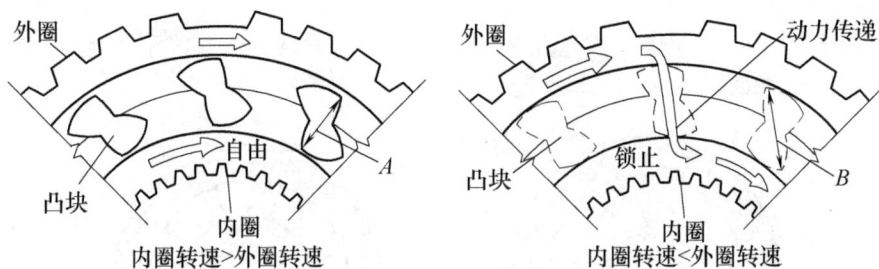

图1-58　超越式离合器内外座圈转速和离合器的关系

任务准备

1）设备及工具：工作台、自动变速器的离合器、制动器及单向离合器等；游标卡尺、百分表、塞尺、磁力表座和弹力测试仪等；常用成套拆装工具及螺钉旋具、自动变速器专用拆装工具、气泵、气枪；油盆、抹布、煤油等辅料。

2）根据作业任务特点对学生进行分组；发放维修手册，制订工艺流程及作业工单，确定评价机制，制订评价标准。

3）强调任务责任、安全意识、操作规范和质量标准等量化指标，确保工作任务安全有序、保质保量地完成。

任务实施

1. 离合器（多片制动器）**的检修**

1）离合器总成分解后要对每个零部件进行清洗、擦干。

2）目视检查摩擦片：如出现表面烧焦、耐磨层脱落、内花键拉毛、沟槽磨平、翘曲变形、与钢片烧结在一起等现象，应更换；摩擦片的表面通常印有符号，若这些符号被磨平，说明摩擦片已经磨损到极限，应更换；也可以通过测量摩擦片的厚度来判断是否应该更换。

3）用手按压摩擦片，如果没有油浸出，应更换。

4）目视检查钢片，如有严重磨损、拉痕、划痕、外花键磨平、拉毛、翘曲变形、与摩擦片烧结在一起等现象，应更换。

5）检查每个固定部位的卡环（限位卡簧），如有弯曲变形、弹性变弱、过热变色的痕迹等，应及时更换。

6）检查离合器鼓、花键毂，如有磨损严重、变形，如图1-59所示。应及时更换，必要时更换总成。

7）检查活塞复位弹簧，如有弯曲、扭曲、倾斜等变形，同一组的自由长度若不一致，应更换。

8）用弹力测试仪检测弹簧的弹力，用游标卡尺检查弹簧的自由长度，如图1-60所示。若不符合要求，应更换。

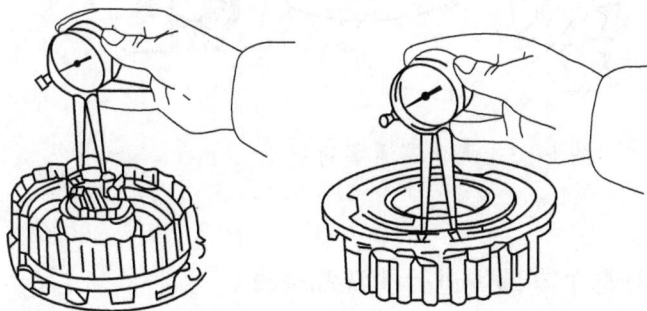

图1-59　检查离合器鼓衬套　　　图1-60　检查离合器复位弹簧长度

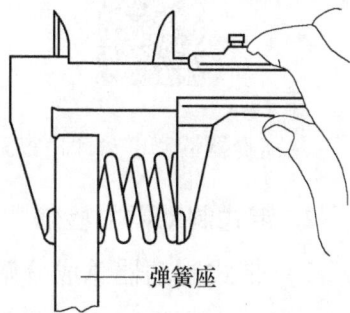

57

9）检查活塞，如有变形、裂纹，应及时更换，必要时更换总成。

10）用压缩空气检查活塞单向球阀是否密封良好，如图1-61所示。若密封不良，更换总成。

11）离合器重新装配后要检查离合器的间隙。间隙过大会使换档滞后、离合器打滑；间隙过小会使得离合器分离不彻底。检查离合器间隙一般是用塞尺（厚薄规）进行，如图1-62所示。

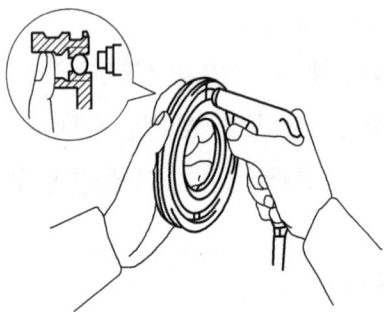

图1-61 离合器活塞单向球阀密封性检查

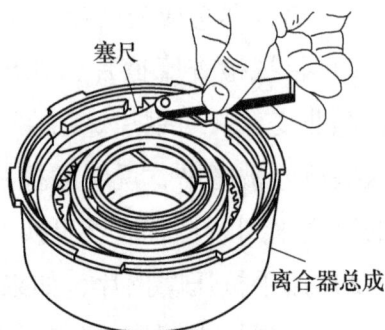

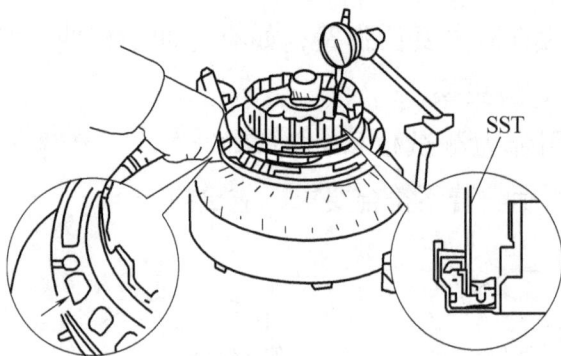

图1-62 检查离合器间隙

12）将离合器总成装入液压泵及安装轴上，找到泵上离合器的进油孔，用高压空气吹入，观察活塞运动应自如、不漏气，如图1-63所示。否则，应重新检查安装，或更换总成。

离合器活塞密封性检查

图1-63 离合器活塞的密封性检查

2. 带式制动器的检修

1）带式制动器总成分解后要对每个零部件进行清洗和检查。

2）检查制动带是否破裂、过热、不均匀磨损和表面剥落等情况，如果有任何一种，制动带都应更换。

3）检查制动鼓表面是否有污点、划伤、磨光和变形等缺陷。

4）制动器装配后要调整工作间隙，原因与离合器间隙的调整是一样的。

方法是：将调整螺钉上的锁紧螺母拧松并退回大约五圈，然后用扭力扳手按规定转矩将调整螺钉拧紧，再按维修手册的要求将调整螺钉退回一定圈数，最后用锁紧螺母紧固。

3. 单向离合器的检查

1）将单向离合器分解、清洗、擦干。

2）检查单向离合器的滚柱有无圆度磨损，压簧有无变形，弹力是否下降，塑料保持架有无变形或断裂，外环是否磨损等，若有应更换单向离合器总成。

3）将单向离合器组装好后，装入其内外圈的连接元件上，正反两方向转动两元件，方法如图1-64所示，要求在箭头所示的方向自由转动，而反方向锁止，必要时更换或重新安装。

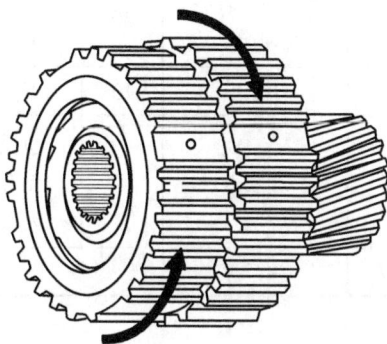

图1-64　单向离合器的检查

4. 填写工单

记录检测结果，填写作业工单。

5. 做好收尾工作

回收设备、工具，清理作业场地。

检测评价

评价机构人员由学校高级讲师、企业高级技师及经验丰富的客户组成。三方分别侧重学生知识点、技能点及服务意识的考核。

根据任务完成情况及作业工单，填写以下评价表。

班级：　　　　　　　　　姓名：　　　　　　　　　学号：

序号	考核内容	配分	评分标准	评分记录	扣分	得分
1	生产安全	20	作业工艺流程不符合要求、有安全隐患的，每项扣3分 违反设备、工具、量具安全操作规程，该项不得分 汽油等易燃物使用不当，该项不得分			

（续）

序号	考核内容	配分	评分标准	评分记录	扣分	得分
2	操作流程规范	26	不能严格执行作业指导书或维修手册操作规范的，每项扣2分			
3	量具与工具使用	16	工具、量具组装及校正错误，该项不得分 工具、量具使用及测量方法不正确每次扣2分			
4	任务工单记录分析	20	记录不正确，每项扣2分 记录分析不正确，每项扣5分			
5	知识点	10	不正确，每项扣2分			
6	思政点	8	违反文明生产及组织纪律扣3分 无合作意识和创新精神扣2分 无服务意识及责任感扣3分			
7	总　评			总　分		

课后测评

一、判断题

（　　）1. 若离合器的自由间隙不符合标准值时，可采用更换不同厚度挡圈的方法来调整。

（　　）2. 离合器摩擦片上有数字记号的，记号磨掉后也必须更换。

二、填空题

1. 在自动变速器中主要使用湿式多片离合器，一般分为_____离合器、_____离合器和_____离合器。

2. 自动变速器中换档执行机构主要由_____、_____和_____三种执行元件组成。

3. 单向离合器有_____和_____两种，其作用是_____。

4. 多片式离合器上的溢流阀是起_____作用。

5. 在自动变速器中常用的制动器有_____和_____两种。

三、简答题

简述自动变速器换档执行机构的结构组成和工作原理。

任务目标

1. 知识目标

1）了解液压控制系统的组成及功用。

2）掌握液压控制系统的结构与工作原理。

3）学会分析液压油路图。

2. 技能目标

1）能够正确地拆装液压泵。

2）能够检测液压泵各组成元件。

3）能够正确地拆解液压控制阀体。

4）能够检测液压控制阀体各元件的性能。

5）能够拆检液压控制活塞。

3. 素养目标

培养学生遵守劳动纪律、保障生产安全的意识；树立职业道德、敬业精神、合作意识和创新精神的思维；养成良好的服务意识及责任感。

任务描述

液压控制系统对液压油进行加压、调压和控制，驱动液压执行器迅速、柔和动作，使自动变速器操作可靠，车辆乘坐舒适。液压控制系统主要由液压泵、阀体、液压缸及活塞组成，结构复杂，制作精密，是自动变速器检修中的难点。检修中重点检查元件表面质量，配合间隙引起的密封泄漏、卡滞堵塞，装配时确保绝对清洁。其故障现象表现为换档冲击，行驶无力，无1档或其他档。

知识储备

自动变速器（简称AT），与传统的手动变速器（简称MT）相比，其最大特点是：换档不再使用拨叉推动齿轮轴向位移来进入或退出啮合，而是通过液力推动活塞接合或分离离合器和制动器中的摩擦片来实现的。自动变速器在现代汽车工业特别是轿车工业上的应用越加广泛。

一、液压控制系统的组成与工作原理

自动变速器的自动控制是靠液压控制系统来实现的，自动变速器液压控制系统大致可分为能源装置、执行装置、控制装置和辅助装置四部分。能源装置是液力变矩器泵轮驱动的液压泵，它给控制机构和执行机构提供压力油以实现换档，给液力变矩器提供冷却补偿油液，给行星齿轮变速器提供润滑油液。执行装置是液压缸，它把油液的液压能转换成机械能。控制装置即阀体总成（图 1-65），包括主油路系统、各种阀组合形成的系统，它们对系统中油液压力、流量或流动方向进行控制。辅助装置包括油箱、滤油器和油管等，它们对保证系统正常工作也有重要作用。

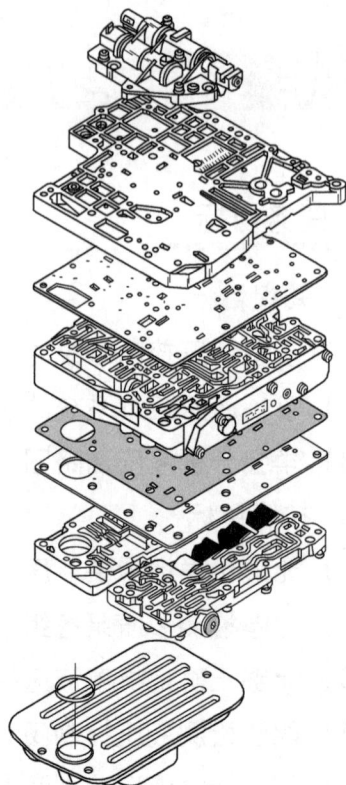

图 1-65　阀体总成

对于全液控自动变速器来说，液压控制系统将发动机的负荷（节气门开度）和车速信号转换为不同的油压，并由此确定换档时刻，并进行换档的控制。

1. 液压控制系统的基本组成

液压控制系统的基本组成包括动力源、执行机构和控制机构等，主要元件如图 1-66 所示。

（1）动力源　液压控制系统的动力源是液压泵（或称为液压泵），它是整个液压控制系统的工作基础。如各种阀体的动作、换档执行元件的工作等都需要一定压力的 ATF。液压泵的基本功用就是提供满足需求的 ATF 油量和油压。

（2）执行机构　执行机构主要由离合器、制动器油缸等组成，其功用是在控制油压的作用下实现离合器的接合和分离、制动器的制动和松开动作，以便得到相应的档位。

（3）控制机构　控制机构包括阀体和各种阀，包括主调压阀、手动阀、换档阀、节气门阀、速控阀（调速器）和强制降档阀等。

液压控制系统还包括一些辅助装置，如用于防止换档冲击的蓄能器、单向阀等。

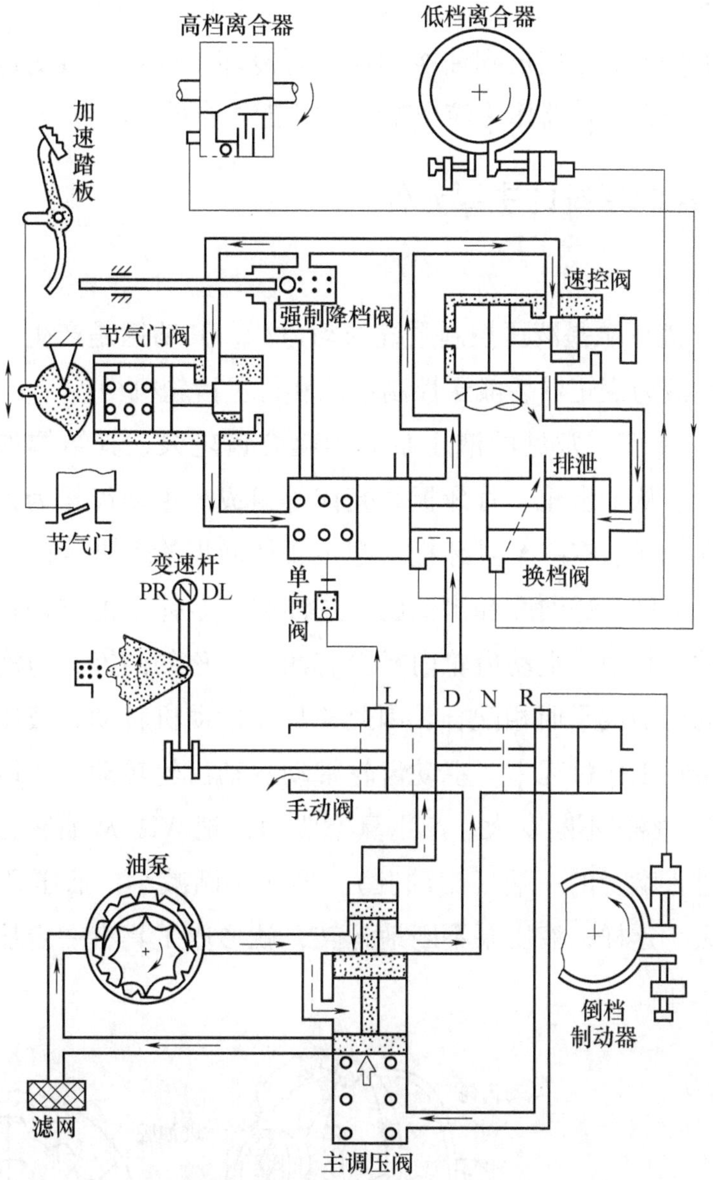

图 1-66 液压控制系统的基本组成

2. 液压控制系统的工作原理

液压泵将 ATF 从自动变速器油底壳中泵出来、加压，并经过主调压阀的调压，形成具有一定压力的 ATF，一般称为主油压（或管道压力）。主油压作用在节气门阀和速控阀上，分别产生与节气门开度和车速成正比的节气门油压和速控油压。节气门油压和速控油压作用在换档阀上，以控制换档阀的动作。节气门油压和速控油压还要反馈给主调压阀，以根据节气门的开度和车速调节主油压。主油压经过手动阀后作用在各换档阀上，换档阀动作来切换油道，使经过手动阀的主油压作用到不同的换档执行元件（离合器、制动器）以得到不同的档位。主油压还作用到副调压阀上，并把ATF分别送到油冷却器进行冷却、送到机械变速器相应元件处进行润滑和送到液力变矩器作为液力变矩器的工作介质。

二、液压控制系统的主要元件

1. 液压泵

（1）功用 液压泵是液压控制系统的动力源，其功用是产生一定的压力和流量的ATF，供给液力变矩器、液压控制系统和行星齿轮机构。

（2）结构与原理 常见的液压泵为内啮合齿轮泵，其结构如图1-67所示。主要由主动齿轮、从动齿轮、月牙板和壳体等组成。主动齿轮为外齿轮，从动齿轮为内齿轮，在壳体上有一个月牙板，把主、从动齿轮不啮合的部分隔开，并形成两个工作腔，分别为进油腔和出油腔。进油腔与泵体上的进油口相通，出油腔与泵体上的出油口相通。主动齿轮内径上有两个对称的凸键，与液力变矩器后端液压泵驱动毂的键槽或平面相配合。因此，只要发动机转动，液压泵便转动并开始供油。液压泵在工作过程中，主动齿轮带动从动齿轮转动。在齿轮脱离啮合的一端（进油腔），容积不断变大，产生真空吸力，把ATF从油底壳经滤网吸入液压泵；在齿轮进入啮合的一端（出油腔），容积不断减小，油压升高，把ATF从出油腔挤压出去。这样，液压泵不断地运转，就形成了具有一定压力的油液，供给自动变速器工作。

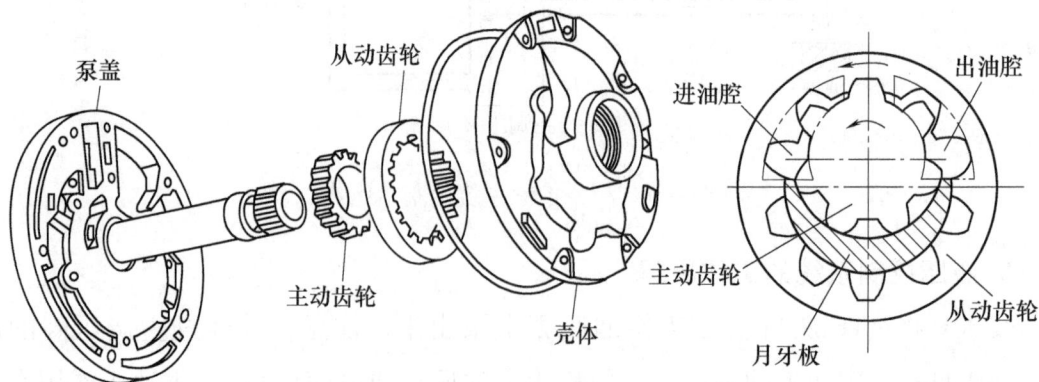

图1-67 内啮合齿轮泵的结构

这种液压泵要求具有严格的加工制造精度，因为齿轮之间、齿轮与泵体之间，过大的磨损和间隙会导致液压泵的性能下降、油压过低，而油压对于自动变速器的正常工作是非常重要的。

（3）液压泵使用注意事项

1）发动机不工作，液压泵不转，自动变速器无油压，即使在 D 位和 R 位，也不能靠推车起动发动机。

2）长距离拖车时，由于发动机不转，液压泵也不转，齿轮系统没有机油，磨损会加剧，因此要求车速慢、距离短。如丰田车系要求拖车车速不高于30km/h，距离不超过80km；奔驰车系要求拖车车速不高于50km/h，距离不超过50km。如果长距离拖车应将驱动轮提起，或断开传动轴。

3）液压泵故障影响。液压泵一旦发生故障会对整个自动变速器的液压系统产生影响，而不是单独影响某一档的工作。液压泵故障对每一档的影响是不同的，低档影响大。总的来说，液压泵能引起在前进档和倒档多种故障，如车辆均不能移动、前进档和倒档起步无力、自动变速器打滑、自动变速器换档冲击和异响等。

2. 主调压阀

（1）功用　主调压阀是主油路压力调节阀的简称，也称为第一调压阀，其功用是根据车速、节气门开度和变速杆位置自动控制主油压（管道压力），保证液压系统油压稳定。

前面已经提及，液压泵是由发动机驱动的，随着发动机转速的增加，液压泵输出油量和油压就会增加，反之亦然。但自动变速器的正常工作需要相对稳定的油压。如果油压过高，会导致离合器、制动器接合过快而出现换档冲击；如果油压过低，又会导致离合器、制动器接合不紧而打滑、烧毁，所以必须要有油压调节装置。

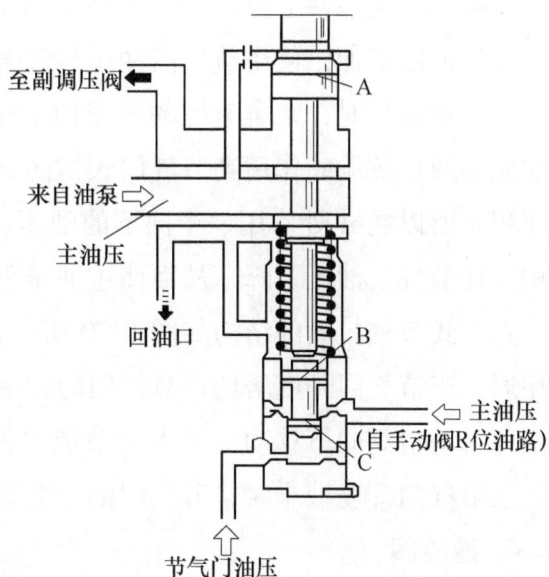

图 1-68　主调压阀的结构

（2）结构与原理　主调压阀的结构如图 1-68 所示。当发动机转速增加，液压泵输出油压会升高，作用在阀体上部 A 处的油压升高，使阀体向下移动，回油通道的截面积增大，从回油口排出的油液增加，使主油压下降；反之，阀体向下移动，主油压升高。

当发动机负荷（节气门开度）增加，由于传递的转矩增加，所以需要较大的油压才能保证离合器、制动器的正常工作。此时，随着节气门开度的增加，节气门油压也会增加，作用在主调压阀下端的节气门油压使阀体向上移动，使主油压升高。

当变速杆置于 R 位时，来自手动阀的主油压作用在阀体的 B 和 C 处，由于 B 处的面积大于 C 处的面积，使得阀体受到向上力的作用，阀体向上移动，主油压升高，满足倒档较大传动比的要求。

3. 节气门阀

（1）功用 反映节气门开度的信号是自动变速器自动换档的两个重要参数之一，对于液控自动变速器是采用节气门阀来反映节气门开度的大小。节气门阀的功用是产生与节气门开度成正比的控制油压（节气门油压），传给主调压阀和换档阀，控制主油压和换档。

（2）结构与原理 节气门阀有机械式节气门阀和真空式节气门阀两种类型。

机械式节气门阀的结构如图 1-69 所示，由强制降档柱塞、节气门阀和弹簧等组成。强制降档柱塞装有滚轮，与节气门凸轮相接触。节气门凸轮经拉索与加速踏板相连。当踩下加速踏板，节气门开度增加时，节气门拉索拉动节气门凸轮转动，将强制降档柱塞上推，并通过弹簧将节气门阀体上推，使节流口开大，输出的节气门油压增加，使得节气门油压与节气门开度成正比。

当车速增加时，来自速控阀的速控油压也会增加，使减压阀下移，这样节气门油压会通过减压阀作用到节气门阀体的 A 处，由于 A 处的上横截面积小于下横截面积，所以在 A 处作用一个向下的油压，节气门阀下移，减小了节流口的通道面积，使节气门油压下降，从而使主油压下降。

真空式节气门阀的结构如图 1-70 所示。真空气室与发动机节气门后的进气歧管相通，当节气门开度增加，节气门后方的真空度减小，即真空气室的压力增加，使推杆带动滑阀向下移动，增大的节流口的通道面积，使节气门油压增加。同样的，当节气门开度减小时，节气门油压会下降。

4. 速控阀

（1）功用 速控阀又叫调速器或速度调压阀，它的功用是产生与车速成正比的控制油压（速控油压），传给换档阀，以便控制换档。速控阀是液控自动变速器反映车速的装置，仅用于液控自动变速器，电控自动变速器采用车速传感器来反映车速。

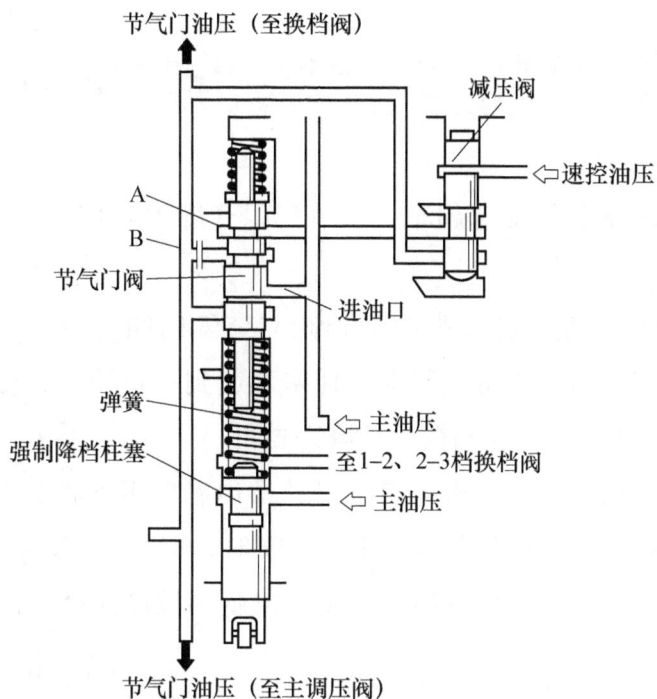

图 1-69　机械式节气门阀的结构

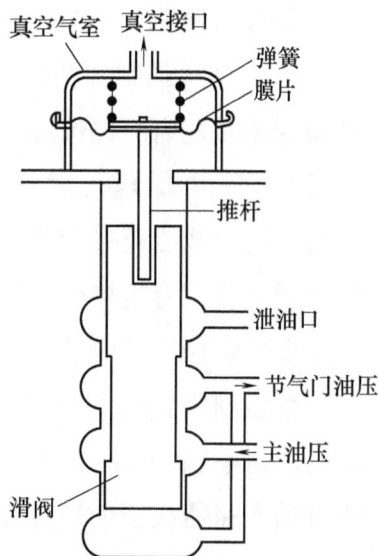

图 1-70　真空式节气门阀的结构

　　正确的速控油压对于自动变速器的正常工作非常重要，如果速控油压过高，会导致换档的车速提前；而速控油压过低，会导致换档的车速滞后。

　　（2）结构与原理　速控阀的结构如图 1-71 所示。速控阀安装在变速器输出轴上，与输出轴一起旋转。作用在滑阀上的力包括向外的离心力和向内的速控油压力。当汽车低速行驶时，阀轴和滑阀构成一体，在重锤和滑阀的离心力作用下使滑阀向外移动，此时速控油压随着车速的增加而增加。当车速增加到一定程度时，阀轴被壳体内部台阶限位而不再向外移动，

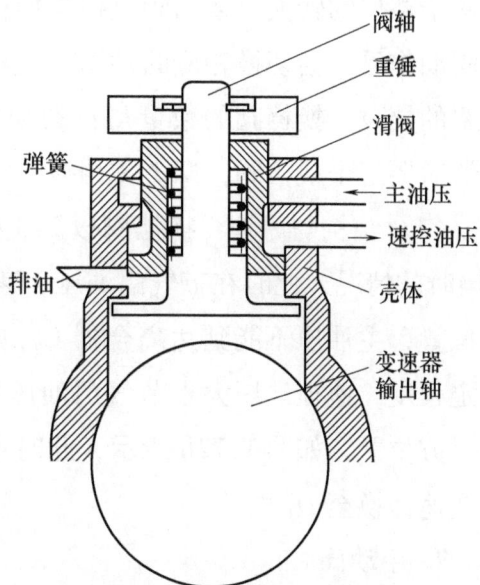

图 1-71　速控阀的结构

此时滑阀向外移动仅能靠自身的离心力，因此，速控油压随着车速的增加而缓慢增加。所以，速控油压与车速的关系分成两个阶段，一般把这种形式的速控阀称为二阶段速控阀，与此类似的还有三阶段速控阀。

> **提示** 自动变速器一般有检测节气门油压和速控油压的检测口。

5. 强制降档阀

（1）功用 强制降档阀的功用是为了加速超车，当节气门开度大于85%时，使自动变速器在当前档位降一档。

（2）结构与原理 对于液控自动变速器，强制降档阀与节气门阀安装在一起。当节气门开度超过85%时，节气门凸轮将强制降档柱塞顶起到一定程度，使主油压能到达相应换档阀，使换档阀动作，在当前档位降一档。

如果是电控自动变速器，一般在蓄电池正极与自动变速器电脑的KD端子之间有一个强制降档开关（KD开关），当节气门开度超过85%时，KD开关闭合，自动变速器电脑在KD端子得到12V电压，此时自动变速器电脑会控制换档电磁阀使自动变速器在当前档位降1档。

6. 换档阀

（1）功用 换档阀的功用是根据换档控制信号或油压，切换档位油路，以实现两个档位的转换。换档阀直接与换档控制元件（离合器、制动器）相通，当换档阀动作后，会切换相应的油道以便给相应档位的离合器和制动器供油，得到所需要的档位。换档阀的数量与自动变速器前进档的个数有关。一般，4档自动变速器需要三个换档阀，即1-2档换档阀、2-3档换档阀和3-4档换档阀。

（2）结构与原理 换档阀以2-3档换档阀为例进行介绍。如图1-72a所示为2档时的情况，此时在节气门油压、速控油压及弹簧作用下，2-3档换档阀处于下方位置，主油压不能到达离合器C_2，所以自动变速器处于D_2档；当车速增加到一定程度，速控油压大于节气门油压和弹簧伸张力之和时，2-3档换档阀上移处于上方位置，如图1-72b所示，此时主油压经过2-3档换档阀到达离合器C_2，自动变速器换至D_3档。

7. 手动阀

手动阀又称为手控阀或手动换档阀，与驾驶舱内的变速杆相连，其功用是控制各档位油路的转换。如图1-73所示，当驾驶人操纵变速杆时，手动阀会移动，使主油压通往不同的油道。如当变速杆置于P位时，主油压会通往P、R和L位油道；当变速杆置于R位时，主油压会同时通往P、R和L位油道及R位油道；当变速杆置于N位时，手动阀会将主油压进油道切断，不会使主油压通往

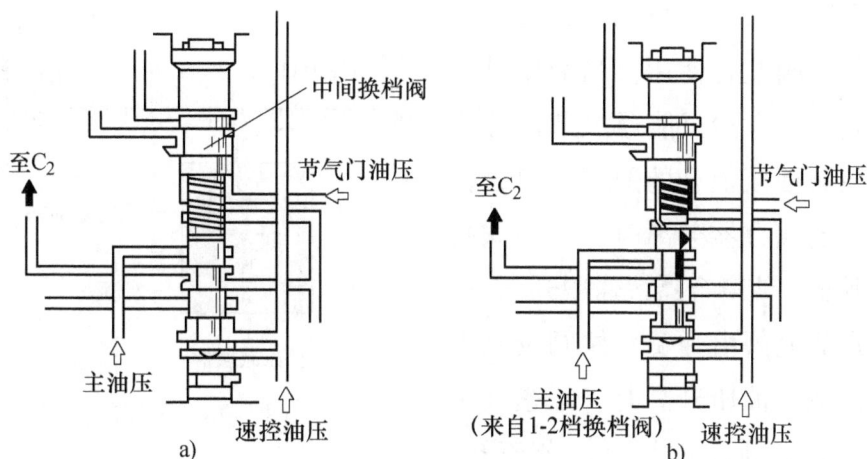

图 1-72　2-3 档换档阀
a) 2 档时　b) 3 档时

各换档阀；当变速杆置于 D 位时，主油压会通往 D、2 和 L 位油道；当变速杆置于 2 位时，主油压会同时通往 D、2 和 L 位油道及 2 和 L 位油道；当变速杆置于 L 位时，主油压会同时通往 D、2 和 L 位油道与 2 和 L 位油道及 P、R 和 L 位油道。

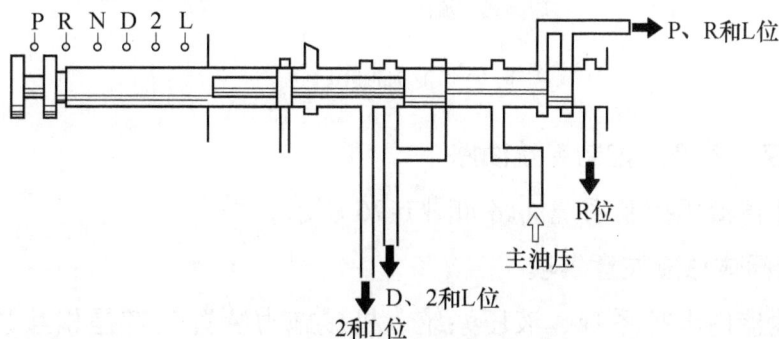

图 1-73　手动阀的结构

8. 换档品质控制阀

为了提高换档品质，自动变速器液压控制系统设有蓄压减振器、缓冲阀、限流阀、节流阀以及节流孔等换档品质控制阀。

（1）蓄压减振器　蓄压减振器一般采用弹簧式，用于储存少量压力油液，作用是在换档时使压力油液迅速流到换档执行机构的油缸，并吸收和平缓所输送油压的压力波动。当弹簧被压缩时，储存能量，而当弹簧伸长时，释放能量，如图 1-74 所示。

（2）节流阀　常见的节流阀有球阀式和柱阀式两种。球阀式节流阀结构最简单，但其缓冲效果是不可调节的，因此常需要与单向阀配合使用。当油压升高时，单向阀关闭，油只能通过节流孔进入油缸，控制油压上升的速度，离合器平稳接合。当离合器分离时，单向阀打开，迅速泄压，使离合器快速脱开。

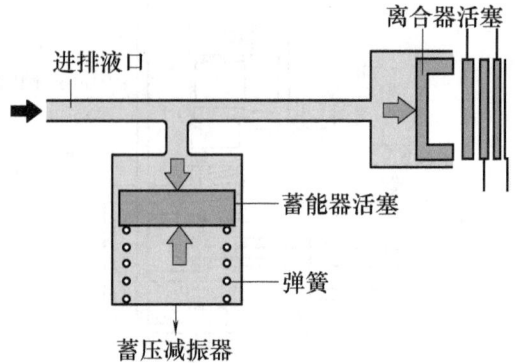

图 1-74　蓄压减振器

柱阀式节流阀由弹簧、柱阀及阀上的节流孔组成。油压升高时，压紧并关闭柱阀，油液必须经过阀上的节流孔，才能进入离合器油缸，因而起到节流的作用。泄压时，回油压力将柱阀打开，迅速回油泄压，离合器分离，如图 1-75 所示。

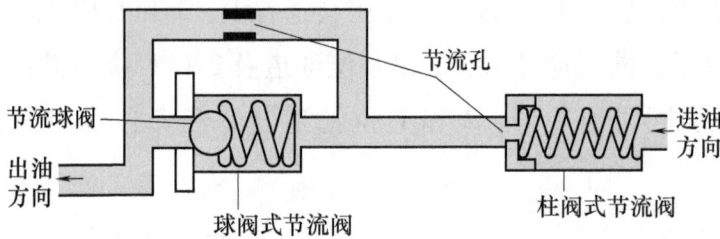

图 1-75　节流阀和节流孔

9. 自动变速器液压控制系统油路

自动变速器液压控制系统油路如图 1-76 所示。

10. 检修阀体总成注意事项

自动变速器内电控系统、液压系统、机械施力装置三者是相互紧密联系的。而液压系统尤以油路控制阀体甚为精密，迷宫般的油道，大小不一的柱塞，长短粗细不一的弹簧以及钢珠、塑料球、滤网座圈、限位片、蓄能器等令人眼花缭乱。对阀体进行修理一定要有详尽的资料，充分地了解和审视后才能动手。对于自动变速器而言，只有当摩擦片严重烧损、行星齿轮装置磨损、ATF 严重脏污才会考虑对阀体进行解体、清洗与检修。

由于阀体中各个控制阀的加工精度和配合精度都极高，不正常的检修方法往往会损坏控制阀，影响其正常工作。因此在检修阀体时，应注意以下几点：

1）拆检阀体时，切不可让阀芯等重要零部件掉落。不要让铁丝、螺钉旋具等硬物伸入阀孔中，以免损伤阀芯和阀孔的精密配合表面。

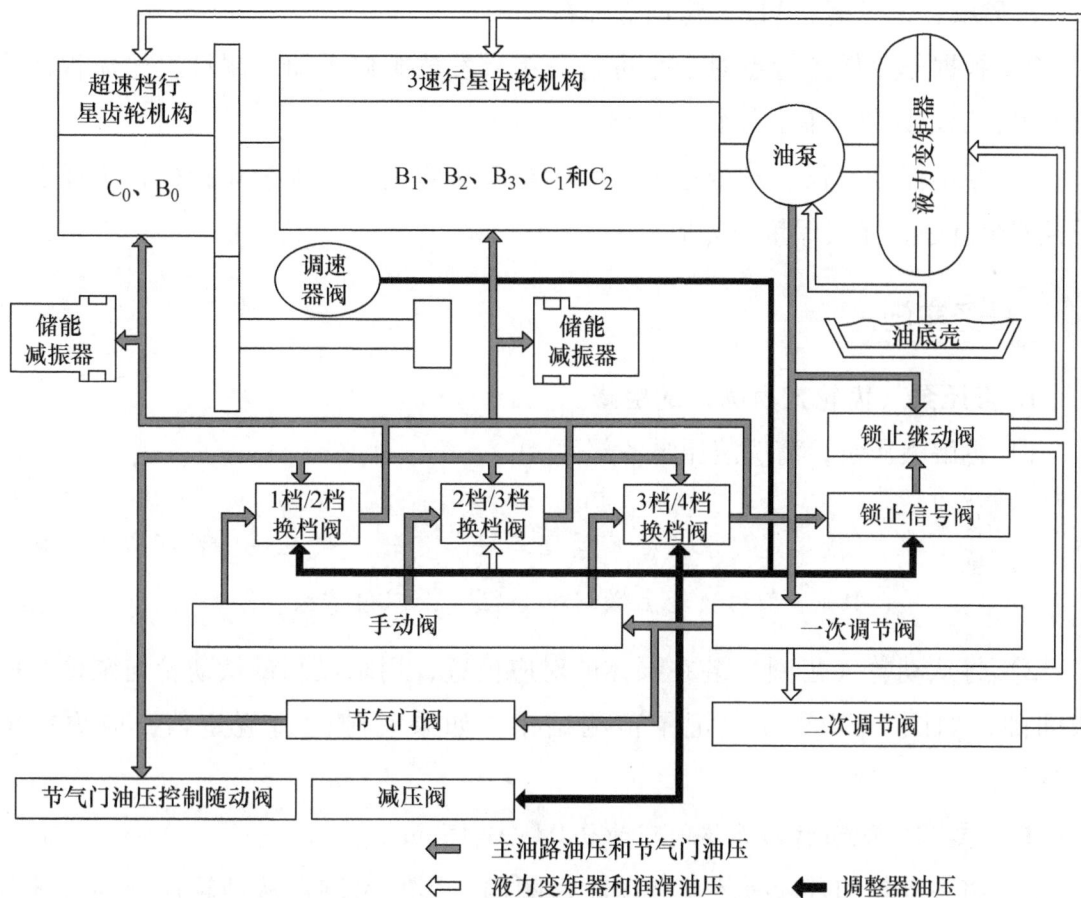

图 1-76 自动变速器液压控制系统油路

2）阀体分解后的所有零部件在清洗后，可用压缩空气吹干，不允许用棉布擦拭，以免粘上细小的纤维丝，造成控制阀卡滞。

3）装配阀体时，应检查各控制阀阀芯是否能在阀孔中活动自如。如有卡滞，应拆下，经清洗后重新安装。

4）不要在隔板衬垫及控制阀的任何零部件上使用密封胶或黏合剂。

5）在更换隔板衬垫时要将新旧件进行对比，确认无误后再装入，以防止因零部件规格不符而影响自动变速器的正常工作。

6）在分解、装配阀板时，要有详细的技术资料（如阀体分解图）以作为对照。

任务准备

1）设备及工具：工作台、自动变速器的液压泵、阀体等；游标卡尺、百分表、塞尺、磁力表座等；常用成套拆装工具及螺钉旋具、气泵、气枪；油盆、抹布、细砂纸、记号笔、ATF、煤油等辅料。

2）根据作业任务特点对学生进行分组；发放维修手册，制订工艺流程及作业工单，确定评价机制，制订评价标准。

3）强调任务责任、安全意识、操作规范和质量标准等量化指标，确保工作任务安全有序、保质保量地完成。

任务实施

1. 液压泵（齿轮式为例）**的检修**

1）拆解液压泵，清洗液压泵各部件。

> **注意**　按规定要求旋松各紧固螺栓，齿轮式液压泵，在拆卸齿轮前应用油漆在两齿轮上做好啮合记号，以便安装。

2）将从动轮（齿圈）装在泵体的对应位置，用塞尺测量从动轮与泵体之间的间隙，如图1-77所示。记录检测结果。如果间隙超过规定值，应更换液压泵。

技术要求：从动齿与壳体间隙为 0.07~0.15mm。

3）将主动轮和月牙板装入从动轮齿圈内，用塞尺测量从动轮齿顶与月牙板之间的间隙，如图1-78所示。如果间隙超过规定值，应更换液压泵。

技术要求：齿顶与月牙板间隙为 0.11~0.14mm。

图1-77　用塞尺测量从动轮与泵体之间的间隙

图1-78　用塞尺测量从动轮齿顶与月牙板之间的间隙

4）用直尺和塞尺测量主动轮与从动轮的侧隙，如图1-79所示。如果间隙超过规定值，应更换液压泵。

技术要求：齿顶与月牙板间隙为 0.02 ~ 0.05mm。

5）用百分表测量液压泵总成的衬套内径，如图 1-80 所示。记录检测结果，如果工作间隙超过规定值，应更换液压泵。

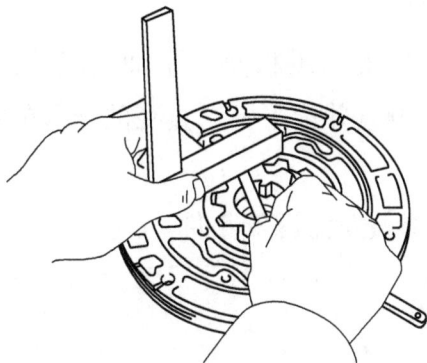

图 1-79　用直尺和塞尺测量主动轮与
从动轮的侧隙

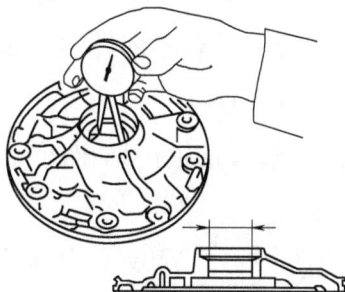

图 1-80　测量液压泵
总成的衬套内径

6）用百分表测量导轮轴总成的衬套内径，如图 1-81 所示。记录检测结果，如果工作间隙超过规定值，应更换液压泵。

7）按维修手册技术要求，更换密封圈，装复液压泵。

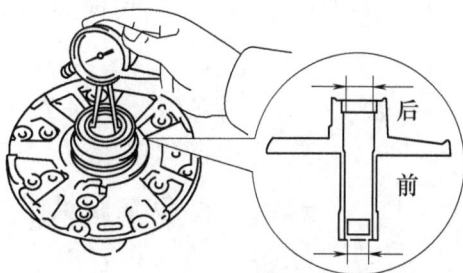

2. 液压控制阀体总成的检修

图 1-81　测量导轮轴总成的衬套内径

（1）液压控制阀体总成的拆装

1）用专用工具拆卸阀体外部电磁阀扁平导线插头。

>>> **注意**　　电磁阀接头为塑料制品，长期浸没在 ATF 中，高温下很脆，拆卸时不要损坏。

2）拆卸阀体与变速器壳体的连接管。

3）找到阀体与变速器壳体的连接螺栓，按维修手册规定的顺序分 2 ~ 3 次拆下固定螺栓，取下阀体总成，将阀体放置于干净的工作台上，使其下部朝上。

>>> **注意**　　工作台上放置胶垫，以防变速器各元件与工作台等磕碰造成损伤。

4）拆下阀体上的滤清器、电磁阀及手动阀。

5）按维修手册规定的顺序分2～3次拆掉上下阀体间的连接螺钉，将阀体上部和中间的隔板一同握紧拿稳，同时一起翻过来使中间隔板向上（此举可使单向钢球不会跌落），然后拿起隔板进行下一步作业。

6）应利用油路隔板上的残油，用一张稍厚的白纸板复印下油路隔板图，并将油路隔板中所有零部件逐一地在图上标明，测量并记下不同直径的球阀的位置，以便装复时备查参考。

7）从阀板油道内取出所有的单向球阀、弹簧及滤网等小件。

>>> **注意** 阀板内所有小件不得丢失。

8）若阀体包括多层阀板，按上述方法逐层拆解。

9）画出阀板的外形简图，逐个拆卸阀板上的滑阀总成（限位片、弹簧和柱塞等），按顺序放好，并在阀板简图上画下各控制阀的形状和排列顺序。

>>> **注意** 拆卸滑阀时，应让柱塞在重力的作用下自由落出，或用橡胶锤敲击阀板振出。并注意在拆卸过程中需用手指或旋具抵住柱塞，以防限位装置拆出的瞬间，柱塞在里面弹簧的作用下弹出。

10）用干净的煤油或化油器清洗剂清洗阀板，并用高压空气吹干。

11）取一个滑阀总成中的一个元件，清洗一件，风吹干后装入阀板一件，依次装好各阀板总成。

12）更换阀体上所有橡胶单向球阀、密封胶圈及滤网，更换隔板纸质衬垫。

13）将阀板、隔板胶圈滤网等浸泡在ATF中15min，将滑阀总成逐一浸泡。

14）按拆卸相反的顺序，按维修手册规定的螺栓拧紧力矩的顺序分2～3次安装好阀体总成。

（2）液压控制阀体总成的检修

1）清洗、风干各元件。

2）检查控制阀阀芯（柱塞）表面，如有轻微刮伤痕迹，可用金相砂纸抛光。

3）检查控制阀阀芯在自身重力作用下能否自由缓慢滑入阀板安装孔中，如果不能自由落入阀板安装孔中，应对阀芯表面研磨再试，若发卡，应更换阀板总成。

> **>> 注意**　不能研磨阀孔。

4）检查诸阀弹簧有无损坏，测量各阀弹簧和长度，如不符合规定要求，应更换。

技术要求：阀弹簧的自由长度见维修手册。

5）检查隔板不应有较大的变形，仔细观察各油孔处应圆滑不漏光，否则应更换。

> **>> 注意**　如果是新更换的密封垫和隔板，阀体新旧密封垫和隔板必须紧贴在一起，检查纸垫上所有的孔径和油量走向是否与阀体上一致（此项很重要）。

3. 填写工单

记录检测结果，填写作业工单。

4. 做好收尾工作

回收设备、工具，清理作业场地。

检测评价

评价机构人员由学校高级讲师、企业高级技师及经验丰富的客户组成。三方分别侧重学生知识点、技能点及服务意识的考核。

根据任务完成情况及作业工单，填写以下评价表。

班级：　　　　　　　姓名：　　　　　　　学号：

序号	考核内容	配分	评 分 标 准	评分记录	扣分	得分
1	生产安全	20	作业工艺流程不符合要求、有安全隐患的，每项扣3分 违反设备、工具、量具安全操作规程，该项不得分 汽油等易燃物使用不当，该项不得分			

（续）

序号	考核内容	配分	评 分 标 准	评分记录	扣分	得分
2	操作流程规范	26	不能严格执行作业指导书或维修手册操作规范的，每项扣2分			
3	量具与工具使用	16	工具、量具组装及校正错误，该项不得分 工具、量具使用及测量方法不正确每次扣2分			
4	任务工单记录分析	20	记录不正确，每项扣2分 记录分析不正确，每项扣5分			
5	知识点	10	不正确，每项扣2分			
6	思政点	8	违反文明生产及组织纪律扣3分 无合作意识和创新精神扣2分 无服务意识及责任感扣3分			
7	总 评			总 分		

课后测评

一、判断题

（　　）1. 液压泵通常安装液力变矩器后，由飞轮通过液力变矩器壳直接驱动。

（　　）2. 油面过高会影响执行元件的平顺分离和换档的稳定性。

（　　）3. 换档阀也具有强制降档功能。

（　　）4. 节气门开度越大，节气门油压也越高。

二、填空题

1. 液压泵通常安装在_____的后方，由变矩器壳后端的_____驱动。

2. 自动变速器都有一个或几个换档控制阀，其数目根据变速器_____位数而定。

3. 自动变速器内控制液压阀板的有球式节流阀，当漏装时，会造成_____。

4. 当自动变速器的主油压过低时，会使汽车无法_____，当主油压过高时，会使汽车在行驶时出现_____。

5. 为了防止换档冲击，在液压阀板内安装_____或_____。

三、简答题

1. 简述自动变速器中常见阀的作用和组成。

2. 简述自动变速器常见液压泵的机构组成和工作原理。

任务六　　电子控制系统故障诊断与检修

任务目标

1. 知识目标

1) 掌握自动变速器各传感器、开关信号的作用、结构及工作原理。

2) 掌握自动变速器各电磁阀作用、结构及工作原理。

3) 了解电子控制单元的作用及换档控制原理。

2. 技能目标

1) 能够使用诊断仪器读取故障码及数据流，并能正确分析检测结果。

2) 能够使用万用表对传感器、电磁阀等元件进行电路检测。

3) 能够对电磁阀使用性能进行检测。

3. 素养目标

培养学生遵守劳动纪律、保障生产安全的意识；树立职业道德、敬业精神、合作意识和创新精神的思维；养成良好的服务意识及责任感。

任务描述

由于计算机技术的飞速发展，电子技术被广泛应用在自动变速器上，使得自动变速器的性能不断提高，并最终大量地应用于各种汽车上。其中传感器、电磁阀及电路原理是电子控制系统检修的基础；掌握电子检测仪器的正确使用是电子控制系统检修的有效途径；对电子控制理论的深入理解有助于电子故障的诊断；

电子控制系统的检修是电控自动变速器检查中的第一步。电子控制故障自动变速器表现为：故障指示灯点亮，换档冲击，不跳档、缺档等。

知识储备

1. 概述

自动变速器的电子控制系统包括传感器、电子控制单元（ECU）和执行器三部分，其组成框图如图 1-82 所示。

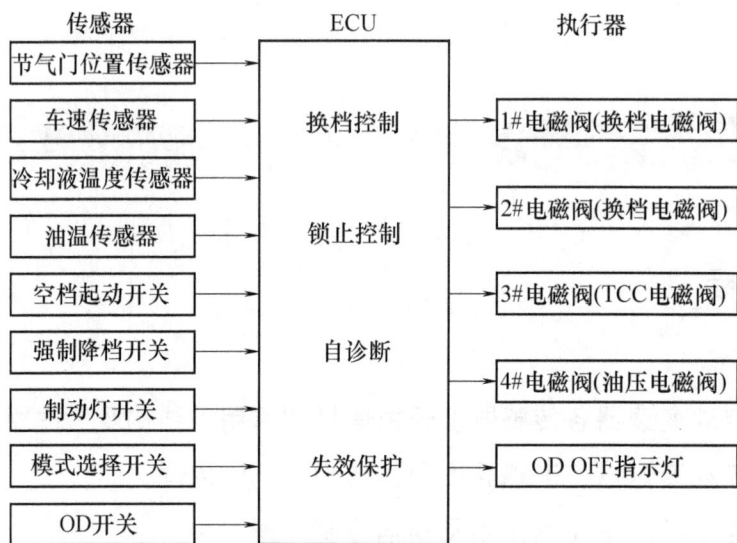

传感器   ECU   执行器

节气门位置传感器	→			→	1#电磁阀(换档电磁阀)
车速传感器	→	换档控制		→	2#电磁阀(换档电磁阀)
冷却液温度传感器	→			→	3#电磁阀(TCC电磁阀)
油温传感器	→	锁止控制		→	4#电磁阀(油压电磁阀)
空档起动开关	→				
强制降档开关	→	自诊断			
制动灯开关	→				
模式选择开关	→	失效保护		→	OD OFF指示灯
OD开关	→				

图 1-82 电子控制系统组成框图

传感器部分主要包括节气门位置传感器、车速传感器、冷却液温度传感器、油温传感器、空档起动开关、强制降档开关、制动灯开关、模式选择开关和 OD 开关等。执行器部分主要包括各种电磁阀和故障指示灯等。

ECU 主要完成换档控制、锁止离合器控制、油压控制、故障诊断和失效保护等功能。

对于液控自动变速器，自动换档主要是取决于节气门油压和速控油压，即发动机负荷和车速的情况。对于电控自动变速器，与此情况是类似的，即自动换档也主要取决于发动机负荷和车速，只不过是采用节气门位置传感器和车速传感器来感知发动机负荷和车速的情况，并将这两个信号发送给自动变速器 ECU，ECU 根据存储器中的换档程序决定升档或降档，然后再给换档电磁阀发出控制信号，换至相应档位。

例如，对于丰田车系的 4 档自动变速器，换档情况见表 1-9。当自动变速器 ECU 使 1#换档电磁阀通电，2#换档电磁阀断电，则自动变速器为 1 档。

表 1-9　丰田车系的 4 档自动变速器换档情况

档　位	换档电磁阀	
	1#	2#
1 档	○	×
2 档	○	○
3 档	×	○
4 档	×	×

注：○表示通电，×表示断电。

自动变速器的换档等控制还要取决于冷却液温度、自动变速器油温等信号。如果冷却液温度、油温过低，自动变速器不会升档。

如果自动变速器在工作过程中，满足了锁止离合器的工作情况，自动变速器电脑就会给锁止离合器（TCC）电磁阀（一般称为 3#电磁阀）通电，切换油路使锁止离合器工作。

在换档过程中，为了防止换档冲击，自动变速器还会通过 4#电磁阀控制换档油压。

自动变速器 ECU 具有自诊断功能，如果电子控制系统出现故障，ECU 会将故障码存储在存储器中，以便读取；另外 ECU 还会点亮 OD OFF 指示灯（或故障指示灯）提示自动变速器出现故障，并可通过 OD OFF 指示灯的闪烁读取故障码。

如果自动变速器出现故障，除了 OD OFF 等会点亮，一般自动变速器还会锁档，即自动变速器不会升档也不会降档，锁档一定有故障码。

2. 传感器

（1）节气门位置传感器（TPS）

1）功用。节气门位置传感器安装在节气门体上，用于检测节气门开度的大小，并将数据传送给 ECU，ECU 根据此信号判断发动机负荷，从而控制自动变速器的换档、调节主油压和对锁止离合器控制。节气门位置信号相当于液控自动变速器中的节气门油压。

2）结构与原理。一般是采用线性输出型节气门位置传感器，也称可变电阻式传感器，其结构、原理如图1-83所示，实际上是一个滑动变阻器，E是搭铁端子，IDL是怠速端子，V_{TA}是节气门开度信号端子，V_C是ECU供电端子，电脑提供恒定5V电压。当节气门开度增加，节气门开度信号触点逆时针转动，V_{TA}端子输出电压也线性增大。如图1-84所示，V_{TA}端子输出电压与节气门开度成正比。当怠速时，怠速开关闭合，IDL端子电压为0。

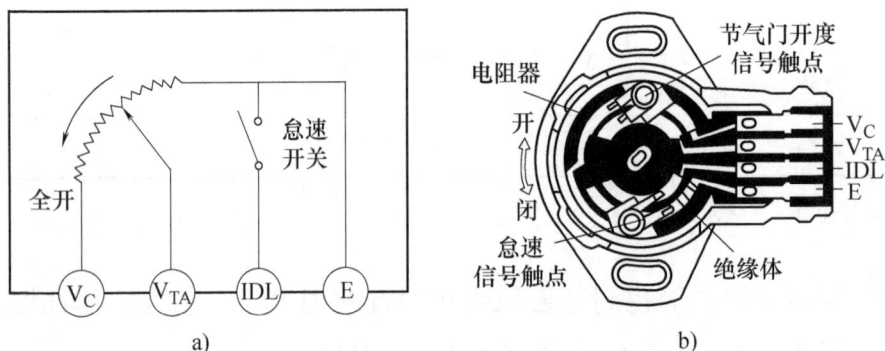

图1-83 节气门位置传感器的结构、原理

a）原理图 b）结构图

由于滑动电阻中间部分容易磨损，使其阻值无法正确反应节气门开度，测量电阻时欧姆表会产生波动，同时输出电压也会过高或过低。当输出电压高时，会导致升档滞后、不能升入超速档；同时会导致主油压过高，出现换档冲击。当输出电压低时，会导致升档提前，汽车行驶动力不足；同时会导致主油压过低，使离合器、制动器打滑。

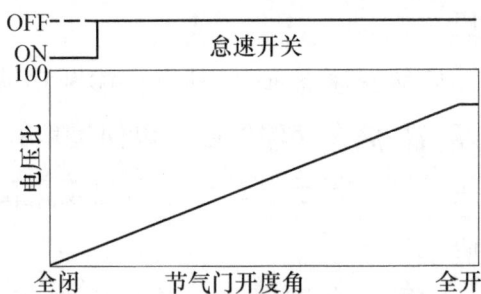

图1-84 V_{TA}端子输出电压与节气门开度的关系

（2）车速传感器（VSS）

1）功用。车速传感器用于检测自动变速器输出轴转速，自动变速器ECU根据车速传感器输入的信号计算出车速，并以此信号控制自动变速器的换档和锁止离合器的锁止。

2）类型。常见的车速传感器有电磁式、舌簧开关式和光电式三种形式。一般自动变速器装有两个车速传感器，分为1号和2号传感器。2号车速传感器一般为电磁式的，它装在变速器输出轴附近的壳体上，为主车速传感器；1 号车速传感器一般为舌簧开关式的，为副车速传感器，它装在车速表的转子附近，负责车速的传输，它同时也是 2 号车速传感器的备用件，当 2 号车速传感器失效后，由 1 号车速传感器代替工作。

下面以常见的电磁式车速传感器为例介绍其结构、原理和检修。

3）电磁式车速传感器的结构与原理。如图 1-85a 所示，电磁式车速传感器主要由永久磁铁、电磁感应线圈和转子等组成。转子一般安装在变速器输出轴上，永久磁铁和电磁感应线圈安装在变速器壳体上，如图 1-85c 所示。当输出轴转动，转子也转动，转子与传感器之间的空气间隙发生周期性变化，使电磁感应线圈中磁通量也发生变化，从而产生交流感应电压，如图 1-85b 所示，并输送给电脑。交流感应电压随着车速（输出轴转速）具有两个响应特性，一是随着车速的增加，交流感应电压增高；二是随着车速的增加，交流感应电压脉冲频率也增加。ECU 是根据交流感应电压脉冲频率大小计算车速，并以此控制自动变速器的换档。车速传感器信号相当于液控自动变速器中的速控油压，电控自动变速器没有速控阀。

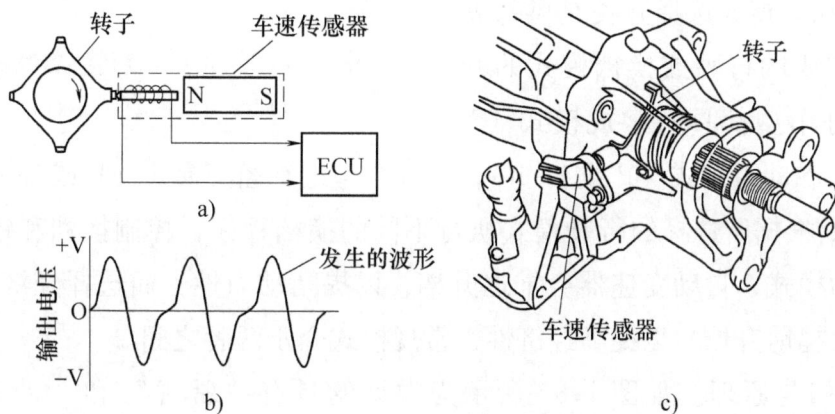

图 1-85 电磁式车速传感器的结构与原理

（3）输入轴转速传感器 对于轿车自动变速器，一般在机械变速器输入轴附近的壳体上装有检测输入轴转速的输入轴转速传感器。该传感器一般也是采用电磁式，其结构、原理及检测与车速传感器一样。

自动变速器 ECU 根据输入轴转速传感器的信号可以更精确地控制换档。另外，ECU 还可以把该信号与发动机转速信号进行比较，计算出变矩器的转速比，使主油压和锁止离合器的控制得到优化，以改善换档、提高行驶性能。

（4）冷却液温度传感器

1）功用。冷却液温度传感器的信号不仅用于发动机的控制，还用于自动变速器的控制。当发动机冷却液温度低于设定温度（如60℃），发动机ECU会发送一个信号给自动变速器ECU的OD$_1$端子，以防自动变速器换入超速档，同时锁止离合器也不能工作。当发动机冷却液温度过高时，自动变速器ECU会让锁止离合器工作以帮助发动机降低冷却液的温度，防止变速器过热。

如果冷却液温度传感器故障，发动机ECU会自动将冷却液温度设定为80℃，以便发动机和自动变速器可以工作。

2）结构与原理。冷却液温度传感器一般都是一个负温度系数的热敏电阻，即温度升高，电阻下降。如图1-86所示，发动机ECU在THW端子接收到一个与冷却液温度成正比的电压，从而得到冷却液温度信号。

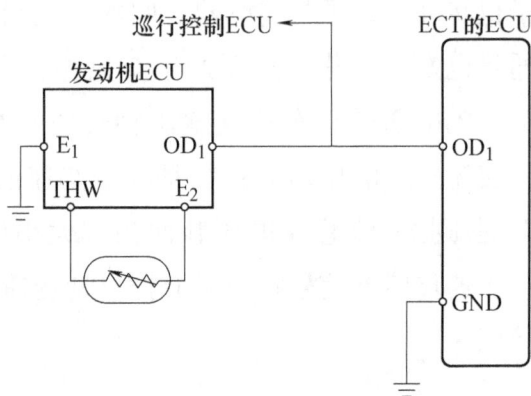

图1-86 冷却液温度传感器线路图

（5）模式选择开关

1）功用。模式选择开关是供驾驶人选择所需要的行驶或换档模式的开关。大部分车型都具有常规模式（N或NORM）和动力模式（P或PWR），有些车型还有经济模式（E或ECO）。自动变速器ECU根据所选择的行驶模式执行不同的换档程序，控制换档和锁止正时。如选择动力模式，自动变速器会推迟升档，以提高动力性，而选择经济模式，自动变速器会提前升档，以提高经济性，常规模式介于两者之间。

2）结构与原理。如图1-87所示为常见的具有"常规"和"动力"两种模式的模式选择开关线路图，当开关接通NORM（常规模式），仪表盘上NORM指示灯点亮，同时自动变速器ECU的PWR端子的电压为0，ECU从而知道选择了常规模式。当开关接通PWR（动力模式），仪表盘上PWR指示灯点亮，同时自动变速器ECU的PWR端子的电压为12V，ECU从而知道选择了动力模式。

（6）空档起动开关

1）功用。空档起动开关有两个功用，一是给自动变速器ECU提供档位信息，二是保证只有变速杆置于P或N位才能起动发动机。

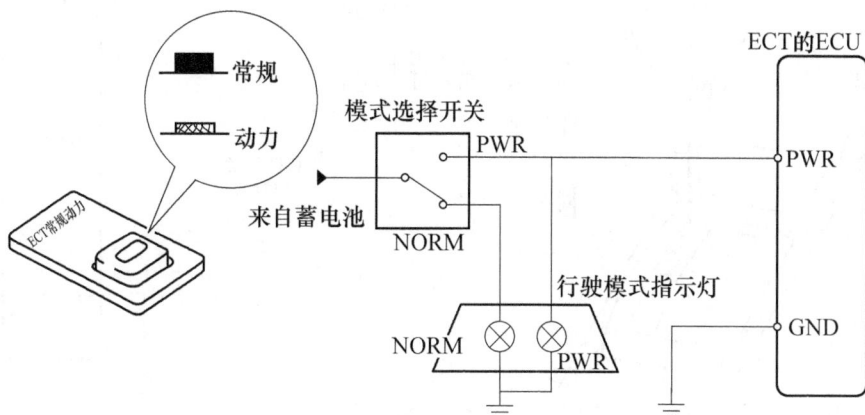

图 1-87　模式选择开关线路图

2）结构与原理。如图 1-88 所示，当变速杆置于不同的档位时，仪表盘上相应的档位指示灯会点亮。当 ECU 的端子 N、2 或 L 与端子 E 接通时，ECU 便分别确定变速器位于 N、2 或 L 位；否则，ECU 便确定变速器位于 D 位。只有当变速杆置于 P 或 N 位时，端子 B 与 NB 接通，才能给起动机通电，使发动机起动。

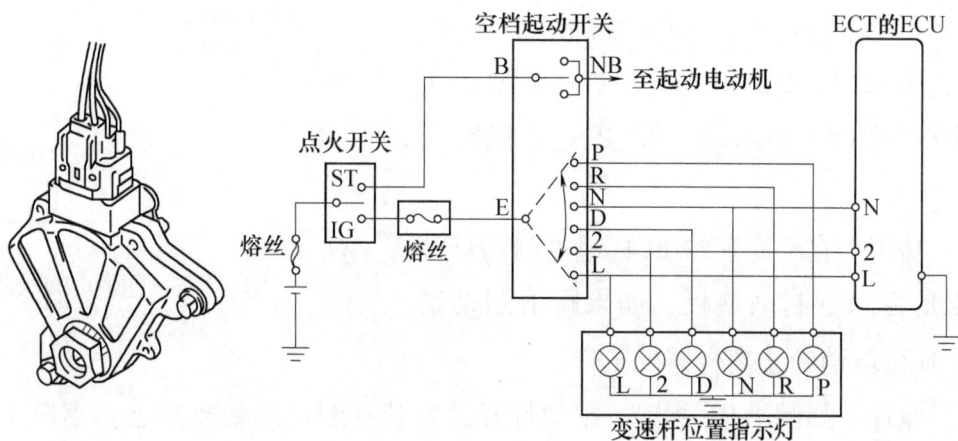

图 1-88　空档起动开关线路图

（7）OD 开关（超速档开关）

1）功用。OD 开关一般安装在变速杆上，由驾驶人操作控制，可以使自动变速器有或没有超速档。

2）原理。如图 1-89 所示，当按下 OD 开关（ON），OD 开关的触点实际为断开，此时 ECU 的 OD_2 端子的电压为 12V，自动变速器可以升至超速档，且 OD OFF 指示灯不亮。

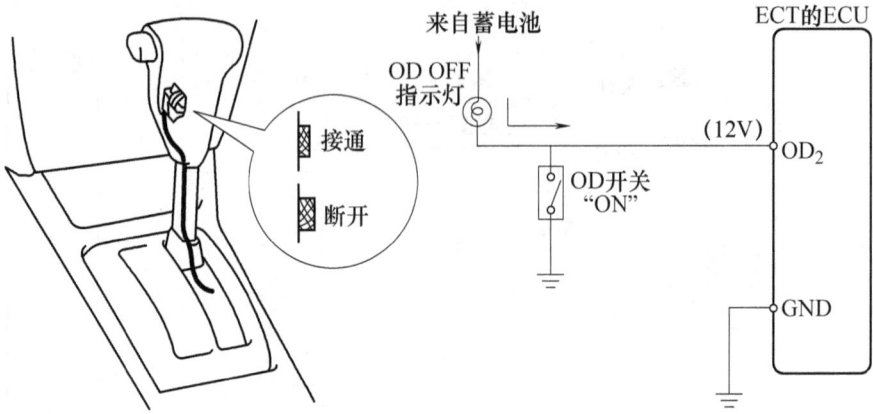

图1-89 OD开关（ON）的线路图

如图1-90所示，当再次按下OD开关，OD开关会弹起（OFF），OD开关的触点实际为闭合，此时ECU的OD₂端子的电压为0，自动变速器不能升至超速档，且OD OFF指示灯点亮。

3）检测。当按下OD开关（ON）时，OD OFF指示灯应熄灭；当再次按下OD开关，OD开关弹起时，OD OFF指示灯应点亮，否则应检查OD OFF指示灯、OD开关及线路。

（8）制动灯开关

1）功用。自动变速器ECU通过制动灯开关检测是否踩下制动踏板，如果踩下制动踏板，ECU会取消锁止离合器的工作。

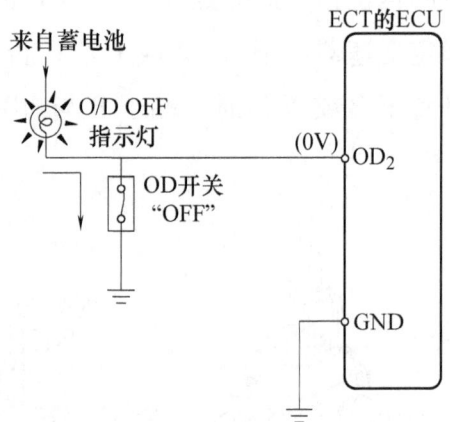

图1-90 OD开关（OFF）的线路图

2）原理。如图1-91所示，制动灯开关安装在制动踏板支架上。当踩下制动踏板，开关接通，ECU的STP端子电压为12V；当松开制动踏板，开关断开，STP端子电压为0。ECU根据STP端子的电压变化了解制动踏板的工作情况。

3. 执行器

电子控制系统的执行器主要指电磁阀和故障指示灯，这里只介绍电磁阀。

（1）分类 电磁阀根据功能的不同可以分为换档电磁阀、锁止离合器电磁阀和油压电磁阀。根据工作原理的不同可以分为开关式电磁阀和占空比式（脉冲线性式）电磁阀。不同的自动变速器使用的电磁阀数量不同，一般为3~8个不等。例如上海通用的4T65-E自动变速器电控系统有4个电磁阀，

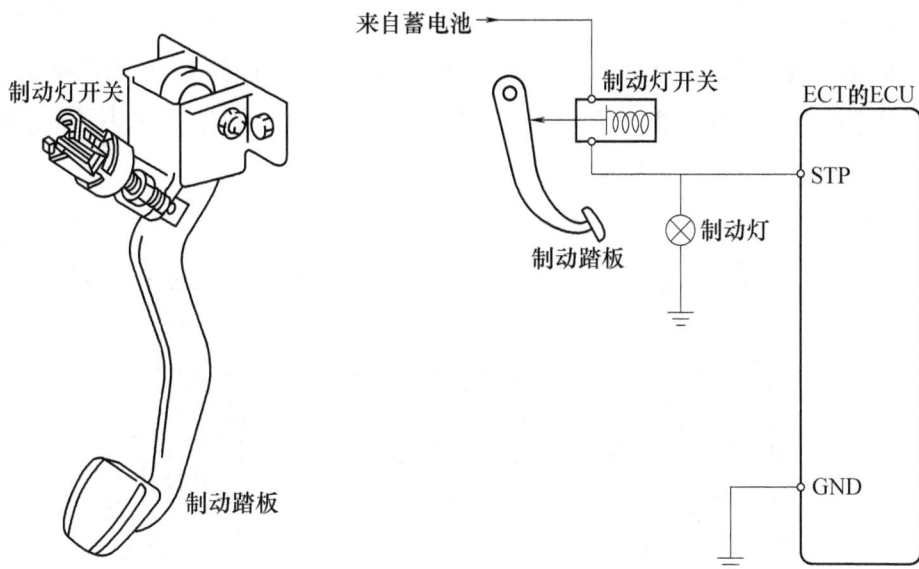

图 1-91 制动灯开关线路图

其中 2 个是换档电磁阀、1 个是油压电磁阀、1 个是锁止离合器电磁阀。而一汽大众的 01M 自动变速器电控系统则采用 7 个电磁阀。

绝大多数换档电磁阀是采用开关式电磁阀，油压电磁阀是采用占空比式电磁阀，而锁止离合器电磁阀采用开关式的和占空比式的都有。

（2）开关式电磁阀

1）功用。开关式电磁阀的功用是开启或关闭液压油路，通常用于控制换档阀和部分车型锁止离合器的工作。

2）结构与原理。开关式电磁阀由电磁线圈、衔铁和阀芯等组成，如图 1-92 所示。当电磁阀通电时，在电磁吸力作用下衔铁和阀芯下移，关闭泄油口，主油压供给到控制油路。当电磁阀断电时，在复位弹簧的作用下衔铁和阀芯上移，打开泄油口，主油压被泄掉，控制油路压力很小。

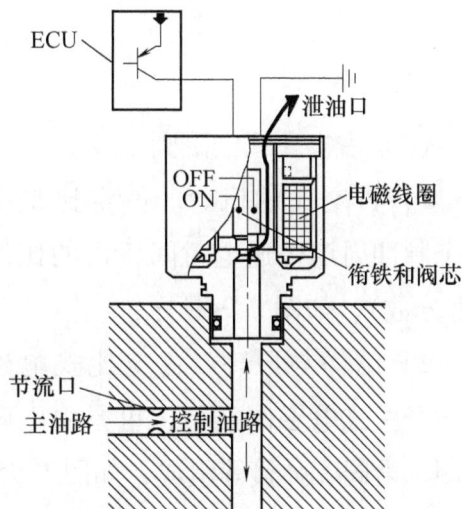

图 1-92 开关式电磁阀

3）电控换档阀的工作原理。如图 1-93 所示为换档电磁阀控制换档阀的工作原理图。当换档电磁阀断电，阀芯及球阀在复位弹簧作用下升起，主油压不能到达换档阀的左侧，则换档阀处于左端位置，主油压经过换档阀给换档执行元件供油，得到相应的档位，如图 1-93a 所示。当换档电磁阀通电，电磁吸力使阀芯及球阀下移，主油压经过换档电磁阀到达换档阀的左侧，换档阀右移，主油压到达换档阀后被截至，不能给换档执行元件供油，得到另外的档位，如图 1-93b 所示。

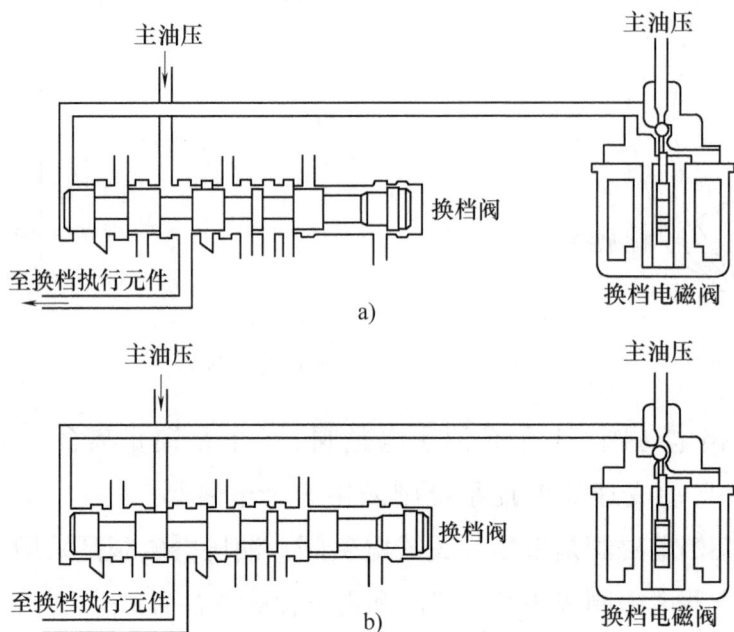

图 1-93　电控换档阀的工作原理

（3）占空比式电磁阀

1）占空比的概念。占空比是指一个脉冲周期中通电时间所占的比例（百分数），如图 1-94所示。

2）结构与原理。占空比式电磁阀与开关式电磁阀类似，也是由电磁

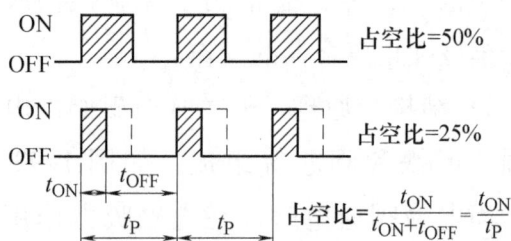

图 1-94　占空比

线圈、滑阀、弹簧等组成，如图 1-95 所示。它通常用于控制油路的油压，有的车型的锁止离合器也采用此种电磁阀控制。与开关式电磁阀不同的是，控制占空比式电磁阀的电信号不是恒定不变的电压信号，而是一个固定频率的脉冲电信号。在脉冲电信号的作用下，电磁阀不断开启、关闭泄油口。

占空比式电磁阀有两种工作方式，一是占空比越大，经电磁阀泄油越多，油压就越低；另一种是占空比越大，油压越高。

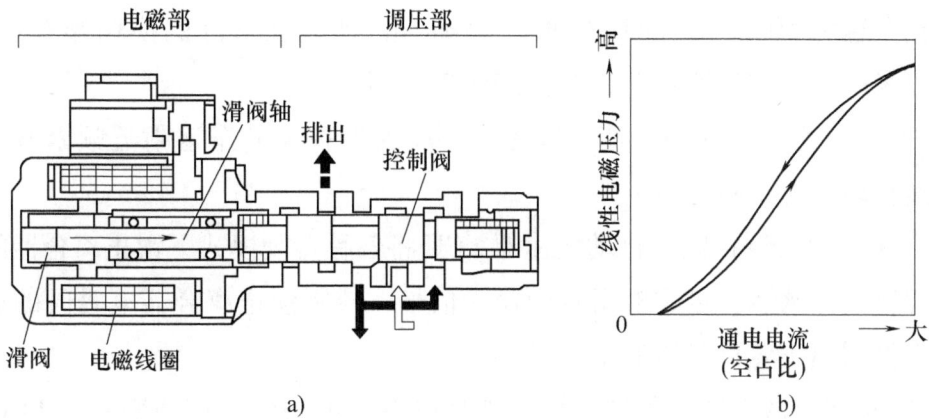

图 1-95 占空比式电磁阀

a）结构示意图 b）占空比调节曲线

4. 电子控制单元

电子控制单元英文缩写为 ECU，俗称电脑。自动变速器 ECU 具有换档控制、锁止离合器控制、换档平顺性控制、故障诊断和失效保护等功能。

（1）换档控制 自动变速器换档时刻的控制是 ECU 最重要的控制内容之一。汽车在某个特定工况下都有一个与之对应的最佳换档时刻，使汽车发挥出最好的动力性和经济性。汽车行驶过程中，自动变速器 ECU 根据模式选择开关信号、节气门开度信号和车速信号等参数来打开或关闭换档电磁阀，从而打开或关闭通往离合器、制动器的油路，使变速器升档或降档。如图 1-96 所示为常见 4 档自动变速器的自动换档图，具有如下特点：

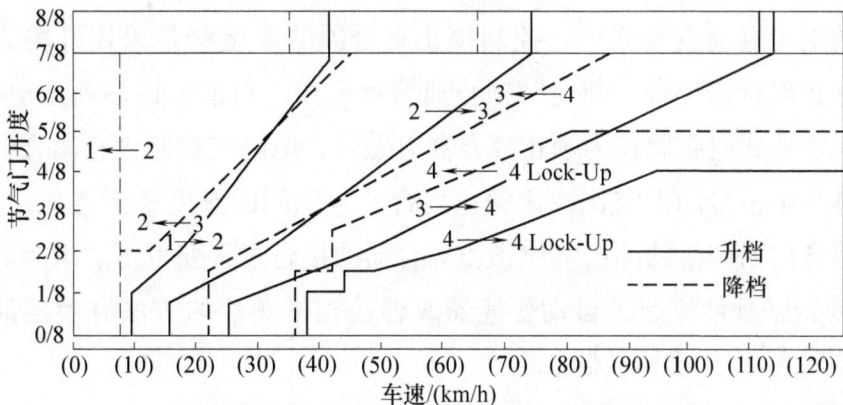

图 1-96 常见 4 档自动变速器的自动换档图

1）随着节气门开度增加，升档或降档车速增加。以 2 档升 3 档为例，当节气门开度为 2/8 时，升档车速为 35km/h，降档车速为 12km/h；当节气门开度为 4/8时，升档车速为 50km/h，降档车速为 25km/h。所以在实际的换档操作过程中，一般可以采用"收加速踏板"的方法来快速升档。

2）升档车速高于降档车速，以免自动变速器在某一车速附近频繁升档、降档而加速自动变速器的磨损。

（2）锁止离合器控制　自动变速器 ECU 将各种行驶模式下锁止离合器的工作方式编程存入存储器，然后根据各种输入信号，控制锁止离合器电磁阀的通、断电，从而控制锁止离合器的工作。

1）锁止离合器工作的条件。如果满足以下五个条件，自动变速器 ECU 会接通锁止离合器电磁阀，使锁止离合器处于接合状态。

① 变速杆置于 D 位，且档位在 D2、D3 或 D4 档。

② 车速高于规定值。

③ 节气门开启（节气门位置传感器 IDL 触点未闭合）。

④ 冷却液温度高于规定值。

⑤ 未踩下制动踏板（制动灯开关未接通）。

2）锁止的强制取消。如果符合以下条件中的任何一项，ECU 就会给锁止离合器电磁阀断电，使锁止离合器分离。

① 踩下制动踏板（制动灯开关接通）。

② 发动机怠速（节气门位置传感器 IDL 触点未闭合）。

③ 冷却液温度低于规定值（如60℃）。

④ 当巡航系统工作时，如果车速降至设定车速以下至少 10km/h。

早期的电控自动变速器中，控制锁止离合器的电磁阀是采用开关式电磁阀，即通电时锁止离合器接合，断电时锁止离合器分离。目前，许多新型电控自动变速器采用占空比式电磁阀作为锁止离合器电磁阀，电脑在控制锁止离合器接合时，通过改变脉冲电信号的占空比，让锁止离合器电磁阀的开度缓慢增大，以减小锁止离合器接合时所产生的冲击，使锁止离合器的接合过程变得更加柔和。

（3）换档平顺性控制　自动变速器改善换档平顺性的方法有换档油压控制、减少转矩控制和 N-D 换档控制。

1）换档油压控制。自动变速器在升档和降档的瞬间，ECU 会通过油压电磁阀适当降低主油压，以减少换档冲击，改善换档。也有的自动变速器是在换档时通过电磁阀来减小蓄能器背压，以减缓离合器或制动器油压的增长率，来减少换档冲击。

2）减少转矩控制。在自动变速器换档的瞬间，通过推迟发动机点火时刻或减少喷油量，减少发动机输出转矩，以减少换档冲击和输出轴的转矩波动。

3）N-D 换档控制。当变速杆由 P 位或 N 位置于 D 位或 R 位时，或由 D 位或 R 位置于 P 位或 N 位时，通过调整喷油量，把发动机转速的变化减少到最小限度，以改善换档。

（4）故障自诊断　电控自动变速器 ECU 具有内置的自我诊断系统，它不断监控各传感器、信号开关、电磁阀及其线路，当有故障时，ECU 使 OD OFF 指示灯闪烁，以提醒驾驶人或维修人员；并将故障内容以故障码的形式存储在存储器中，以便维修人员采用人工或仪器的方式读取故障码。

当故障排除后，OD OFF 指示灯将停止闪烁，不过故障码仍然会保留在 ECU 存储器中。

当 OD 开关 ON 时（OD 开关断开），如果有故障，OD OFF 指示灯将点亮而不是闪烁。

>>> **注意**　不同的自动变速器，故障指示灯不同。如丰田车系采用 OD OFF，通用车系采用 Service Engine Soon 指示灯，本田车系采用 D4 指示灯。

（5）失效保护　当自动变速器出现故障时，为了尽可能使自动变速器保持最基本的工作能力，以维持汽车行驶，便于汽车进厂维修，电控自动变速器 ECU 都具有失效保护功能。

1）当传感器出现故障时，ECU 所采取的失效保护措施是：

① 节气门位置传感器出现故障时，ECU 根据怠速开关的状态进行控制。当怠速开关断开时（加速踏板被踩下），按节气门开度为 1/2 进行控制，同时节气门油压为最大值；当怠速开关接通时（加速踏板完全放松），按节气门处于全闭状态进行控制，同时节气门油压为最小值。

② 车速传感器出现故障时，ECU 不能进行自动换档控制，此时自动变速器的档位由变速杆的位置决定。在 D 位和 2 位时固定为超速档或 3 档，在 L 位时固定为 2 档或 1 档；或不论变速杆在任何前进档位，都固定为 1 档，以保持汽车最基本的行驶能力。

③ 冷却液或 ATF 温度传感器出现故障时，ECU 按温度为 80℃ 的设定进行控制。

2）电磁阀出现故障时，ECU 所采取的失效保护措施是：

① 换档电磁阀出现故障时，ECU 一般会将自动变速器锁档，档位与变速杆的位置有关。如丰田车系锁档情况见表 1-10。

表 1-10 丰田车系锁档情况

变速杆位置	D	2	L	R
档位	4 档	3 档	1 档	倒档

② 锁止离合器电磁阀出现故障时，ECU 会停止锁止离合器的控制，使锁止离合器始终处于分离状态。

③ 油压电磁阀出现故障时，ECU 会停止油压的控制，使油路压力保持为最大。

5. 电子控制系统故障的基本检查方法

自动变速器电子控制系统的核心是电子控制单元，电子控制单元具有自诊断功能。电子控制单元中装有故障存储器，如果被监测的传感器或部件发生了故障，传感器或部件以及故障的类型被存储在故障存储器内。仅发生一次的故障被称为偶然（临时）故障，偶然故障是作为补充信号加以识别的。可利用故障诊断仪对电子控制单元中存储的故障进行查找，具体步骤：

（1）故障查询检测条件

1）变速杆置于 P 位，并且拉上驻车制动器。

2）蓄电池电压正常。

3）有关的熔丝完好。

4）变速器的搭铁点无腐蚀、接触良好。

5）蓄电池搭铁线以及蓄电池和变速器之间的搭铁线完好。

（2）连接仪器　关闭点火开关，找到并打开车上的诊断插头接口盖板。将诊断线连接到故障诊断仪相应的接口上，选择专用或 OBD-Ⅱ诊断插头连接到诊断线的另一端的 16 针插头与车上的诊断插头接口连接。

（3）引导诊断仪进入车辆电子控制单元　打开点火开关，观察仪表板显示正常后，打开诊断仪的电源开关，在诊断仪的界面上选择车型及生产日期，再选择车辆控制系统及电脑控制板本，进入到自诊断系统，进行读取故障码、数据流及执行元件动作测试等操作。

（4）检查并清除故障码 根据诊断仪提供的信息资料，使用万用表等检测工具对线路和元件进行检测，找到故障部位后进行修理或更换排除故障，最后用诊断仪清除故障码。

任务准备

1）设备及工具：带自动变速器的整车 1 辆；汽车故障诊断仪、万用表、试灯、测试连接线等；常用成套拆装工具及螺钉旋具、气泵、气枪、抹布。

2）根据作业任务特点对学生进行分组；发放维修手册，制订工艺流程及作业工单，确定评价机制，制订评价标准。

3）强调任务责任、安全意识、操作规范和质量标准等量化指标，确保工作任务安全有序、保质保量地完成。

任务实施

1. 节气门位置传感器的检测

1）查对电路图，点火开关关闭，拔下传感器插接器插头，用万用表的欧姆档测量各端子之间的电阻值，应符合维修手册给定标准值，如果电阻值不正常，应更换节气门位置传感器。

>> **注意** 应检查节气门完全关闭、全开及连续开闭三种状态下的电阻值。

2）打开点火开关，但不起动发动机。用万用表的电压档测量与 ECU 连接一侧的插接器插头传感器供电电源端子的电压，应符合标准值。

3）关闭点火开关，拆下蓄电池负极接线柱，拔下自动变速器控制单元的导线插接器插头，用万用表电阻档检查传感器到电控单元的连接导线的电阻值，应小于1Ω。

4）连接电子控制单元的插接器插头，用万用表的电压档测量与 ECU 连接一侧的插接器插头传感器接地端子的电阻，应小于1Ω。

5）连接传感器插接器插头，将示波器的信号线与传感器信号线用插针连接好，打开点火开关，起动发动机，用示波器检查传感器信号线输出波形，波形应能随节气门的开度变化而变化，否则更换传感器。

2. 电磁式车速传感器的检测

1）检查转子是否有断齿、脏污等情况。

2）用标准间隙厚度的塞尺插入转子齿顶与传感器之间，如果感觉阻力合适表明间隙符合标准，如果阻力大说明间隙过小，如果没有阻力说明间隙大。过大、过小都应调整间隙值或更换传感器。

3）方法是关闭点火开关，拔下传感器插头，用欧姆表测量电磁线圈电阻，应符合手册规定值。

4）用交流电压表 2V 档测量输出电压；起动时应高于 0.1V，运转时应为 0.4 ~ 0.8V；（也可用示波器检测输出信号波形是否完整、连续、光滑等）。如果检查结果不符合要求，更换车速传感器。

3. 冷却液温度传感器的检测

冷却液温度传感器检测时可以将其放在水杯中进行加热，测量不同温度下的电阻值，并对照维修手册判断其好坏。

4. 制动灯开关的检查

测量制动灯开关线路的电源端子与搭铁之间的电压，在没有制动时应为蓄电池电压。若不是蓄电池电压，应检查制动灯线路熔丝是否断路。

5. 空档起动开关的检查

对照电路图，变换空档起动开关的不同位置，用万用表电阻档检查各端子导通的情况，应符合要求。

6. 开关式电磁阀的检测

1）检查电磁阀电阻：如图 1-97 所示，脱开电磁阀插接器，测量电磁阀端子与车身搭铁之间的电阻，应为 11 ~ 15Ω。

2）检查电磁阀的工作：如图 1-98 所示，用蓄电池给电磁阀通电，检查是否有工作响声。

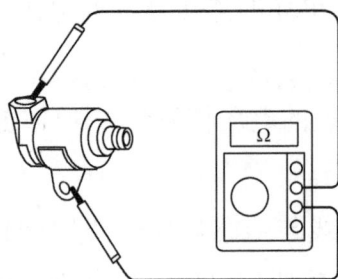

图 1-97　检查电磁阀电阻　　　　　图 1-98　通电检查电磁阀的工作

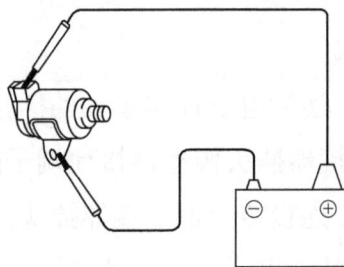

3）检查电磁阀的漏气：如图 1-99 所示，拆下电磁阀，施加 $5kg/cm^2$ 的压缩空气，检查电磁阀是否漏气。如果不符合规定应更换电磁阀。

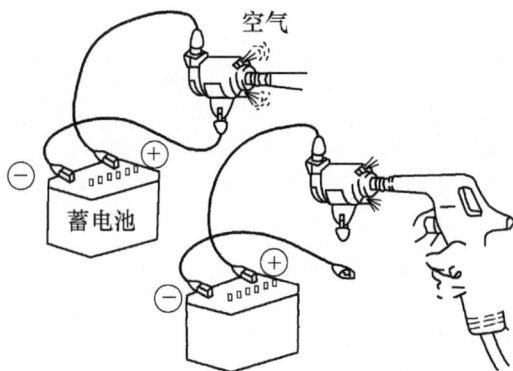

图 1-99 检查电磁阀的漏气

自动变速器换档电磁阀检查

7. 占空比式电磁阀的检测

1）关闭点火开关，脱开电磁阀插接器。

2）用万用表欧姆档测量线圈电阻，应为 $3.6 \sim 4.0\Omega$，否则更换电磁阀。

3）将蓄电池串联一个低电阻，如一个 $8 \sim 10W$ 的灯泡，然后再与电磁线圈相连，电磁阀应动作，否则更换电磁阀。

>>> **注意** 不要将蓄电池电压直接加到占空比式电磁阀接线柱上。

8. ECU 端子电压的检查

1）关闭点火开关，拆下蓄电池负极导线，拆下 ECU 端子插接器。

2）对照电路图，用专用连接导线将电脑与插接器的所有电源正、负极对应端子连接好。

3）将蓄电池负极导线装回，打开点火开关。

4）用万用表电压档测量 ECU 各端子的电压，应符合要求。

9. 填写作业工单

记录检测结果，填写作业工单。

10. 做好收尾工作

回收设备、工具，清理作业场地。

检测评价

评价机构人员由学校高级讲师、企业高级技师及经验丰富的客户组成。三方分别侧重学生知识点、技能点及服务意识的考核。

根据任务完成情况及作业工单，填写以下评价表。

班级：　　　　　　姓名：　　　　　　学号：

序号	考核内容	配分	评 分 标 准	评分记录	扣分	得分
1	生产安全	20	作业工艺流程不符合要求、有安全隐患的，每项扣3分 违反设备、工具、量具安全操作规程，该项不得分 汽油等易燃物使用不当，该项不得分			
2	操作流程规范	26	不能严格执行作业指导书或维修手册操作规范的，每项扣2分			
3	量具与工具使用	16	工具、量具组装及校正错误，该项不得分 工具、量具使用及测量方法不正确每次扣2分			
4	任务工单记录分析	20	记录不正确，每项扣2分 记录分析不正确，每项扣5分			
5	知识点	10	不正确，每项扣2分			
6	思政点	8	违反文明生产及组织纪律扣3分 无合作意识和创新精神扣2分 无服务意识及责任感扣3分			
7	总 评			总 分		

课后测评

一、判断题

（　　）1. 节气门开度不变时，汽车升档和降档时刻完全取决于车速。

（　　）2. 占空比越大，油路压力越高。

（　　）3. 自动变速器常用的电磁阀有开关阀和脉冲线性电磁阀两种。

（　　）4. 对于空档起动开关的检修只测电阻不测电压。

（　　）5. 自动变速器中超速档开关的作用是用来超车的。

（　　）6. 行驶模式选择开关的作用，是可提供多一组或更多换档正时曲线。

二、填空题

1. 自动变速器的升档和降档完全由_____和_____大小来控制。

2. 换档电磁阀的_____电磁阀。

3. 脉冲线性电磁阀工作时，占空比越_____，经电磁阀泄出的 ATF 就越_____。油路油压就越_____；反之，占空比越_____，油路压力就越____。

三、简答题

1. 电控自动变速器的传感器有哪些，如何检测？

2. 电控自动变速器的开关有哪些，各有什么作用？

3. 如何使用故障检测仪读取和清除电控自动变速器的故障码？

项目二

防抱死制动系统故障诊断与检修

项 目 描 述

　　防抱死制动系统（Anti-lock Braking System，ABS）对汽车行车制动安全起决定性作用，已成为汽车的标准配置。ABS 对维修的安全可靠性要求很高。

　　本项目的目标是培养学生扎实的专业技能、高度的责任心、良好的安全服务意识和崇高的职业道德。

任务一　防抱死制动系统概述

任务目标

1. 知识目标

1) 了解驱动防滑控制系统的功用。

2) 掌握驱动防滑控制系统的基本组成及工作原理。

2. 技能目标

1) 能够识别 ABS 控制系统。

2) 能够正确地拆装各组成元件。

3. 素养目标

培养学生遵守劳动纪律、保障生产安全的意识；树立职业道德和敬业精神、合作意识和创新精神的思维；养成良好的服务意识及责任感。

任务描述

防抱死制动系统（ABS）的主要作用是改善整车的制动性能、提高行车安全性、防止车辆在制动过程中车轮抱死（即停止滚动），可减小制动距离、保持制动方向稳定、有效地保证行车安全。在进行 ABS 检修时，不仅要求维修人员有高超的维修技能，更需要维修人员对其结构与工作原理有深入透彻的理解。

知识储备

当对行驶中的车辆进行适当制动时，如果制动力左右对称产生，车辆能够在行驶方向上停下来；但当左右制动力不对称时，就会产生使车辆绕重心旋转的力矩。此时，如果轮胎与地面的侧向反力能阻止旋转力矩的作用，车辆仍能保持直线行驶；如果轮胎与地面的侧向反力很小，车辆就有可能出现不规则运动。当车辆直线行驶车轮抱死时，车辆就会出现制动跑偏或甩尾侧滑的现象，如图 2-1a 所示；当车辆弯道行驶仅前轮抱死时，车辆就会出现失去转向能力的现象，如图 2-1b 所示；当车辆弯道行驶仅后轮抱死时，车辆就会出现甩尾侧滑的现象，如图 2-1c 所示。

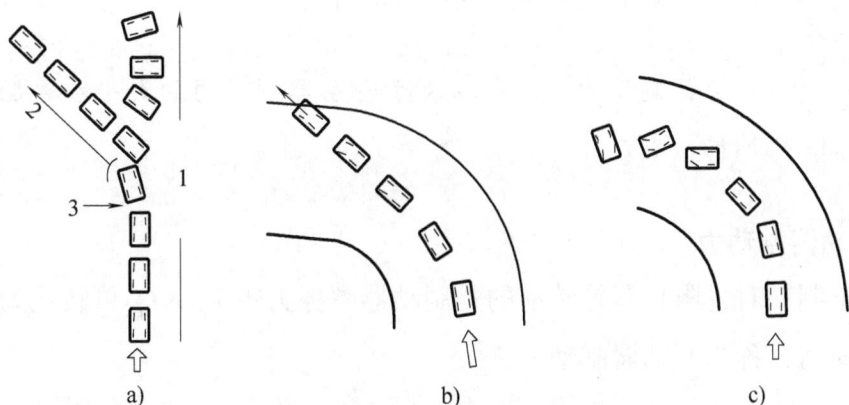

图 2-1 车轮抱死后车辆的运动情况

a）车辆直线行驶车轮抱死时　b）车辆弯道行驶仅前轮抱死时

c）车辆弯道行驶仅后轮抱死时

一、制动时车轮的受力分析

1. 地面制动力（F_B）

图 2-2 所示是汽车在良好的路面上制动时，车轮的受力情况。图中忽略了滚

动阻力矩和减速时的惯性力矩。

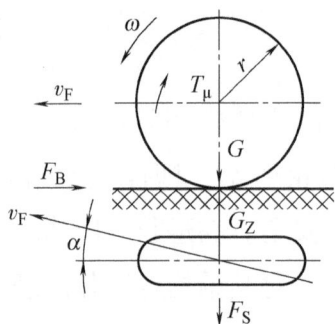

图 2-2　制动时车轮受力分析

T_μ—制动中的摩擦力矩　v_F—汽车瞬时速度　F_B—地面制动力

G—车轮垂直载荷　G_Z—地面对车轮的反作用力　r—车轮的滚动半径

F_S—侧向力　ω—车轮的角速度　α—侧偏角

　　汽车制动时，由于制动鼓（盘）与制动蹄摩擦片之间的摩擦作用，形成了摩擦力矩 T_μ，此力矩与车轮转动方向相反。车轮在 T_μ 的作用下给地面一个向前的作用力，与此同时，地面给车轮一个与行驶方向相反的切向反作用力 F_B，这个力就是地面制动力，它是迫使汽车减速或停车的外力。

> **>>> 提示**　地面制动力的大小取决于制动器制动力的大小和轮胎与地面之间的附着力。

2. 制动器制动力

　　当汽车制动时，阻止车轮转动的是制动器摩擦力矩 T_μ。T_μ 可转化为车轮周缘的一个切向力，称为制动器制动力 F_μ。

> **>>> 提示**　制动器制动力是由制动器的结构参数决定的，并与制动踏板力成正比。

3. 地面制动力、制动器制动力和附着力的关系

　　图 2-3 所示为不考虑制动过程中附着系数变化的地面制动力 F_B、制动器制动力 F_μ 以及轮胎与地面之间的附着力 F_φ 三者的关系。在制动过程中，车轮的运动只有减速滚动和抱死滑移两种状态。当驾驶人踩制动踏板的力较小，制动摩擦力

矩较小时，车轮只作减速滚动，并且随着摩擦力矩的增大，制动器制动力和地面制动力也随之增大，且在车轮未抱死前地面制动力始终等于制动器的制动力。此时，制动器的制动力可全部转化为地面制动力，但地面制动力不可能超过附着力。

当制动系统液压力（制动踏板力）增大到某一值，地面制动力达到附着力，即地面制动力达到最大值。此时，车轮即开始抱死不转而出现拖滑的现象。当再加大制动系统液压力时，制动器制动力随着制动器摩擦力

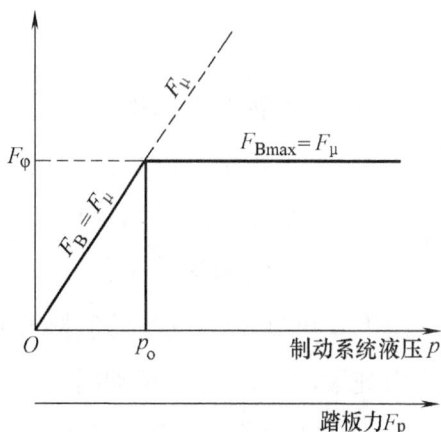

图 2-3　地面制动力、制动器
制动力和附着力的关系

矩的增大仍按直线关系继续上升，但是，地面制动力不再随制动器制动力的增大而增大。

要想获得好的制动效果，必须同时具备两个条件，即汽车具有足够的制动器制动力，同时要有附着系数较高的路面提供足够的地面制动力。

> **提示**　影响附着系数的因素很多，如路面的状况、轮胎的花纹、车辆的行驶速度、轮胎与路面的运动状态等。在诸多因素中，车轮相对于路面的运动状态对附着力有着重要的影响，特别是在湿路面上其影响更为明显。

二、滑移率

1. 滑移率的定义

汽车匀速行驶时，汽车的实际车速与车轮滚动的圆周速度（也称车轮速度）是相同的。在驾驶人踩制动踏板使车轮的轮速降低时，车轮滚动的圆周速度（轮胎胎面在路面上移动的速度）随之降低了，但由于汽车自身的惯性，汽车的实际车速与车轮的速度不再相等，使车速与轮速之间产生一个速度差。此时，轮胎与路面之间产生相对滑移现象，其滑移程度用滑移率表示。

滑移率是指制动时，在车轮运动中滑动成分所占的比例，用 S 表示，其定义表达式为

$$S = \frac{v - \omega r}{v} \times 100\%$$

式中 S——车轮的滑移率；

v——车轮中心的纵向速度；

ω——车轮的转动角速度；

r——车轮的滚动半径。

由上式可知：当汽车的实际车速等于车轮滚动时的圆周速度时，滑移率为零，车轮为纯滚动；当汽车制动时，逐渐踩下制动踏板，车轮边滚动边滑动，滑移率在 $0\% \sim 100\%$ 之间；当制动踏板完全踩到底，车轮处于抱死状态，而车身具有一定的速度时，车轮滚动圆周的速度为零，则滑移率为 100%。

2. 附着系数与滑移率的关系

大量的试验证明，在汽车的制动过程中，附着系数的大小随着滑移率的变化而变化。图 2-4 所示为在干路面上时附着系数与滑移率的关系。对于纵向附着系数，随着滑移率的迅速增大，在 $S = 20\%$ 左右时，纵向附着系数最大；然后随着滑移率的进一步增大，当 $S = 100\%$（即车轮抱死）时，纵向附着系数有所下降，制动距离会增加，制动效能下降。对于横向附着系数，$S = 0$ 时，横向附着系数最大；然后随着滑移率的增大，横向附着系数逐渐下降，并在 $S = 100\%$ 时横向附着系数下降到零左右。此时，车轮将完全丧失抵抗外界侧向力作用的能力。稍有侧向力干扰（如路面不平产生的侧向力、汽车重力的侧向分力、侧向风力等），汽车就会产生侧滑而失去稳定性，而转向轮抱死后将失去转向能力。因此，车轮抱死将导致制动时汽车的方向稳定性变差。

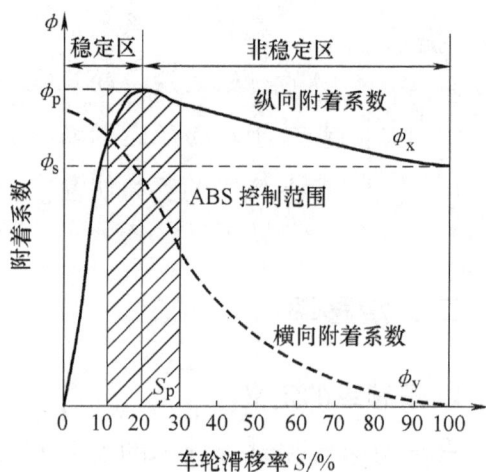

图 2-4   附着系数与滑移率的关系曲线

从以上分析可知，制动时车轮抱死，制动效能和制动方向稳定性都将变坏。如果制动时将车轮的滑移率 S 控制在 $15\% \sim 30\%$ 左右，即如图 2-4 所示的 S_p 区间，此时纵向附着系数最大，可得到最好的制动效能；同时横向附着系数保持较大值，使汽车具有较好的制动方向稳定性。

在汽车的制动过程中，若能将滑移率控制在最大附着系数所对应的滑移率范围，汽车将处于最佳制动状态。但怎样才能控制滑移率呢？

要控制滑移率就要对作用于车轮上的力矩进行瞬时的自适应调节。防抱死制动系统就是通过电控单元、车轮转速传感器和制动压力调节器，对作用于制动轮缸内的制动液压力进行瞬时的自动控制（每秒约 10 次），从而控制制动车轮上的制动器压力，使制动车轮尽可能保持在最佳的滑移率范围内运动，从而使汽车的实际制动过程接近于最佳制动状态。

三、ABS 的基本组成和工作原理

如图 2-5 所示，ABS 通常由轮速传感器、制动压力调节器、电控单元（ECU）和 ABS 警示装置等组成。

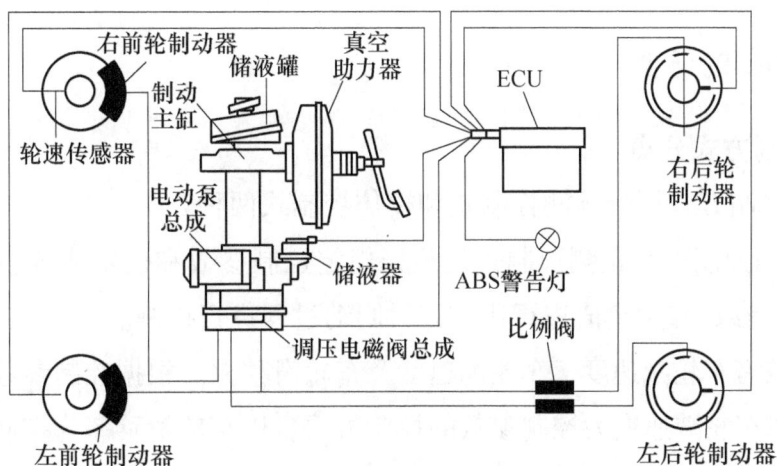

图 2-5　ABS 的基本组成

每个车轮上安置一个轮速传感器，它们将各车轮的转速信号及时地输入 ECU。ECU 是 ABS 的控制中心，它根据各个车轮轮速传感器输入的信号对各个车轮的运动状态进行监测和判定，并形成相应的控制指令，再适时发出控制指令给制动压力调节器。制动压力调节器是 ABS 中的执行器，它是由调压电磁阀总成、电动泵总成和储液器等组成的一个独立整体，并通过制动管路与制动主缸和各制动轮缸相连。制动压力调节器受 ECU 的控制，对各制动轮缸的制动压力进行调节，如图 2-6 所示。警示装置包括仪表板上的制动警告灯和 ABS 警告灯。制动警告灯为红色，通常用"BRAKE"作标志，由制动液面开关、驻车制动器开关及制动液压力开关并联控制；ABS 警告灯为黄色，由 ABS ECU 控制，通常用"ABS 或 ANTI-LOCK"作标志。ABS 具有失效保护和自诊断功能，当 ECU 监测到系统出现故障时，将自动关闭 ABS，仅保留常规制动系统；同时存储故障信息，并使 ABS 警告灯亮，提示驾驶人尽快进行修理。

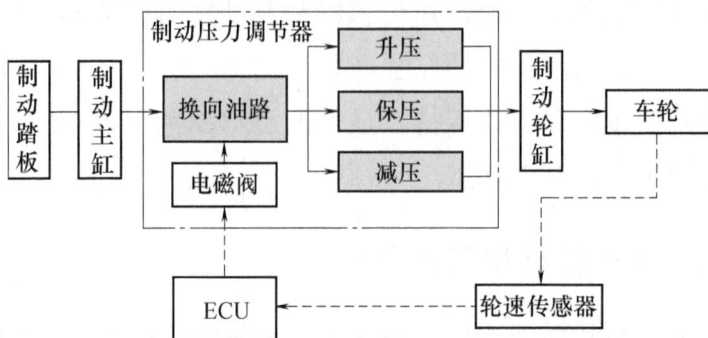

图 2-6　ABS 基本工作流程

四、ABS 的分类

1. 按控制方式分类

ABS 按控制方式可分预测控制式和模仿控制式两种。

（1）预测控制式　预测控制式是预先规定控制参数和设定值等条件，然后根据检测的实际参数与设定值进行比较，对制动过程进行控制。

控制参数有车轮减速度、车轮加速度及车轮滑移率。根据控制参数不同，预测控制可分为以车轮减速度为控制参数的控制方式，以车轮滑移率为控制参数的控制方式，以车轮减速度和车轮加速度为控制参数的控制方式，以车轮减速度、加速度以及滑移率为控制参数的控制方式。

（2）模仿控制式　模仿控制式是在控制过程中，记录前一控制周期的各种参数，再按照这些参数值规定出下一个控制周期的控制条件。此类控制方式在控制时需要准确和实时测定汽车瞬时速度，其成本较高、技术复杂，已较少使用。

2. 按控制通道及传感器数目分类

根据控制通道数可分为四通道式、三通道式、二通道式和一通道式 4 种；根据传感器数主要可分为四传感器式和三传感器式两种。控制通道是指能够独立进行制动压力调节的制动管路。如果一个车轮的制动压力占用一个控制通道，可以进行单独调节，称为独立控制；如果两个车轮的制动压力是一同调节的，称为一同控制。两个车轮一同控制时有两种方式：如果以保证附着系数较小车轮不发生抱死为原则进行制动压力调节，则称这两个车轮按低选原则一同控制；如果以保证附着系数较大车轮不发生抱死为原则进行制动压力调节，则称这两个车轮按高选原则一同控制。按低选原则一同控制较常见。

目前汽车上应用较多的 ABS 为三通道（前轮独立控制、后轮低选控制）四传感器式、三通道三传感器式和四通道四传感器式。

（1）三通道四传感器式　三通道四传感器式 ABS 如图 2-7 所示，一般采用两个前轮独立控制，两个后轮按低选原则进行一同控制。对两个前轮进行独立控制，主要是考虑轿车（特别是前轮驱动的汽车）前轮制动力在汽车总制动力中所占的比例较大（可达 70% 左右），可以充分利用两前轮的附着力。这种 ABS 制动方向稳定性较好，但制动效能稍差。

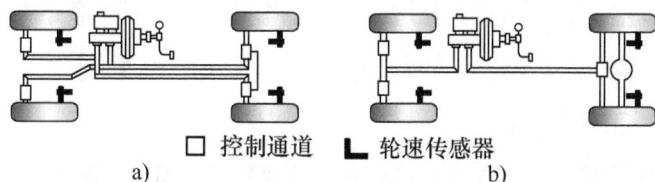

□ 控制通道　└ 轮速传感器

a)　　　　　　　　　b)

图 2-7　三通道四传感器式 ABS

a）双管路交叉布置　b）双管路前后布置

（2）三通道三传感器式　三通道三传感器式 ABS 如图 2-8 所示，也是采用两个前轮独立控制，两个后轮按低选原则进行一同控制。与三通道四传感器式 ABS 的不同是后桥只有一个轮速传感器，装在差速器附近。这种 ABS 制动方向稳定性较好，但制动效能稍差。

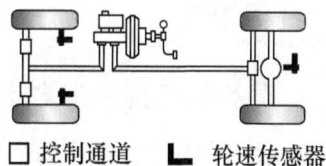

□ 控制通道　└ 轮速传感器

图 2-8　三通道三传感器式 ABS

（3）四通道四传感器式　四通道四传感器式 ABS 如图 2-9 所示，每个车轮都有一个轮速传感器，且每个车轮的制动压力都是独立控制。这种 ABS 制动效能好，但在不对称路面上制动时的方向稳定性差。

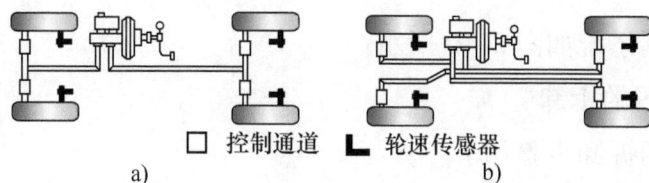

□ 控制通道　└ 轮速传感器

a)　　　　　　　　　b)

图 2-9　四通道四传感器式 ABS

a）双管路前后布置　b）双管路交叉布置

五、ABS 的优点

1. 缩短了制动距离

ABS 可以将滑移率控制在最大附着系数范围内，从而可获得最大的纵向制动力，可以有效缩短制动距离。

2. 改善了轮胎的磨损状况

ABS 可以防止车轮抱死，从而避免了因制动车轮抱死造成的轮胎局部异常磨损，延长了轮胎的使用寿命。

3. 提高了汽车制动时的稳定性

ABS 可防止车轮在制动时完全抱死，能将车轮侧向附着系数控制在较大的范围内，使车轮具有较强的承受侧向力的能力，以保证汽车制动时的稳定性。

4. 使用方便、工作可靠

ABS 的运用与常规制动系统的运用几乎没有区别。制动时驾驶人踩下制动踏板，ABS 就根据车轮的实际转速自动进入工作状态，使车轮保持在最佳工作状态。

任务准备

1）设备及工具：带自动变速器的整车 1 辆；汽车故障诊断仪、万用表、试灯、测试连接线等；常用成套拆装工具及螺钉旋具、气泵、气枪、抹布等。

2）根据作业任务特点对学生进行分组；发放维修手册，制订工艺流程及作业工单，确定评价机制，制订评价标准。

3）强调任务责任、安全意识、操作规范和质量标准等量化指标，确保工作任务安全有序、保质保量地完成。

任务实施（2006年速腾）

ABS 电子控制系统如图 2-10 所示。

1. 轮速传感器的拆卸

轮速传感器的拆卸步骤如下：

1）举升和顶起车辆。

2）拆下轮胎和车轮总成。

3）将轮速传感器螺钉从转向节上拆下。

轮速传感器
的拆卸

4）拆下轮速传感器。

5）从车架上拆下线束固定件。

6）断开电气插接器。

7）将轮速传感器从车辆上拆下。

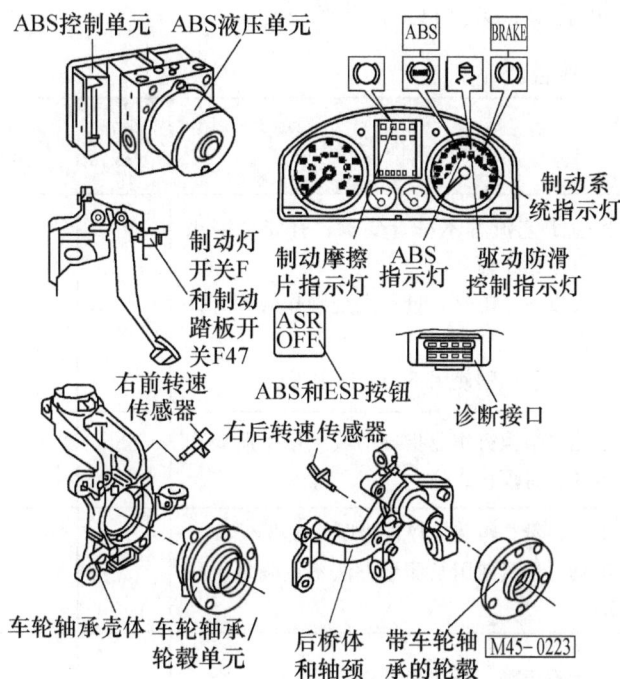

图 2-10　速腾轿车 ABS

ABS 的组成

2. 轮速传感器的安装

轮速传感器的安装步骤如下：

1）将轮速传感器安装至车辆上。

2）连接电气插接器。

3）将线束固定件安装至车架上。

4）将轮速传感器安装至转向节。

5）安装轮速传感器螺钉并紧固至 6N·m。

6）安装轮胎和车轮总成。

轮速传感器
的安装

3. 填写任务工单

记录检测结果，填写任务单。

4. 做好收尾工作

整理、清洁作业现场。

检测评价

评价机构人员由学校高级讲师、企业高级技师及经验丰富的客户组成。三方分别侧重学生知识点、技能点及服务意识的考核。

根据任务完成情况及作业工单，填写以下评价表。

班级：　　　　　　　　姓名：　　　　　　　　学号：

序号	考核内容	配分	评 分 标 准	评分记录	扣分	得分
1	生产安全	20	作业工艺流程不符合要求、有安全隐患的，每项扣3分 违反设备、工具、量具安全操作规程，该项不得分 汽油等易燃物使用不当，该项不得分			
2	操作流程规范	26	不能严格执行作业指导书或维修手册操作规范的，每项扣2分			
3	量具与工具使用	16	工具、量具组装及校正错误，该项不得分 工具、量具使用及测量方法不正确每次扣2分			
4	任务工单记录分析	20	记录不正确，每项扣2分 记录分析不正确，每项扣5分			
5	知识点	10	不正确，每项扣2分			
6	思政点	8	违反文明生产及组织纪律扣3分 无合作意识和创新精神扣2分 无服务意识及责任感扣3分			
7	总　评			总　分		

课后测评

一、判断题

（　　　）1. 当路面的制动力大于附着力时，车轮即出现抱死不转而纯滑移的现象。

（　　　）2. 当ABS出现故障时，汽车就没有了制动功能。

（　　　）3. 所有ABS控制范围一般在15~180km/h。

（　　　）4. 目前四轮ABS大多数使用四通道控制。

二、简答题

1. 什么是车轮滑移率？简述滑移率与附着系数的关系。

2. 简述防抱死制动系统的分类。

3. 电子控制防抱死制动系统的功用是什么？

4. 汽车电子控制防抱死制动系统控制的滑移率一般是多少？

任务二　ABS 液压传动系统故障诊断与检修

任务目标

1. 知识目标

1）了解液压传动系统的组成及工作原理。

2）掌握 ABS 液压传动系统各组成的结构及作用。

2. 技能目标

1）能够正确拆装液压传动系统各部件。

2）能够检测液压系统各元件的使用性能。

3. 素养目标

培养遵守劳动纪律、保障生产安全的意识；树立职业道德、敬业精神、合作意识和创新精神的思维；养成良好的服务意识及责任感。

任务描述

ABS 液压传动系统的主要组成是液压调节器，由液流控制阀、液压泵及蓄能器组成。制动时，在电控系统的控制下实现制动压力的调整，其制作精密、性能优良，是不可维修部件。检修时，主要根据其作用和工作原理对其使用性进行检测，以做出部件更换的判断。

知识储备

1. 概述

常见的 ABS 液压传动系统是在传统的液压制动系统（包括真空助力器、双缸式制动总泵、储油箱、制动分泵和双液压管路等）加装 ABS 液压调节器而形成的。ABS 液压调节器安装在制动总泵与分泵之间，与总泵装在一起的称为整体式，否则是非整体式。由电子控制系统对液压调节器进行控制，实现对制动分泵的制动压力不停地循环进行增压、保压和减压的过程。ABS 液压传动系统的组成及控制电路如图 2-11 所示。

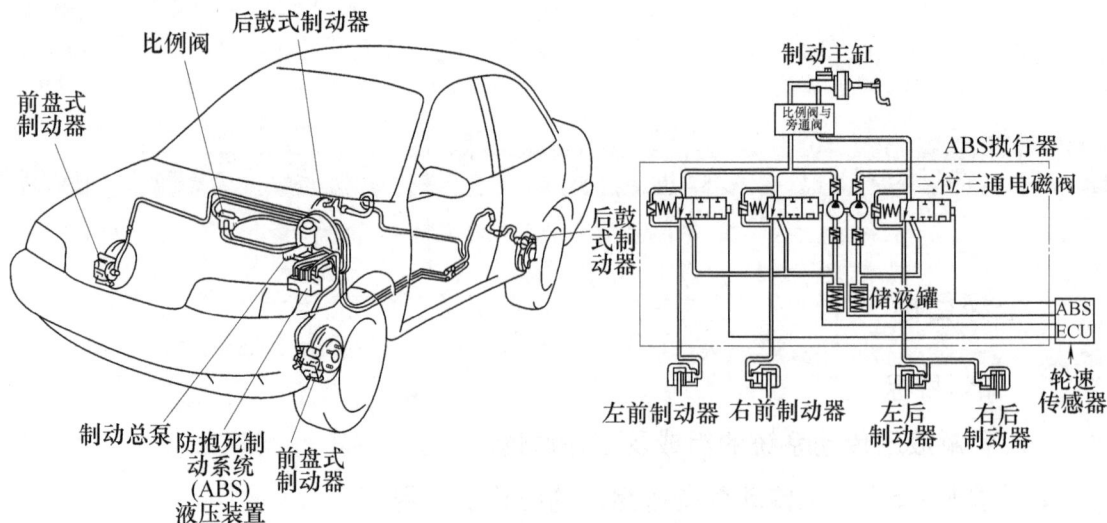

图 2-11　ABS 液压传动系统的组成及控制电路

（1）ABS的压力调节器　ABS压力调节器的类型主要有真空式、液压式、机械式、空气式和空气液压加力式等，其中液压式应用最为广泛。

液压调节器通常由液压泵、液压蓄能器、主控制阀、电磁阀阀体和开关组成，如图2-12所示。

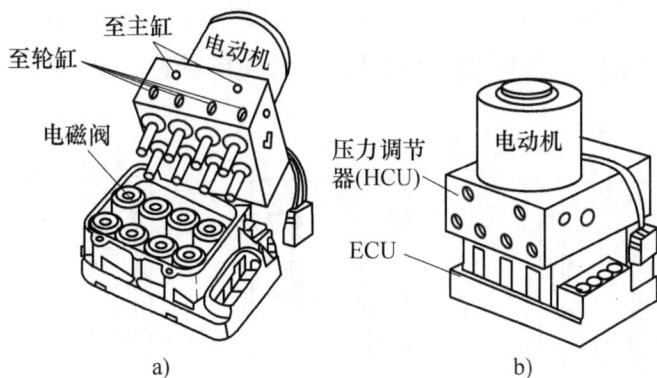

图2-12　ABS制动压力调节器的构造

（2）直流电动机　液压泵由电动机拖动，提供制动所需压力。电动机不受ECU控制，即使ABS发生故障，该电动机仍能正常运行。

（3）液压蓄能器　液压蓄能器一方面可减少油路冲击，吸收振荡；另一方面可为系统提供压力油。蓄能器充入的液压油压力为14~18MPa，与液压泵出口压力相同。液压蓄能器内部结构如图2-13所示，液压蓄能器与直流电动机的结构如图2-14所示。

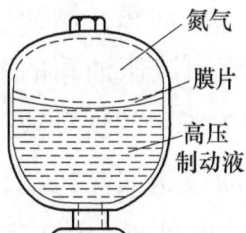

图2-13　液压蓄能器内部结构

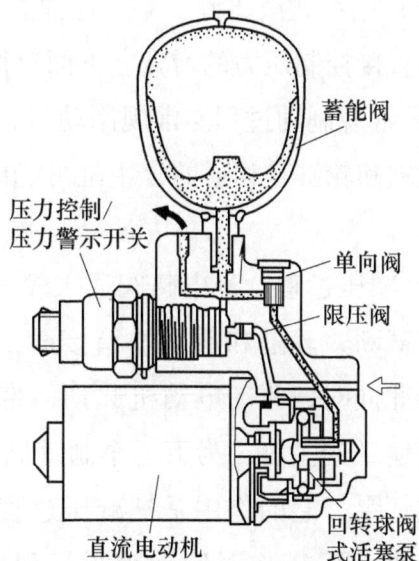

图2-14　液压蓄能器与直流电动机的结构

（4）主控制阀及阀体 主控制阀及阀体是 ABS 液压调节器的控制元件。ABS ECU 输出驱动信号控制电磁阀运动，使压力油连通到制动执行机构。主控制阀由固定铁心（即线圈阀套）、线圈、动铁心（即柱塞）和复位弹簧等构成，其结构及工作原理如图 2-15 所示。根据线圈通入电流的大小，主控制阀动铁心有 3 个位置：①升压位，此时电磁线圈电流为零，线圈断电；②保压位，此时电磁线圈通入较小电流；③减压位，此时电磁线圈通入最大电流。

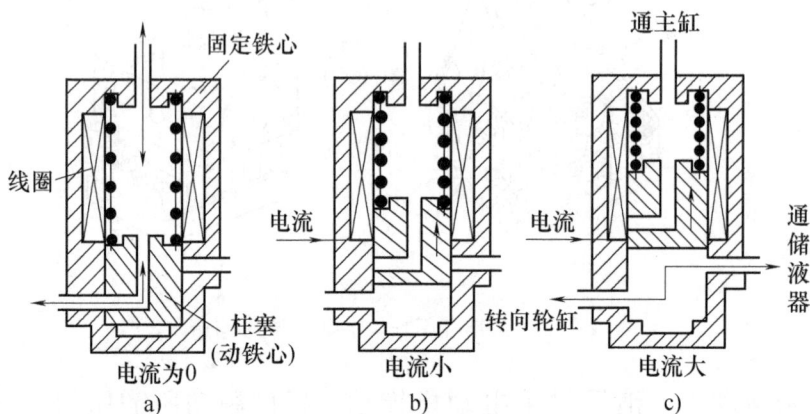

图 2-15 主控制阀的结构及工作原理
a）升压位 b）保压位 c）减压位

液压调节器主要有循环式液压调节器和可变容积式液压调节器两种类型。

2. 液压调节器的工作过程

（1）循环式液压调节器 这种液压调节器在汽车原有的制动管路中串联进电磁阀，直接控制压力的增减。下面对循环式液压调节器的工作过程进行说明。

1）常规制动过程。常规制动时，电磁阀不通电，柱塞处于图 2-16 所示的位置，主缸和轮缸是相通的，主缸可随时控制制动压力的增减。这时，液压泵不需要工作。

2）减压过程。当电磁阀通入较大的电流时，柱塞移至上端，主缸和轮缸的通路被截断，轮缸和液压油箱接通，轮缸的制动液流入液压油箱，制动压力降低。与此同时，驱动电动机起动，带动液压泵工作，把流回液压油箱的制动液加压后输送到主缸，为下一个制动周期做好准备。图 2-17 所示的这种液压泵称为再循环泵。它的作用是把减压过程中的轮缸流回的制动液送回高压端，这样可以防止 ABS 工作时制动踏板行程发生变化。在 ABS 工作过程中液压泵必须常开。

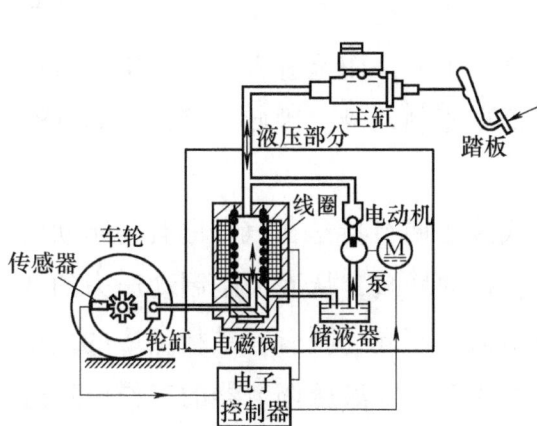

图 2-16　ABS 工作（常规制动过程）

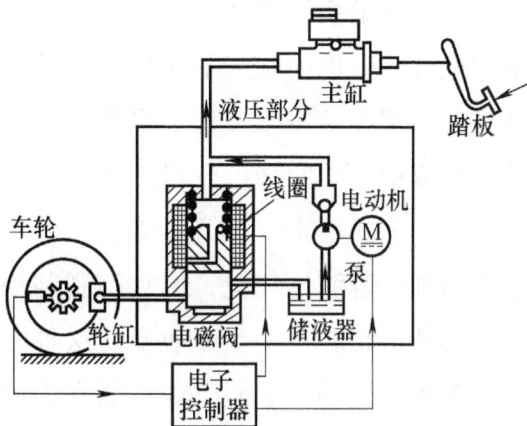

图 2-17　ABS 工作（减压过程）

3）保压过程。给电磁阀通入较小的电流时，柱塞移至图 2-18 所示的位置，所有的通道都被截断，能保持制动压力。

4）增压过程。电磁阀断电后，柱塞回到阀初始位置，如图 2-19 所示，主缸和轮缸再次相通，主缸端的高压制动液（包括液压泵输出的制动液）再次进入轮缸，增加了制动压力。增压和减压速度可以直接通过电磁阀的进、出油口来控制。此时的增压过程与常规制动增压不同，ABS 参与工作。直接控制式液压装置结构简单、灵敏性好。对于这种方式，液压泵工作时的高压制动液返回主缸时，或增压过程制动液从主缸流回瞬间，制动踏板行程均会发生变化（称为踏板反应）。这种反应能让驾驶人知道 ABS 开始工作，这是一个优点。但是，也有不少驾驶人对踏板反应有不舒适感。下面举例介绍带减缓踏板反应装置的压力调节器。

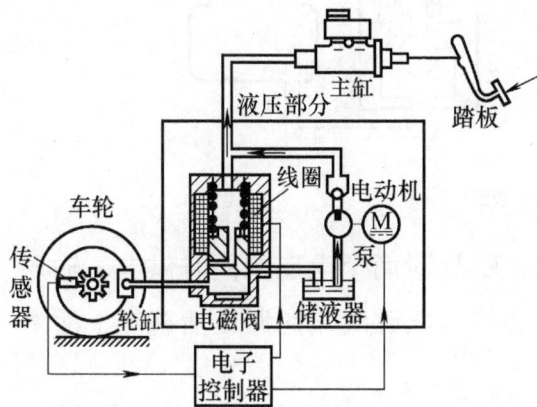

图 2-18　ABS 工作（保压过程）

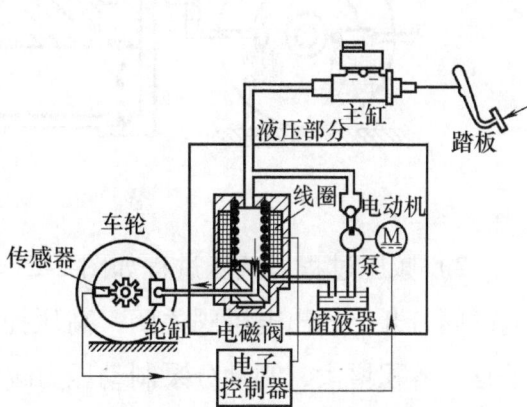

图 2-19　ABS 工作（增压过程）

带减缓踏板反应装置的压力调节器的基本工作原理：在液压泵和主缸间的管路中设置一个单向阀，不让高压制动液直接进入主缸，而是进入蓄能器中暂时储存起来。ABS 的增压过程主要是由蓄能器供给高压制动液。因此，可以抑制 ABS 工作过程中产生的踏板行程变化。

（2）可变容积式液压调节器　可变容积式液压调节器是在汽车原有的制动管路上增加一套液压装置，用它控制制动管路容积的增减，从而控制制动压力的变化，其特征是有一个动力活塞。这种方式随结构的不同，既有有踏板反应的，也有无踏板反应的。下面以动力活塞为主，对可变容积式液压调节器的工作原理进行说明。

1）常规制动过程。如图 2-20 所示，有两个两位两通电磁阀通过 ECU 控制，上面的是输入常闭电磁阀，下面的是输出常开电磁阀。常规制动：输入电磁阀断电关闭，输出电磁阀断电打开。调压缸活塞在弹簧作用下上移，将单向阀顶开。制动分泵压力将随制动踏板力的增大而增大。

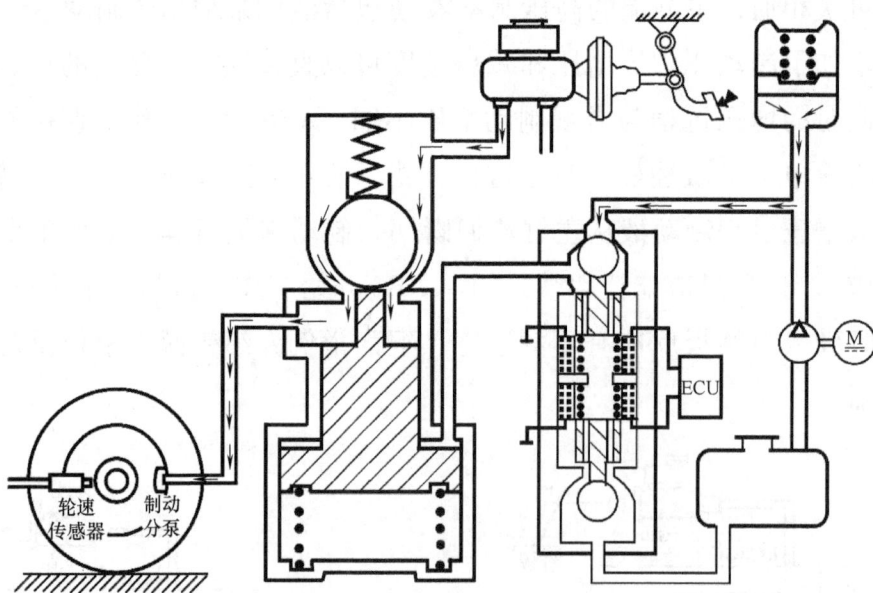

图 2-20　ABS 常规制动过程

2）减压过程。减压过程如图 2-21 所示，ECU 对两个电磁阀同时供电，输入电磁阀打开，输出电磁阀关闭，高压控制液经输入电磁阀流向调压活塞缸，活塞下移，容积增大，制动分泵制动压力减小。

3）保压过程。如图 2-22 所示，输入电磁阀断电关闭，输出电磁阀通电关闭。调压缸活塞位置保持不变，制动分泵制动液压力不变。

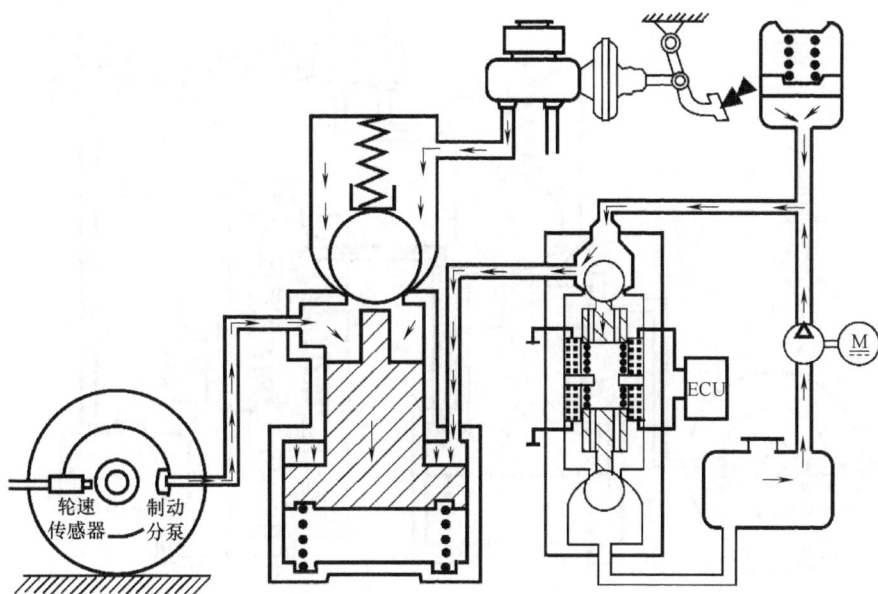

图 2-21 ABS 减压工作过程

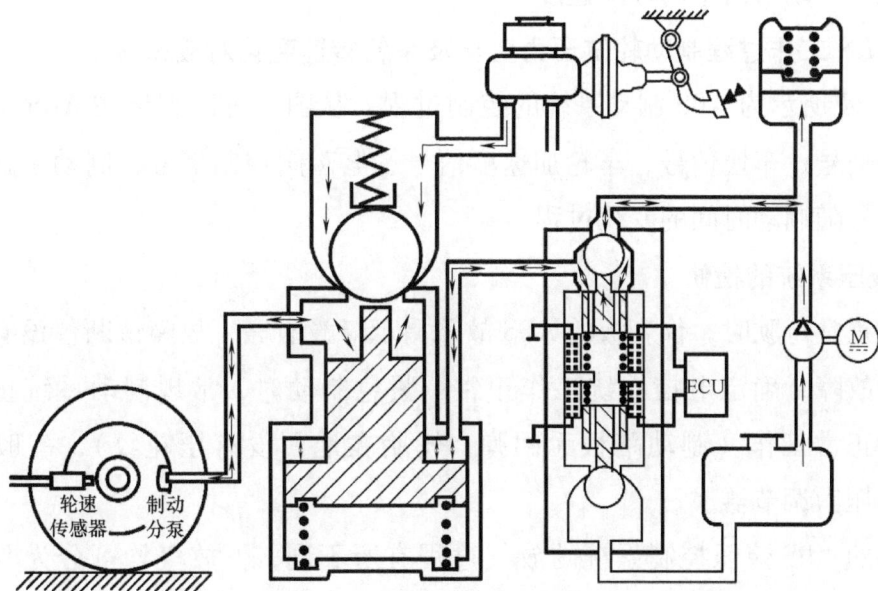

图 2-22 ABS 保压工作过程

4）增压过程。如图 2-23 所示，输入电磁阀断电关闭，输出电磁阀断电打开泄压。调压缸活塞在弹簧作用下上移，容积减小，制动分泵制动液压力增大。

这种液压调节器的特点是通过改变电磁阀柱塞的位置来控制动力活塞的移动，改变缸侧管路容积，利用这种变化间接地控制制动压力的增减，其制动压力的增

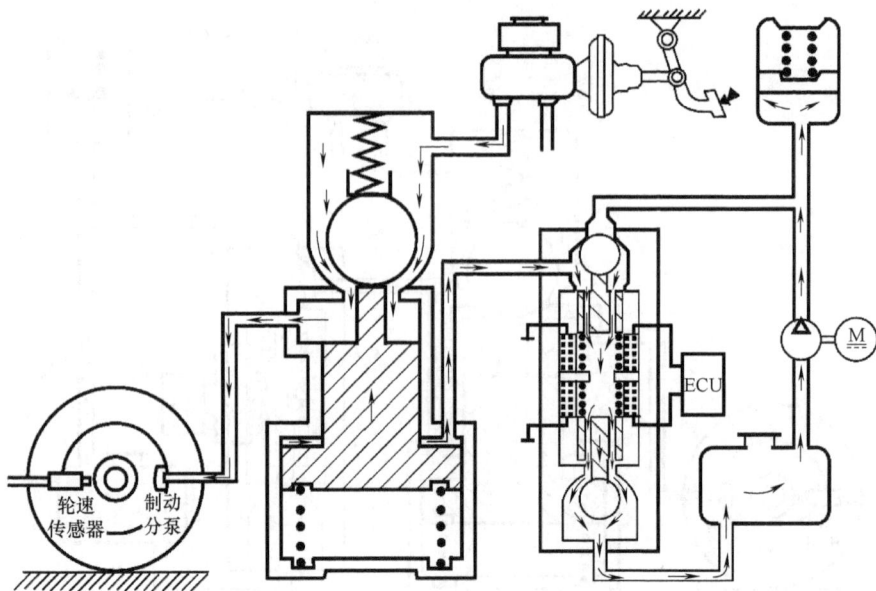

图 2-23　ABS 增压工作过程

减速度取决于动力活塞的移动速度。

3. ABS 工作过程制动轮缸压力变化及车轮转速变化对应曲线

图 2-24 所示为 ABS 制动系统的控制过程，从图中可以看出在 ABS 实施控制时，轮速信号、车速信号、车轮加速度信号、电磁阀控制信号、制动主缸和轮缸的压力信号随制动时间的变化过程。

4. 液压系统的检修

车辆正常行驶时，仪表板的 ABS 故障指示灯没有亮，故障诊断仪没有检测到电气系统故障，确定电控系统工作正常；紧急制动时，常规制动系统正常，但 ABS 不能正常工作（制动踏板无回弹，轮胎在地面没有压花纹），一般应更换 ABS 制动压力调节器。

不同的 ABS 液压控制系统的放气过程有所不同，但放气均可分为两部分进行，即对液压管路放气和液压调节器放气。对液压管路的放气过程与普通制动放气一样，但对液压调节器的放气，一般要用专用仪器按照特殊的规程进行。

任务准备

1）设备及工具：整车一辆、汽车故障诊断仪、制动液加注回收专用设备等；常用成套拆装工具及螺钉旋具、制动液、抹布。

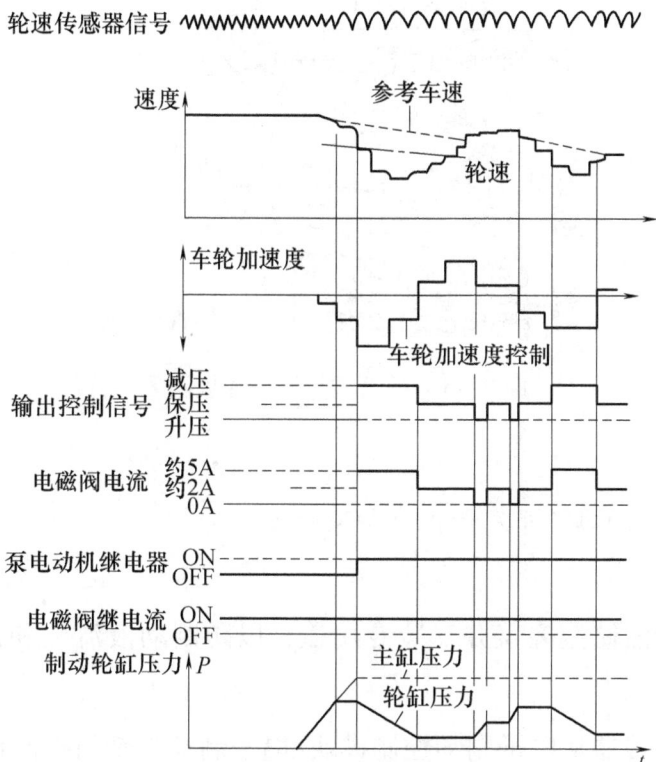

图 2-24　ABS 制动系统控制过程

2）根据作业任务特点对学生进行分组；发放维修手册，制订工艺流程及作业工单，确定评价机制，制订评价标准。

3）强调任务责任、安全意识、操作规范和质量标准等量化指标，确保工作任务安全有序、保质保量地完成。

任务实施

制动压力调节器的更换（以科鲁兹轿车为例）过程如下：

1. 拆卸过程

1）关闭点火开关，反复踩踏制动踏板 20 次以上，当感觉踩踏制动踏板的力明显增加时，ABS 液压控制系统卸压完成。

2）拆下蓄电池负极接线。

3）拆下散热器缓冲罐夹子 2。

4）将散热器缓冲罐 1 放置在一边，如图 2-25 所示。

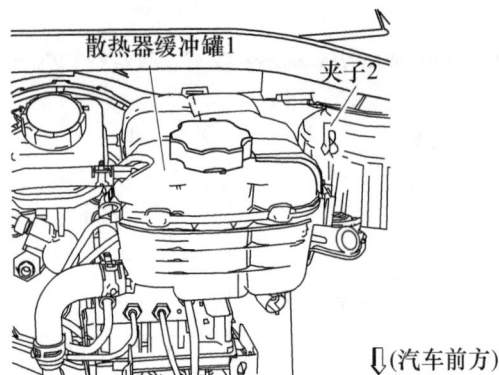

图 2-25　拆下散热器缓冲罐夹子

>>> **注意** | 切勿断开发动机冷却液软管。

5）拆下制动液储液罐盖并安装专用盖，以防制动液流失和污染，如图 2-26 所示。

6）将电气插接器从电子制动控制模块/电子制动与牵引控制模块上断开。

>>> **注意** | 盖上制动管接头，以防制动液流失和污染。

7）将 6 根制动管从制动压力调节阀上拆下，如图 2-27 所示。

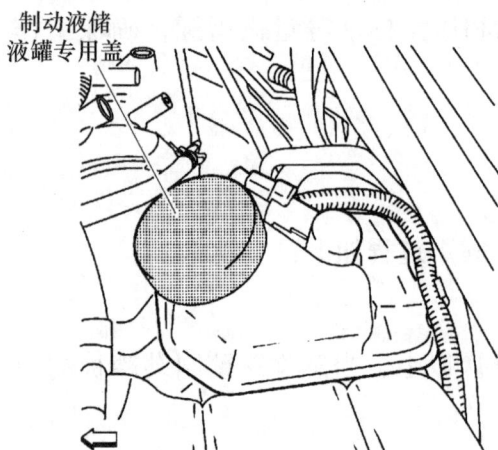

图 2-26　安装制动液储液罐专用盖

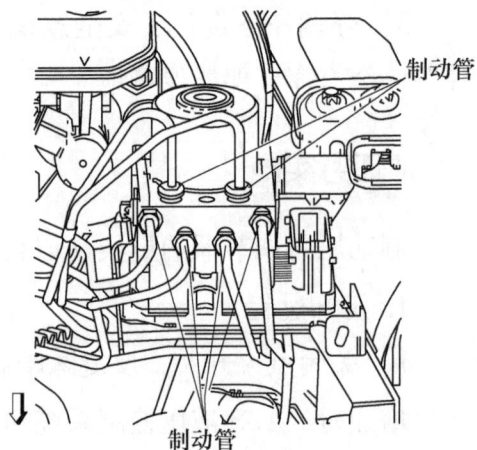

图 2-27　拆卸制动压力调节阀制动管路

8）拆下两个制动压力调节阀托架螺栓，如图 2-28 所示。

9）拆下制动压力调节阀托架总成，如图 2-29 所示。

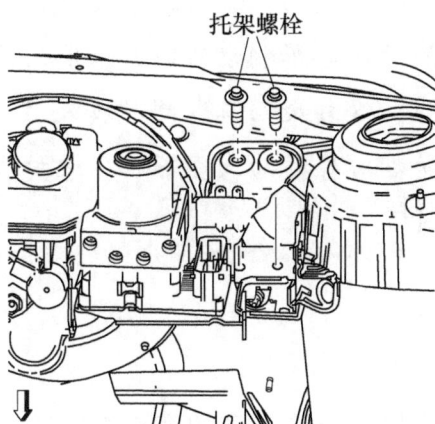

图 2-28　拆下两个制动压力调节阀托架螺栓

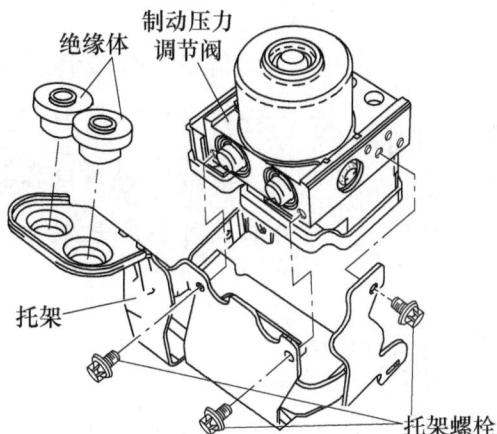

图 2-29　拆下制动压力调节阀托架总成

10）拆下 3 个制动压力调节阀托架螺栓。

11）拆下制动压力调节阀。

12）将制动压力调节阀绝缘体从制动压力调节阀托架上拆下。

2. 安装程序

1）将制动压力调节阀绝缘体安装至制动压力调节阀托架上，如图 2-29 所示。

2）安装制动压力调节阀。

3）安装 3 个制动压力调节阀托架螺栓，并紧固至 10N·m。

4）安装制动压力调节阀托架总成。

5）安装两个制动压力调节阀托架螺栓，并紧固至 20N·m。

6）将 6 根制动管安装至制动压力调节阀，并紧固至 18N·m。

7）将电气插接器连接至电子制动控制模块/电子制动与牵引控制模块上。

8）拆下 CH-558-10 盖，并安装制动液储液罐盖，如图 2-30 所示。

9）安装散热器缓冲罐，如图 2-30 所示。

10）安装散热器缓冲罐夹子，如图 2-30 所示。

3. 填写任务工单

记录检测结果，填写任务单。

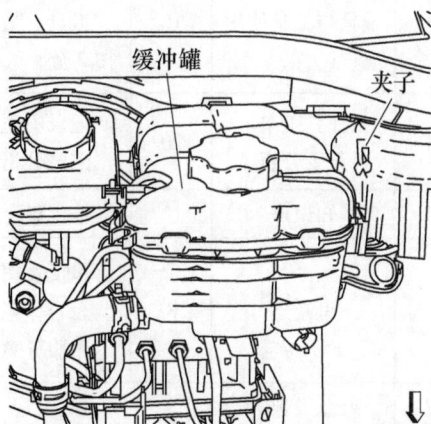

图 2-30　安装散热器缓冲罐

4. 做好收尾工作

整理、清洁作业现场。

> **注意** 向制动液储液罐或离合器储液罐中添加制动液时,仅使用清洁、密封容器中的 DOT-4 + 制动液。这种聚乙二醇制动液吸湿且吸潮。请勿使用开口容器中可能受水污染的油液。不正确或受污染的油液可能会导致系统部件的损坏。

检测评价

评价机构人员由学校高级讲师、企业高级技师及经验丰富的客户组成。三方分别侧重学生知识点、技能点及服务意识的考核。

根据任务完成情况及作业工单,填写以下评价表。

班级: 姓名: 学号:

序号	考核内容	配分	评分标准	评分记录	扣分	得分
1	生产安全	20	作业工艺流程不符合要求、有安全隐患的,每项扣3分 违反设备、工具、量具安全操作规程,该项不得分 汽油等易燃物使用不当,该项不得分			
2	操作流程规范	26	不能严格执行作业指导书或维修手册操作规范的,每项扣2分			
3	量具与工具使用	16	工具、量具组装及校正错误,该项不得分 工具、量具使用及测量方法不正确,每次扣2分			
4	任务工单记录分析	20	记录不正确,每项扣2分 记录分析不正确,每项扣5分			
5	知识点	10	不正确,每项扣2分			
6	思政点	8	违反文明生产及组织纪律,扣3分 无合作意识和创新精神,扣2分 无服务意识及责任感,扣3分			
7	总 评			总 分		

课后测评

一、判断题

（　　）1. ABS 工作时，制动踏板会有抖动现象。

（　　）2. 液压控制单元里的液压泵有两个活塞。

（　　）3. ABS 失效时，不会影响常规制动。

二、填空题

1. 防抱死制动系统（ABS）的控制过程就是_____各个车轮制动油压的过程。

2. 防抱死制动系统（ABS）对每个制动器油路的油压调节，一般是通过_____来实现的。

3. 常规制动阶段是指_____时，车辆基本制动过程。

4. 保压阶段，进油电磁阀_____，出油电磁阀_____。

5. 液压控制单元里的蓄能器的作用是_____。

6. 防抱死制动系统（ABS）工作时，会使趋于抱死的车轮的制动管路经历_____、和_____ 3 个过程。

7. 防抱死制动系统（ABS）的调压工作方式有_____和_____两种。

三、简答题

在液压控制单元中，有几个液压泵，它们由哪个部件驱动？

任务三　ABS 电子控制系统故障诊断与检修

任务目标

1. 知识目标

1）了解电子控制系统电路原理。

2）掌握各电气元件的结构及工作原理。

2. 技能目标

1）能够正确拆装各电气元件。

2）能够正确检测各电气元件故障。

3. 素养目标

培养遵守劳动纪律、保障生产安全的意识；树立职业道德、敬业精神、合作意识和创新精神的思维；养成良好的服务意识及责任感。

任务描述

ABS 电子控制系统利用其控制器中存储的制动控制程序监测及控制车轮的制动状态，实现最佳制动效果。当 ABS 正常工作制动时，制动踏板会产生频繁反弹效果。当电子控制系统出现故障时，仪表盘上的 ABS 指示灯会亮，ABS 不起作用。制动时，制动踏板没有频繁反弹效果，此时需要及时检修。

知识储备

ABS 电子控制系统主要由 ABS 电控单元、传感器及有关信号和执行器（继电器、电磁阀和故障警告灯）等组成。

1. ABS 电控单元（ECU）

ECU 接收由设于各车轮上的传感器传来的转速信号，经过电路对信号的整形、放大和计算机的比较、分析、判别处理，向 ABS 执行器发出控制指令。一般来说，ECU 还具有初始检测、故障排除、速度传感器检测和系统失效保护等功能。图 2-31 显示了 ECU 的基本作用。

（1）组成 ECU 由硬件和软件两部分组成，前者由设置在印制电路板上的一系列电子元器件（微处理器）和线路构成，封装在金属壳体中，利用多针接口（如 TEVES MKII 采用 32 针接口），通过线束与传感器和执行器相连，为保证 ECU 的可靠工作，一般它被安置在尘土和潮气不易侵入、电磁波干扰较小的乘客舱、行李舱或发动机罩内的隔离室中；软件则是固存在只读存储器（ROM）中的一系列计算机程序。ECU 的输入和输出如图 2-32 所示。

（2）内部结构 ECU 的内部结构如图 2-33 所示。为确保系统工作的安全可靠性，在许多 ABS 的 ECU 中可采用了两套完全相同的微处理器，一套用于系统控制，另一套则起监测作用，它们以相同的程序执行运算，一旦监测用 ECU 发现其计算结果与控制用 ECU 所算结果不相符，则 ECU 立即让制动系统退出 ABS 控制，只维持常规制动，这种"冗余"的方法可保证系统更加安全。

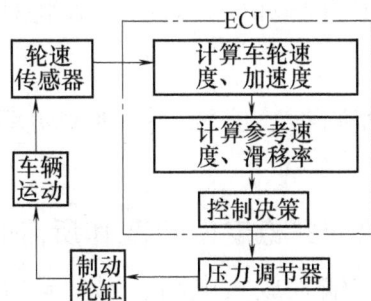

图 2-31　ABS 的 ECU 在系统中的作用

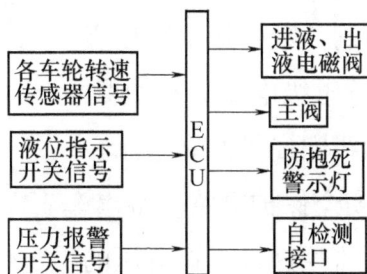

图 2-32　ECU 的主要输入和输出信号

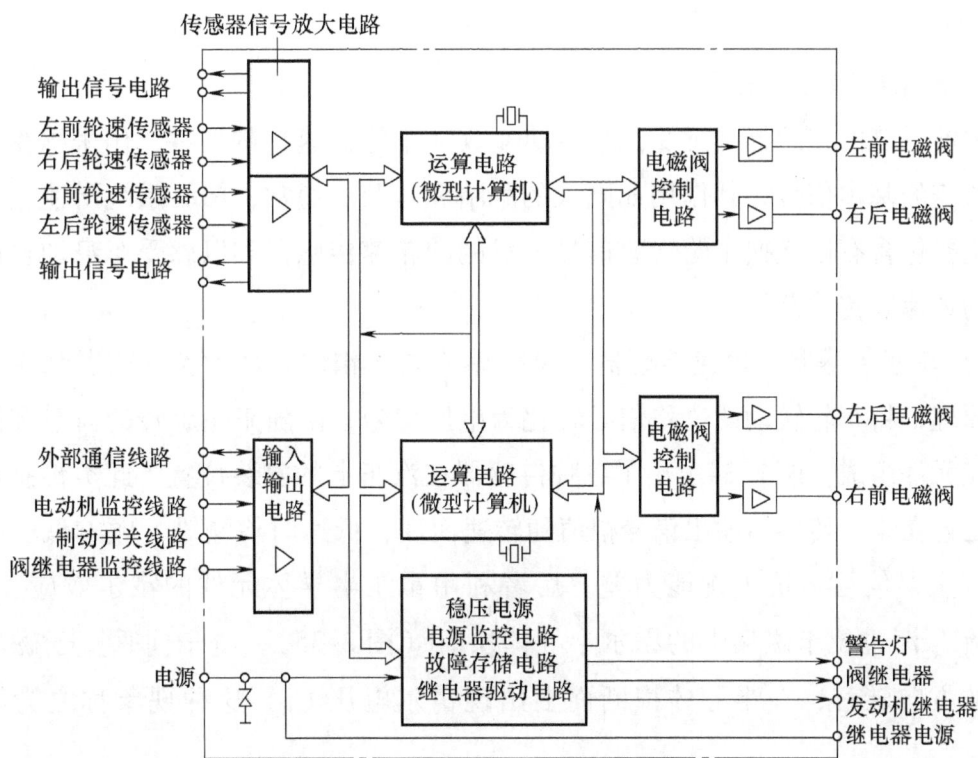

图 2-33　ABS ECU 的内部结构

ECU 的内部电路结构主要包括以下几方面。

1）输入级电路。以完成波形转换整形（低通滤波器）、抑制干扰和放大信号（输入放大器）为目的，将车轮转速传感器输入的正弦波信号转换成为脉冲方波，经过整形放大后，输送给运算电路。输入级电路的通道数视 ABS 所设置的传感器数目而定，通常以三通道和四通道为多见。

2）运算电路（微型计算机）。根据输入信号计算电磁阀控制参数，主要根据车轮转速传感器输入信号进行车轮线速度、开始控制的初速度、参考滑移率、加速度和减速度等的计算，调节电磁阀控制参数的计算和监控计算，并将计算出的电磁阀控制参数输送给输出级。

3）输出级电路。利用微机产生的电磁阀控制参数信号，控制大功率晶体管向电磁阀线圈提供控制电流。

4）安全保护电路。将汽车12V电源电压改变并稳定为ECU作所需的5V标准电压，监控这种工作电压的稳定性，同时监控输入放大电路、ECU运算电路和输出电路的故障信号。当系统出现故障时，控制继动电动机和继动阀门，使ABS停止工作，转入常规制动状态，点亮ABS警告灯，将故障以故障码的形式存储在ECU内存中。

2. 传感器和有关信号

ABS系统的传感器是感受汽车运动参数（车轮转速）的元件，用来感受系统控制所需的基本信号，其作用如同人的眼睛和耳朵。通常，ABS系统所使用的传感器主要包含有以变换车轮转速信号为目的的轮速传感器和以感受车身加速度为目的的加速度传感器。

1）轮速传感器。轮速传感器有电磁感应式与霍尔式两大类。前者利用电磁感应原理，将车轮转动的位移信号转化为电压信号，由随车轮旋转的齿盘和固定的感应元件组成。图2-34示出了各种传感器在汽车上的安装位置。此类传感器的不足之处在于，传感器输出信号幅值随转速而变，低速时检测难、频响低；高速时易产生误信号，抗干扰能力差。后者利用霍尔半导体元件的霍尔效应工作。当电流 I_v 流过位于磁场中的霍尔半导体层时（图2-35），电子向垂直于磁场和电流的方向转移，在半导体横断面上出现霍尔电压 U_H，这种现象称之为霍尔效应。

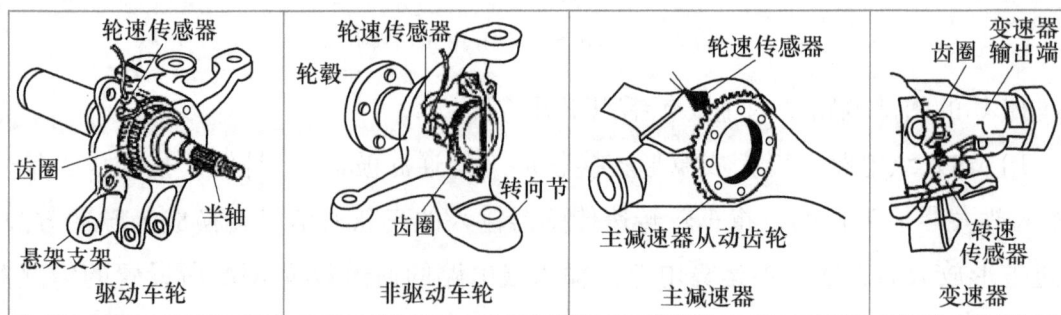

图2-34　车轮转速传感器安装位置

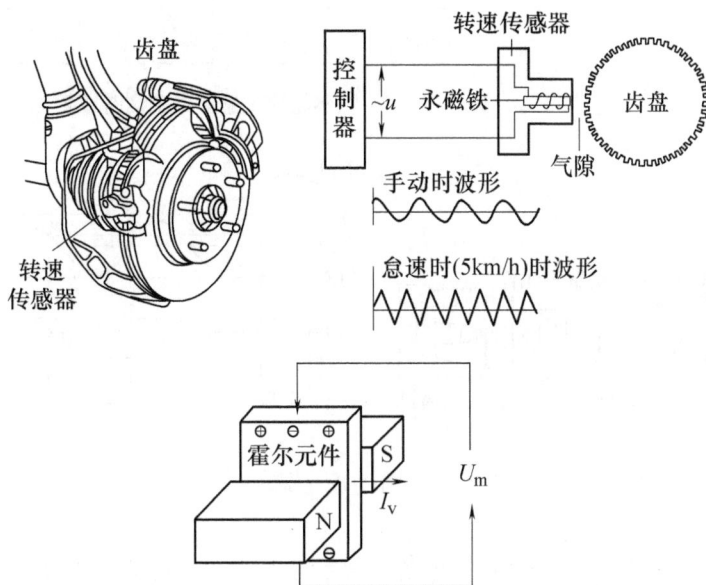

图 2-35　霍尔轮速传感器原理

霍尔传感器可以将带隔板的转子置于永磁铁和霍尔集成电路之间的空气间隙中。霍尔集成电路由一个带封闭电子开关放大器的霍尔层构成，当隔板切断磁场与霍尔集成电路之间的通路时，无霍尔电压产生，霍尔集成电路的信号电流中断；若隔板离开空气间隙，磁场产生与霍尔集成电路的联系，电路中出现信号电流。

霍尔轮速传感器由传感头和齿圈组成，传感头包含有永磁体。霍尔元件和电子电路等结构如图 2-36 所示。永磁体的磁力线穿过霍尔元件通向齿轮，当齿轮处于图 2-36a 位置时，穿过霍尔元件的磁力线分散于两齿之中，磁场相对较弱。当齿轮处于图 2-36b 位置时，穿过霍尔元件的磁力线集中于一个齿上，磁场相对较强。穿过霍尔元件的磁力线密度所发生的这种变化会引起霍尔电压的变化，其输出一个毫伏级的准正弦波电压。此电压经波形转换电路转换成标准的脉冲电压信号输入 ECU。

由霍尔传感器输出的毫伏级正弦波电压经过放大器放大为伏级正弦波信号电压，在施密特触发器中将正弦波信号转换成标准的脉冲信号，由放大器放大输出。

霍尔车轮转速传感器与前述电磁感应式传感器相比较，具有以下的优点：

① 输出信号电压的幅值不受车轮转速影响，当汽车电源电压维持在 12V 时，传感器输出信号电压可以保持在 11.5~12V，即使车轮转速接近于零；

② 频率响应高，该传感器的响应频率可高达 20Hz（此时相当于车速 1000km/h）；

③ 抗电磁波干扰能力强。

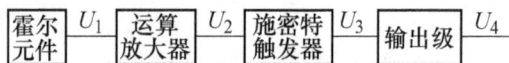

霍尔轮速传感器电子线路框图

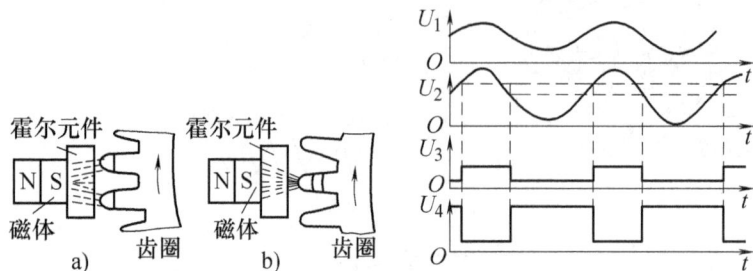

图 2-36 霍尔传感器磁路

2）减速度传感器。减速度传感器在结构上有光电式、水银式和差动式等形式。其中光电式传感器利用发光二极管和光敏（光电）晶体管构成的光电耦合器所具有的光电转换效应，以沿径向开有若干条透光窄槽的偏心圆盘作为透光板，制成了能够随减速度大小而改变电量的传感器（图 2-37）。透光板设置在发光二极管和光敏晶体管之间，由发光二极管发出的光束可以通过板上窄槽到达光敏晶体管，受光晶体管上便会出现感应电流。当汽车制动时，质量偏心的透光板在减速惯性力的作用下绕其转动轴偏转，偏转量与制动强度成正比。如果如图 2-37 所示那样，在光电式传感器中设置两对光电耦合器，根据两个晶体管上出现电量的不同组合就可区分出 4 种减速度界限。因此，它具有感应多级减速度的能力。

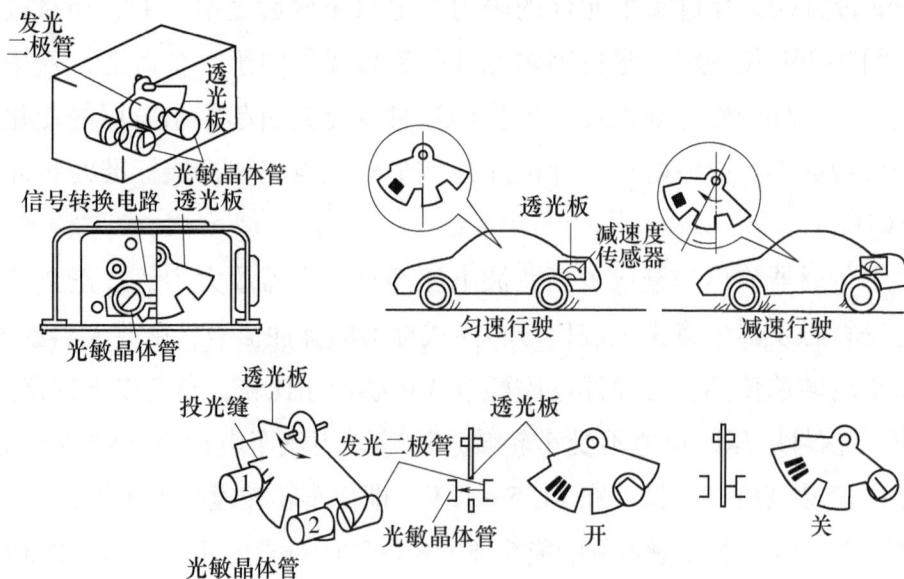

图 2-37 光电式减速度传感器

水银式传感器利用具有导电能力的水银作为工作介质。在传感器内通有导线两极柱的玻璃管中装有水银体，由于水银的导电作用，传感器的电路处于导通状态，当汽车制动强度达到一定值后，在减速惯性力的作用下，水银体脱离导线极柱，传感器电路断电，如图2-38所示。这种开关信号可用于指示汽车制动的减速度界限。

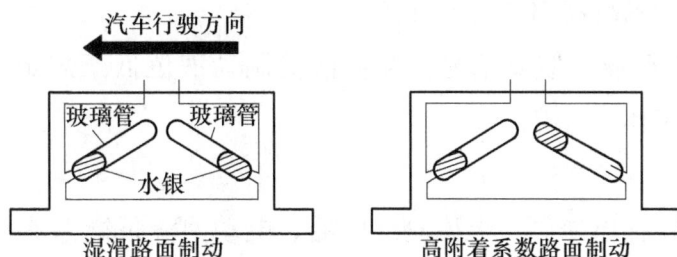

图2-38 水银式减速度传感器工作原理

差动式传感器是利用电磁感应原理工作。差动式传感器由固定的线圈和可移动的铁心构成，铁心在制动减速惯性力的作用下沿线圈轴向移动，可导致传感器电路中感应电量的连续变化，如图2-39所示。

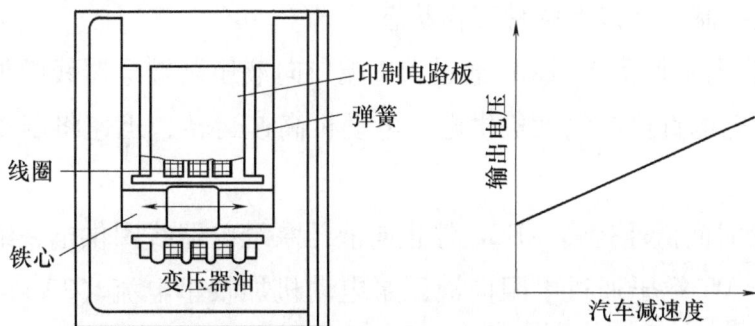

图2-39 差动式减速度传感器工作原理

3）压力监测开关。安装在电动增压泵上由压力控制开关和压力警示开关组成。

①压力控制开关：监测蓄能器内控制液压力，控制电动增压泵工作，由一对开关触点组成，当压力低于15MPa时，开关闭合，增压泵工作；当压力达到18MPa时，开关断开，增压泵停止工作。

②压力警示开关：监测蓄能器内控制油液压力，内有两对触点，一对常开触点用于控制制动警告灯，当蓄能器内压力低于规定值时，常开触点闭合，点亮红色警告灯，另一对为常闭触点，用于控制ABS警告灯，当常闭触点断开时，该信

号送给 ECU，关闭 ABS 并点亮黄褐色 ABS 警告灯。

4）制动开关信号。用于启动 ABS 电控系统，随时进行对制动中的车轮滑移率进行循环调节。电动回液泵工作状态监测信号是用于提供电动回液泵是否正常工作的信号，若无该信号，ABS 电控系统将自动停止工作。

5）电磁阀工作状态监测信号。用于提供电磁阀是否正常工作的信号，若无该信号，ABS 电控系统将自动停止工作。

6）储液筒制动液位监测信号。当储液筒制动液位低于规定值时，ABS 电控系统将自动停止工作。

3. 执行器

执行器主要包括电磁阀、电磁阀继电器、电动回液泵继电器和 ABS 故障警告灯。电磁阀执行 ECU 指令，对制动分泵制动液压力进行调节，常用的形式有二位二通电磁阀和三位三通电磁阀。

4. 控制过程

ECU 电路的控制过程如图 2-40 所示，该系统为四传感器三通道（前轮独立控制、后轮低选控制），传感器输入端 FR + ～ RL −。液压泵电动机受 ECU 和液压泵继电器共同控制，有以下两种工作状态。

（1）减压时高速运转 ECU 通过 MR 端口向液压泵继电器线圈加电，继电器触点闭合，蓄电池直接向电动机供电，电动机高速运转，迅速将制动液泵回制动主缸。

（2）其余时间低速运转 ECU 停止向液压泵继电器线圈供电，继电器触点断开，ECU 经由 MT 端子通过电阻向液压泵电动机加较小电流（2A），液压泵低速运转，将蓄能器中制动液抽空，以备下次减压时储油。

制动压力调节器中 3 个电磁阀线圈与 1 个监测电阻并联，共同受 ECU 和电磁阀继电器控制。点火开关未接通时，电磁阀继电器线圈中无电流，继电器常闭触点使电磁阀继电器线圈搭铁，ABS 不工作。接通点火开关后，在短时间内，ECU 仍不向电磁阀继电器线圈供电，此时，ABS 警告灯经插接器、电磁阀继电器常闭触点搭铁而点亮，ECU 对系统进行自检。如系统无故障。ECU 向电磁阀继电器线圈供电，常闭触点断开、常开触点闭合，电磁阀线圈经常开触点与电源相连，此后，电磁阀的状态完全由 ECU 控制，也即电磁阀线圈可以经过 SFR、SFL、SRR 和 GND 端口由 ECU 加以控制。监测电阻用来检测电磁阀线圈的故障，当线圈出现故障时，电阻两端的电压发生变化，通过 AST 端子将此故障信息输入 ECU，同

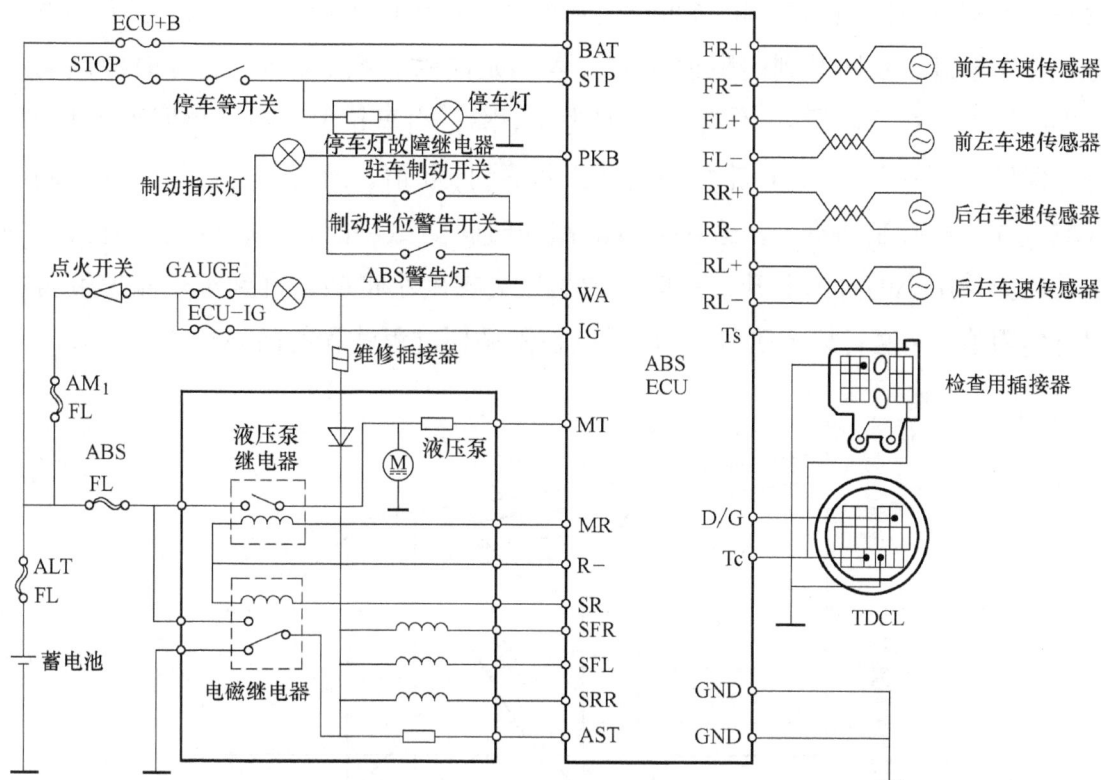

图 2-40 ABS 的 ECU 控制电路

时切断调节器电路，ABS 退出工作。

　　车辆在制动时，轮速传感器测量车轮的速度，如果一个车轮有抱死的可能时，车轮减速度增加很快，车轮开始滑转。如果该减速度超过设定的值，控制器就会发出指令，让电磁阀停止或减少车轮的制动压力，直到抱死的可能消失为止。为防止车轮制动力不足，必须再次增加制动压力。在自动制动控制过程中，必须连续测量车轮运动是否稳定，应通过调节制动压力（加压、减压和保压）使车轮保持在制动力最大的滑转范围内。

　　制动控制的参数一般为车轮的减速度、加速度以及滑移率的三者综合。

　　如图 2-41 所示在制动开始时，制动压力和车轮角减速度增加，在阶段 1 末，即轮减速度达到设定的门限值-a（这里指绝对值），相应的电磁阀转换到"压力保持"状态，同时形成参考车速并在给定的斜率下作相应递减，滑移率的值是由参考车速计算得出；如果滑移率小于门限值，系统则进行一段保压（阶段 2）；当滑移率大于门限值，电磁阀转换到"压力下降"的状态，即阶段 3；由于制动压力下降，车轮的角减速度回升，当达到 -a 值时，制动压力开始保持（第 4 阶段）；当轮角减速度随着车轮的回升达到加速，达到门限值 $+a$，这时压力仍然保持，让车轮进一步回升到门限值 $+A_k$（表明是高附着系数路面），这时使制动压力再次增加（第5阶段），使车轮角加速度下降；当车轮角加速度再回到 $+A_k$ 时，进行保压（第6阶段）；车轮角加速度值回落到 $+a$ 值，此时车轮已进入稳定制动区域，并且稍有制动不足，这一区域的制动时间要尽可能延长，因此，阶段7的制动压力采用小的阶梯上升，一般较初始压力梯度小得多，直到车轮减速度再次超过门限值 $-a$ 值（第8阶段），以后的控制循环过程就和前面一样了。

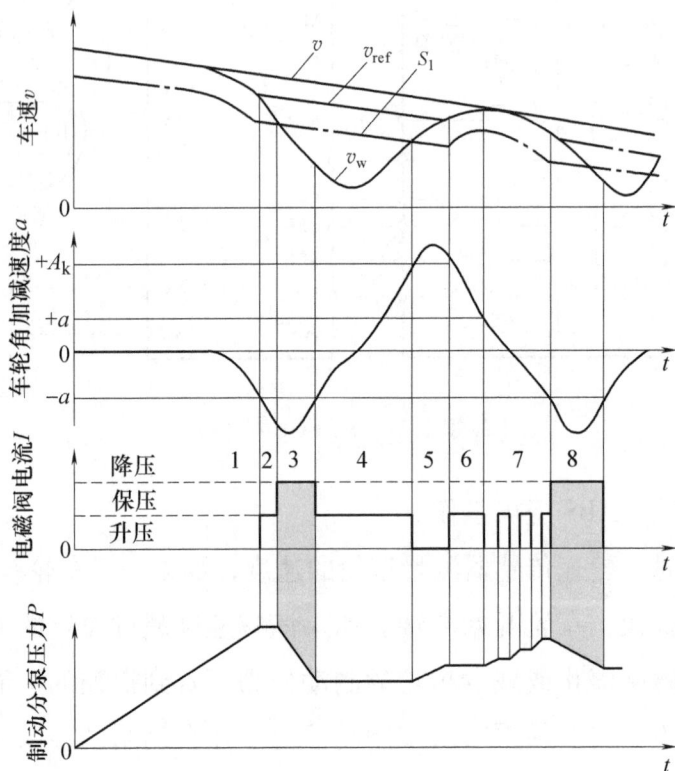

图 2-41　制动控制过程

任务准备

1）设备及工具：整车1辆、汽车故障诊断仪、万用表、试灯、测试连接线等；常用成套拆装工具及螺钉旋具。

2）根据作业任务特点对学生进行分组；发放维修手册，制订工艺流程及作业工单，确定评价机制，制订评价标准。

3）强调任务责任、安全意识、操作规范和质量标准等量化指标，确保工作任务安全有序、保质保量地完成。

任务实施

1. 以科鲁兹轿车为例进行说明

1）点火开关置于"OFF（关闭）"位置。

2）连接汽车故障诊断仪至车辆诊断插座上。

3）选择车型、生产日期及车辆系统。

4）读取 ABS 的故障码及各部件的数据流。

5）查阅维修手册，确定故障范围。

6）根据维修手册，使用万用表或试灯检查电路及元件，确定故障部位。

7）维修故障点。

科鲁兹轿车 ABS
电控系统检修

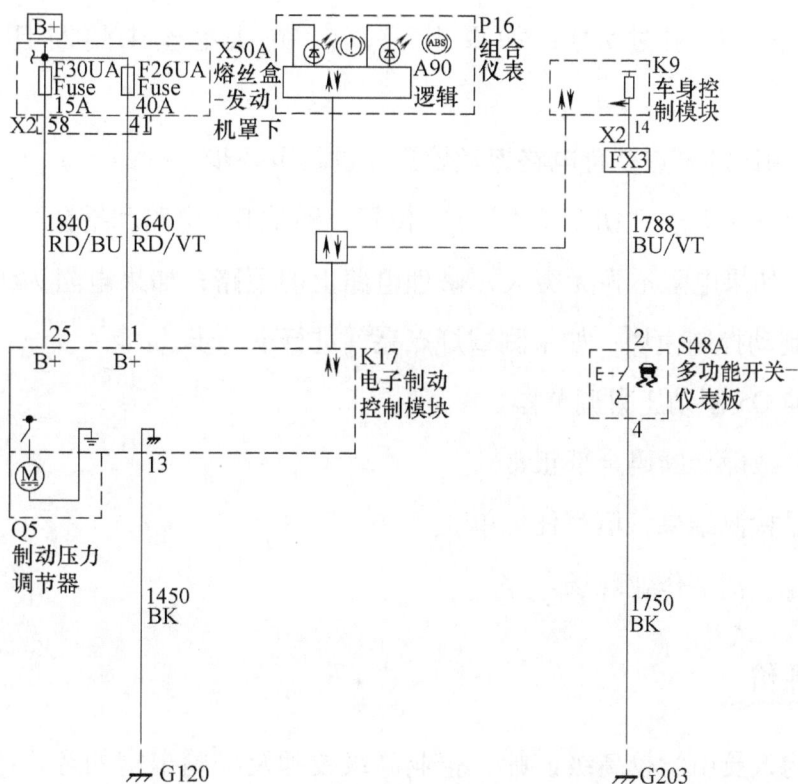

2. 科鲁兹轿车 ABS 泵电动机电气电路故障检修

ABS 泵电动机电气电路故障检修，电路如图 2-42 所示。

图 2-42　科鲁兹轿车 ABS 泵电动机电路图

1）将点火开关置于"OFF（关闭）"位置，并关闭所有车辆系统（关闭所有车辆系统可能最多需要2min），然后再拆下蓄电池负极接线。

2）断开K17电子制动控制模块的线束插接器。

3）测试搭铁电路端子13和搭铁之间的电阻是否小于10Ω，如果等于或大于10Ω，进行下一步。

4）测试搭铁电路端对端的电阻是否小于2Ω。如果为2Ω或更大，则修理电路中的断路（电阻过大）；如果小于2Ω，修理搭铁连接中的断路（电阻过大）；如果K17插接器端子13到搭铁间电阻小于10Ω，进行下一步。

5）连接蓄电池负极接线，点火开关置于"ON（打开）"位置。

6）确认B+电路端子1和搭铁之间的测试灯点亮，表明电源电路正常。

7）如果测试灯未点亮且电路熔丝完好，点火开关置于"OFF（关闭）"位置。

8）测试B+电路端对端的电阻是否小于2Ω，如果为2Ω或更大，修理电路中的断路（电阻过大）；如果小于2Ω，确认熔丝未熔断且熔丝处有电压。

9）如果测试灯未点亮且电路熔丝熔断，进行下一步。

10）点火开关置于"OFF（关闭）"位置，测试B+电路和搭铁之间的电阻是否为无穷大，如果电阻不为无穷大，修理电路上的短路；如果电阻为无穷大，更换K17电子制动控制模块；如果测试灯点亮，进行下一步。

11）更换Q5制动压力调节器。

12）确认故障诊断码全部正常。

13）记录检测结果，填写任务单。

14）整理、清洁作业现场。

检测评价

评价机构人员由学校高级讲师、企业高级技师及经验丰富的客户组成。三方分别侧重学生知识点、技能点及服务意识的考核。

根据任务完成情况及作业工单，填写以下评价表。

班级：　　　　　　　　姓名：　　　　　　　　学号：

序号	考核内容	配分	评 分 标 准	评分记录	扣分	得分
1	生产安全	20	作业工艺流程不符合要求、有安全隐患的，每项扣 3 分 违反设备、工具、量具安全操作规程，该项不得分 汽油等易燃物使用不当，该项不得分			
2	操作流程规范	26	不能严格执行作业指导书或维修手册操作规范的，每项扣 2 分			
3	量具与工具使用	16	工具、量具组装及校正错误，该项不得分 工具、量具使用及测量方法不正确，每次扣 2 分			
4	任务工单记录分析	20	记录不正确，每项扣 2 分 记录分析不正确，每项扣 5 分			
5	知识点	10	不正确，每项扣 2 分			
6	思政点	8	违反文明生产及组织纪律扣 3 分 无合作意识和创新精神扣 2 分 无服务意识及责任感扣 3 分			
7	总　评				总　分	

课后测评

一、判断题

（　　）1. 霍尔式车轮转速传感器输出的电压信号强弱随车速的变化而变化。

（　　）2. 在正常情况下，点火开关打开，ABS 警告灯数秒后应熄灭，否则说明 ABS 系统有故障。

（　　）3. ABS 调节器中的电动泵多是独立于 ECU 工作的。

（　　）4. ABS 系统的压力调整都是用三位三通的电磁阀来工作。

（　　）5. 霍尔车速传感器很好地解决了车速快时 ABS 的控制问题。

（　　）6. 常闭电磁阀的作用是切断到分泵的油路。

（　　）7. 车速传感器传感头和齿圈之间的间隙通常只有 0.5~1mm。

二、填空题

1. ABS 装置都是由 ＿＿＿＿＿＿、＿＿＿＿＿＿、＿＿＿＿＿＿和 ＿＿＿＿＿＿

组成。

2. ABS 的 ECU 具有＿＿＿＿＿＿＿功能、＿＿＿＿＿＿功能和＿＿＿＿＿＿＿
功能。

3. 轮速传感器主要由＿＿＿＿＿＿＿＿＿＿和＿＿＿＿＿＿＿＿＿＿＿组成。

4. ABS 的轮速传感器主要有＿＿＿＿＿和＿＿＿＿＿轮速传感器。

三、简答题

1. 叙述 ABS ECU 的故障保护功能。

2. 画出 ABS 故障指示灯的电路图。

项目三

驱动防滑控制系统故障诊断与检修

项 目 描 述

　　驱动防滑（ASR）控制系统也称为牵引力控制（TRAC）系统，是汽车制动防抱死系统（ABS）功能的扩展，它用于保障汽车加速行驶时的安全性，该系统与 ABS 一些元件共用。系统维修要求技术人员有扎实的专业技能、高尚的职业道德。本项目的目标是培养学生职业技能的同时使其树立"工匠精神"，培养良好的职业道德与敬业精神，担当起保护生命的重任。

任务一　驱动防滑控制系统作用原理概述

任务目标

1. 知识目标

1）了解驱动防滑（ASR）控制系统的功用。

2）掌握驱动防滑（ASR）控制系统基本组成及工作原理。

2. 技能目标

1）能够识别 ASR 控制系统。

2）能够正确地拆装各组成元件。

3. 素养目标

培养遵守劳动纪律、保障生产安全的意识；树立职业道德、敬业精神、合作意识和创新精神的思维；养成良好的服务意识及责任感。

任务描述

由于路面附着系数不同，对于泥泞、湿滑或冰雪路面，其附着系数很低，汽车加速行驶时非常容易使车轮驱动力大于路面附着力，造成车辆操纵方向失去控制或车辆甩尾等事故。ASR 系统通过控制加速时车轮的制动力及降低发动机输出转矩，有效降低由此引发的事故隐患。驱动防滑控制系统主要由液压传动系统和电子控制系统组成。

知识储备

1. 驱动防滑系统概述

车辆在积雪、结冰或潮湿泥泞的道路上起步或在行进中突然加速时，驱动车轮就有可能出现快速空转现象。

汽车发动机传递给车轮的最大驱动力是由轮胎与路面之间的附着系数和地面作用在驱动轮上的法向反力的乘积（即附着力）决定的。但是，驱动力的增大受到附着力的限制，驱动力的最大值只能等于轮胎与路面之间的附着力。当驱动力超过附着力时，驱动轮将会在路面上打滑。

当汽车在低附着系数的路面（如泥泞或冰雪路面）上行驶时，由于地面与车轮之间的附着系数很小，因此在起步、加速时驱动轮就有可能打滑，导致汽车起步、加速性能下降。此外，当汽车在非对称路面上行驶时，如果某个（或某些）驱动轮处于在附着系数较低的路面（如泥泞或冰雪路面）上，那么地面对车轮施加的反作用转矩将很小。虽然另一个（或一些）车轮处于在附着系数较高的路面上，但是根据差速器转矩等量分配特性，地面能够提供的驱动转矩只能与处在低附着系数路面上车轮产生的驱动转矩相等。那么此时，车轮也有可能出现打滑现象，从而导致汽车通过性能变差。

当驱动轮打滑时，意味着轮胎与地面接地点出现了相对滑动，为了区别汽车制动时为车轮抱死而产生的"滑移"（车速大于轮速），把这种滑动称为驱动轮的"滑转"（轮速大于车速）。驱动轮的滑转，同样会使车轮与地面的纵向附着力下降，使驱动轮上可获得的极限驱动力减小，最终导致汽车的起步、加速性能和在湿滑路面上通过性能的下降。同时，驱动轮的"滑转"还会导致横向附着系数大幅下降，从而使驱动轮出现横向滑动，随之产生汽车在行驶过程中的方向失控现象，如图 3-1 所示。

因此，为防止汽车在起步、加速时车轮的滑转，就出现了汽车驱动防滑控制系统（Acceleration Slip Regulation，简称 ASR），如图 3-2 所示。由于 ASR 多数是通过控制发动机功率来实现的，故有些车系将其称为牵引力控制系统（Traction Control System，简称 TCS 或 TRC）。

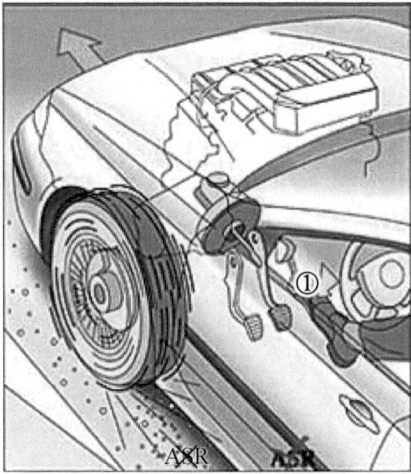

图 3-1 低附着系数路面无 ASR
驱动轮滑转

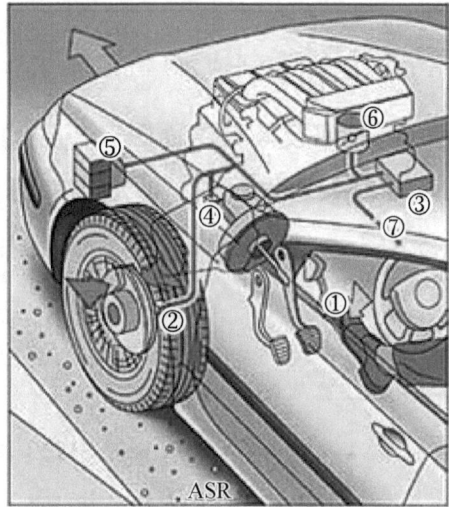

图 3-2 低附着系数路面有 ASR 驱动轮不滑转
1—加速踏板 2—车轮制动器 3—ASR 电控单元
4—ASR 液压单元 5—ABS 液压单元
6—节气门单元 7—驱动轮滑动信号

2. 防滑系统的作用

驱动防滑系统能在车轮开始滑转时，降低发动机的输出转矩，同时控制制动系统，以降低传递给驱动车轮的转矩，使之达到合适的驱动力，使汽车的起步和加速达到快速而稳定的效果，如图 3-3 所示。

汽车行驶时必须满足如下的驱动条件和附着条件：

$$F_f + F_w + F_i \leqslant F_t \leqslant F_\psi$$

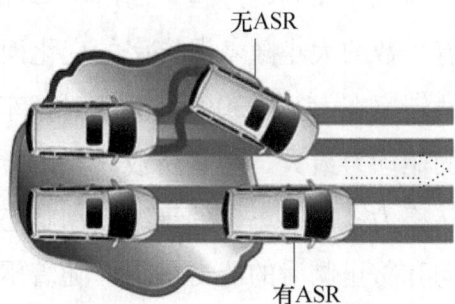

图 3-3 低附着系数路面有、
无 ASR 行驶稳定性比较

式中　F_f——滚动阻力；

F_w——空气阻力；

F_i——坡度阻力；

F_t——汽车的驱动力，$F_t = M_e i_g i_o \eta_T / r$；$M_e$ 为发动机转矩，i_g、i_o 分别为变速器和主减速器的传动比，η_T 为传动系统机械效率，r 为车轮半径；

F——地面作用在驱动轮的法向反作用力；

ψ——附着系数；

F_ψ——附着力。

3. 滑转率及其与路面附着系数的关系

汽车在驱动过程中，驱动车轮可能相对于路面发生滑转。滑转成分在车轮纵向运动中所占的比例称为驱动车轮的滑转率，通常用"SA"表示。

$$SA = \frac{r\omega - v}{r\omega} \times 100\%$$

式中　SA——车轮的滑转率；

r——车轮的自由滚动半径；

ω——车轮的转动角速度；

v——车轮中心的纵向速度。

当车轮在路面上自由滚动时，车轮中心的纵向速度完全是由于车轮滚动产生的。此时 $v = r\omega$，其滑转率 $SA = 0$；当车轮在路面上完全滑转（即汽车原地不动，而驱动轮的圆周速度不为 0）时，车轮中心的纵向速度 $v = 0$，其滑转率 $SA = 100\%$；当车轮在路面上一边滚动一边滑转时，$0 < SA < 100\%$。

与汽车在制动过程中的滑移率相同，在汽车的驱动过程中，车轮与路面间的附着系数的大小随着滑转率的变化而变化，如图 3-4 所示。在干路面或湿路面上，当滑转率在 15% ~ 30% 范围内时，车轮具有最大的纵向附着系数，此时可产生的地面驱动力最大。在雪路或冰路面上时，最佳滑转率在 20% ~ 50% 的范围内；当滑转率为零，即车轮处于纯滚动状态时，其侧向附着系数也最大，此时汽车保持转向和防止侧滑的能力最强。随着滑转率的增加，侧向附着系数下降，当滑转率为 100%，侧向附着系数变得极小，轮胎与路面之间的侧向附着力接近于零，车轮将完全丧失抵抗外界侧向力作用的能力。

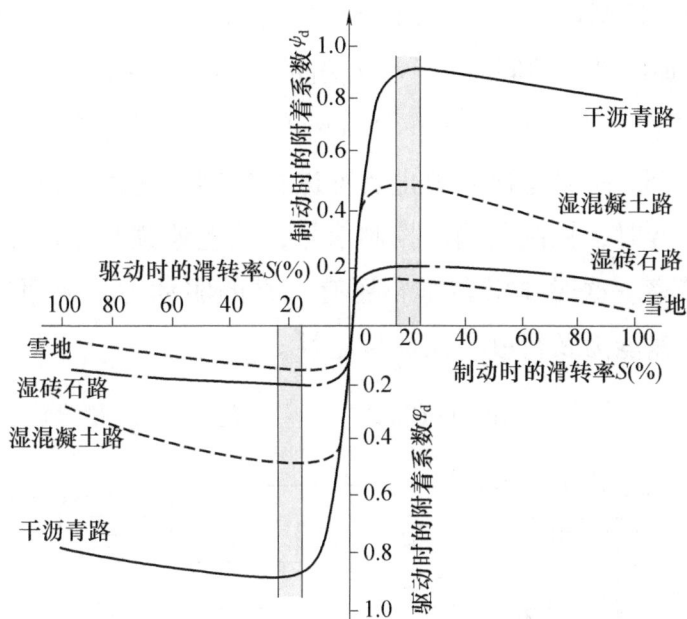

图 3-4 附着系数与滑转率之间的关系

4. 驱动防滑系统常用控制方式

（1）发动机输出功率控制 在汽车起步、加速时，ASR 控制器输出控制信号，控制发动机输出功率，以抑制驱动轮滑转。常用方法有：辅助节气门控制、燃油喷射量控制和延迟点火控制。

（2）驱动轮制动控制 直接对发生空转的驱动轮加以制动，反应时间最短。普遍采用 ASR 与 ABS 组合的液压控制系统，在 ABS 系统中增加电磁阀和调节器，从而增加了驱动控制功能。

如图 3-5 所示，当汽车在附着系数不均匀的路面上行驶时，由于处于低附着系数路面的车轮可能会空转，会出现一个车轮打滑的情况。电子控制单元将使滑转车轮的制动压力上升，对该轮作用一定的制动力，这一作用的结果是：使空转车轮转速降低，另一车轮驱动力矩增加，两车轮向前运动速度趋于一致。

（3）同时控制发动机输出功率

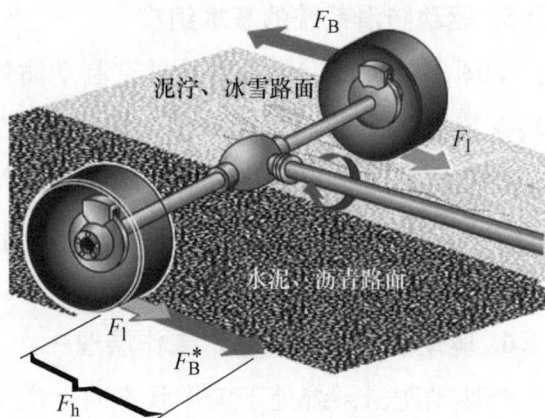

图 3-5 ASR 作用的基本原理

F_1—驱动力 F_B—制动力

F_B^*—额外驱动力 F_h—总牵引力

和驱动轮制动力　控制信号同时起动 ASR 制动压力调节器和辅助节气门调节器，在对驱动车轮施加制动力的同时减小发动机的输出功率，以达到理想的控制效果。

（4）防滑差速锁（Limited-Slip-Differential）　控制防滑差速（LSD）控制，如图 3-6 所示。LSD 能对差速器锁止装置进行控制，使锁止范围从 0% ~ 100%。当驱动轮单边滑转时，控制器输出控制信号，使差速锁和制动压力调节器动作，控制车轮的滑转率。这时非滑转车轮还有正常的驱动力，从而提高汽车在滑溜路面的起步、加速能力及行驶方向的稳定性。

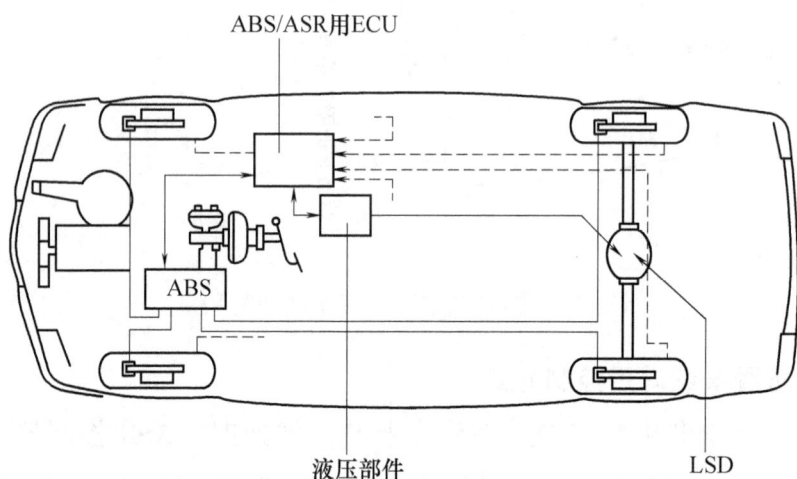

图 3-6　具有 LSD 功能的 ASR

在差速器向驱动轮输出驱动力的输出端，设置一个离合器，通过调节作用在离合器片上的液压压力，便可调节差速器的锁止程度。

5. 驱动防滑系统的基本组成

如图 3-7 所示为一典型的具有制动防抱死和驱动防滑转功能的系统，其中防滑转系统与 ABS 控制系统共用车轮转速传感器和电子控制单元，只是在通往驱动车轮制动轮缸的制动管路中增设了一个防滑转制动压力调节器，在由加速踏板控制的主气门上方增设了一个由步进电动机控制的辅助节气门，并在主、辅助节气门处各设置一个节气门开度传感器。

6. 驱动防滑系统的基本工作原理

当驱动防滑系统处于工作状态时，电子控制单元根据各车轮转速传感器检测到的转速信号，确定驱动车轮的滑转率和汽车的参考速度。当电控单元判定驱动车轮的滑转率超过设定的限值时，就使驱动辅助节气门的步进电动机转动，减小辅助节气门的开度。此时，即使主节气门的开度不变，发动机的进气量也会因辅

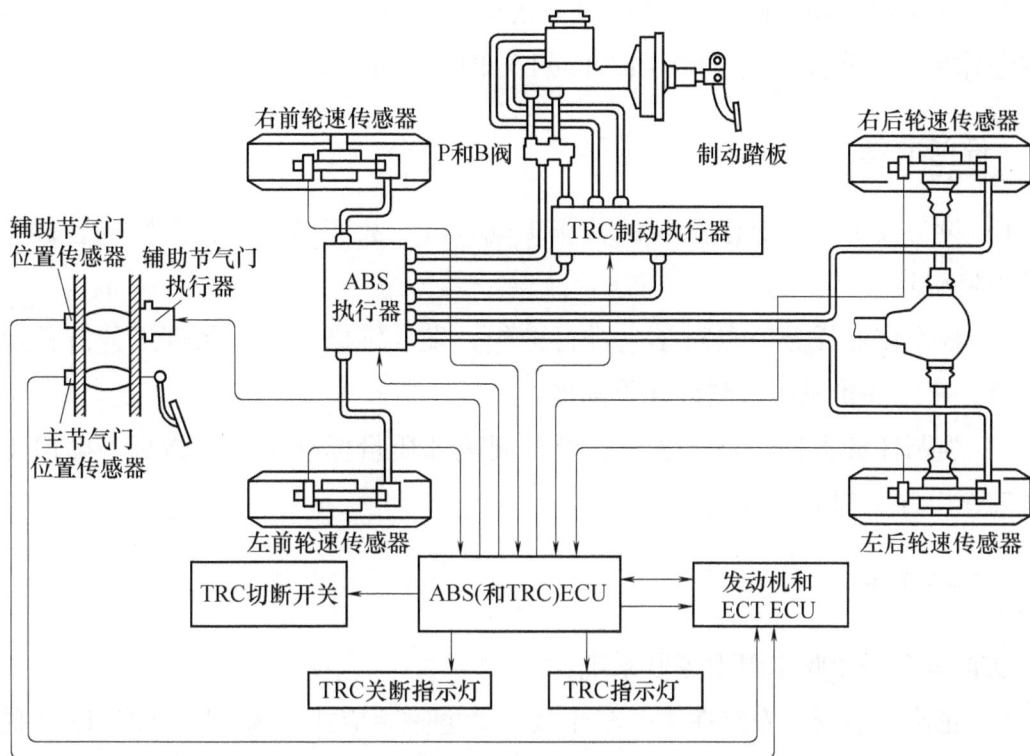

图 3-7　汽车驱动防滑控制系统基本组成

助节气门开度的关小而减少。如果驱动车轮的滑转率仍未降低到设定的控制范围内，电子控制单元又会控制防滑制动压力调节器和 ABS 制动压力调节器，对驱动车轮施加一定的制动压力，驱动车轮上就会作用一制动力矩，从而使驱动车轮的转速降低。

7. ASR 系统与 ABS 的比较

ASR 和 ABS 都是控制车轮和路面的滑转率，以使车轮与地面的附着力不下降，因此两系统采用的是相同的技术，它们密切相关，常结合在一起使用，共享许多电子组件和共同的系统部件来控制车轮的运动，构成行驶安全系统。

ASR 系统与 ABS 的不同主要在于：

1）ABS 是防止制动时车轮抱死滑移，提高制动效果，确保制动安全；ASR系统（TRC）则是防止驱动车轮原地不动而不停地滑转，提高汽车起步、加速及滑溜路面行驶时的牵引力，确保行驶稳定性。

2）ABS 对所有车轮起作用，控制其滑移率；而 ASR 系统只对驱动车轮起制动控制作用。

3）ABS 是在制动时，车轮出现抱死情况下起控制作用，在车速很低（小于

8km/h）时不起作用；而 ASR 系统则是在整个行驶过程中都工作，在车轮出现滑转时起作用，当车速很高（80～120km/h）时不起作用。

任务准备

1）设备及工具：带有 ASR 的整车 1 辆，汽车故障诊断仪，常用成套拆装工具及螺钉旋具。

2）根据作业任务特点对学生进行分组；发放维修手册，制订工艺流程及作业工单，确定评价机制，制订评价标准。

3）强调任务责任、安全意识、操作规范和质量标准等量化指标，确保工作任务安全有序、保质保量地完成。

任务实施

认识丰田 LS400 牵引力控制系统：

1）轮速传感器：安装在 4 个车轮处，为电磁感应式，为 ABS/TRC ECU 提供轮速信号。

2）ABS 执行器（制动压力调节器）：安装在发动机舱内，由 4 个三位三通调压电磁阀、两个储液器、一个双联电动回液泵组成。通过管路与制动主缸、TCR 隔离电磁阀总成、制动轮缸相连。

3）制动执行器：安装在发动机舱内，由 TRC 隔离电磁阀及制动供能总成组成。

① TRC 隔离电磁阀由 3 个两位两通电磁阀组成，即制动总泵隔离电磁阀、蓄能器隔离电磁阀和储液器隔离电磁阀。其通过管路与制动总泵、制动压力调节器、TRC 制动供能总成相连。

② TRC 制动供能总成由电动供液泵、蓄能器和压力开关组成。

电动供液泵为一电动机驱动的柱塞泵，它将制动液从总泵储液室中泵入蓄能器，使蓄能器中压力升高并保持在一定范围内，以便为驱动防滑制动介入提供可靠的制动能源。

压力开关安装在 TRC 电磁阀总成旁，它将信号送入 ECU，用来控制 TRC 电动供液泵是否运转。

4）辅助节气门装置：在发动机节气门体上主节气门的前方，其作用是在驱动防滑转控制中调节辅助节气门的开度，调整发动机进气量，从而控制发动机输出转矩。辅助节气门的开度由步进电动机根据 ABS/TRC ECU 的指令进行控制。

在节气门体上还设有主、辅助节气门位置传感器，其检测的信号先送入发动机和变速器 ECU，再由发动机和变速器 ECU 送至 ABS/TRC ECU。

5）ABS/TRC ECU：位于 ABS 制动压力调节器上，用于接收传感器输入信号，并输出控制指令控制泵及电磁阀的工作。

6）记录检测结果，填写任务单。

7）整理、清洁作业现场。

检测评价

评价机构人员由学校高级讲师、企业高级技师及经验丰富的客户组成。三方分别侧重学生知识点、技能点及服务意识的考核。

根据任务完成情况及作业工单，填写以下评价表。

班级：　　　　　　　　　姓名：　　　　　　　　学号：

序号	考核内容	配分	评 分 标 准	评分记录	扣分	得分
1	生产安全	20	作业工艺流程不符合要求、有安全隐患的，每项扣3分 违反设备、工具、量具安全操作规程，该项不得分 汽油等易燃物使用不当，该项不得分			
2	操作流程规范	26	不能严格执行作业指导书或维修手册操作规范的，每项扣2分			
3	量具与工具使用	16	工具、量具组装及校正错误，该项不得分 工具、量具使用及测量方法不正确，每次扣2分			
4	任务工单记录分析	20	记录不正确，每项扣2分 记录分析不正确，每项扣5分			
5	知识点	10	不正确，每项扣2分			
6	思政点	8	违反文明生产及组织纪律扣3分 无合作意识和创新精神扣2分 无服务意识及责任感扣3分			
7	总　评			总　分		

课后测评

一、判断题

（ ）1. 有经验的驾驶人，为了避免汽车起步时驱动轮出现滑转，会尽力使发动机保持高速运转并快速松开离合器踏板，以避免作用在驱动车轮上的驱动力过大，防止驱动力超过地面附着力面导致滑转。

（ ）2. 为了提高汽车通过较差路面的能力，可采用防滑差速器。当汽车某一侧驱动轮发生滑转时，差速器的差速作用即被部分或全部锁止。

（ ）3. 发动机输出功率控制常用方法有：辅助节气门控制、燃油喷射量控制和延迟点火控制。

（ ）4. 滑转率是车轮瞬时速度与车身圆周速度的速度差占车轮圆周速度的百分比。

二、填空题

1. 汽车驱动防滑控制系统（ASR）是_____功能的自然扩展，它的作用是维持汽车行驶时的_____，并尽可能利用车轮与路面间的纵向附着能力，提供最大的驱动力。

2. ABS 与 ASR 都是用来控制车轮相对地面的滑动，以使轮与地面的_____达到最大，但 ABS 控制的是汽车_____时所有车轮的"拖滑"，主要是用来提高_____效果和确保_____；而 ASR 是控制_____的"滑转"，用于提高汽车起步、加速以及在滑溜路面行驶时的牵引力和确保行驶稳定性。

3. ABS 是防止制动时车轮抱死而_____，ASR 是防止驱动轮原地不动而不停地_____。

三、简答题

1. 简述 ASR 和 ABS 之间的关系。

2. 简述汽车驱动防滑控制（ASR）系统的基本控制原理。

　液压传动系统检修

任务目标

1. 知识目标

1) 了解液压传动系统组成及工作原理。

2) 掌握液压传动系统各组成结构及作用。

2. 技能目标

1) 能够正确地拆装液压传动系统各部件。

2) 能够检测液压系统各部件的使用性能。

3. 素养目标

培养遵守劳动纪律、保障生产安全的意识；树立职业道德、敬业精神、合作意识和创新精神的思维；养成良好的服务意识及责任感。

任务描述

在 ASR 的液压传动系统中，ASR 的液压泵将液压油加压后储存的蓄能器中，待驱动轮滑转时蓄能器的高压制动液由液压控制器流向滑转车轮制动器，实现滑转车轮部分制动，保证车辆驱动的稳定性。当系统元件出现故障时，驱动轮加速滑转时不能控制，影响行车安全，严重时还会影响制动。

知识储备

1. ASR 液压传动系统的作用

在 ASR 控制单元作用下，汽车加速时，对滑轮的车轮实施适当制动，以提高整车的驱动力，从而改善车辆的驾驶性能和安全性能。

2. ASR 液压传动系统的组成

一般 ASR 是在 ABS 的基础上发展起来的，为了简单和降低成本，ASR 多数与ABS 集成在一起，与 ABS 共用部分液压管路，ASR 液压传动系统是串联在 ABS 液压传动系统的通往驱动轮液压传动系统的管路上。ASR 液压传动系统由 ASR 制动压力调节器、ABS 液压制动器及常规液压制动系统组成。在 ASR 制动压力调节器内有增压泵、蓄能器、蓄能器隔离电磁阀、储液器隔离电磁阀和制动总泵隔离电磁阀等，如图 3-8 所示。

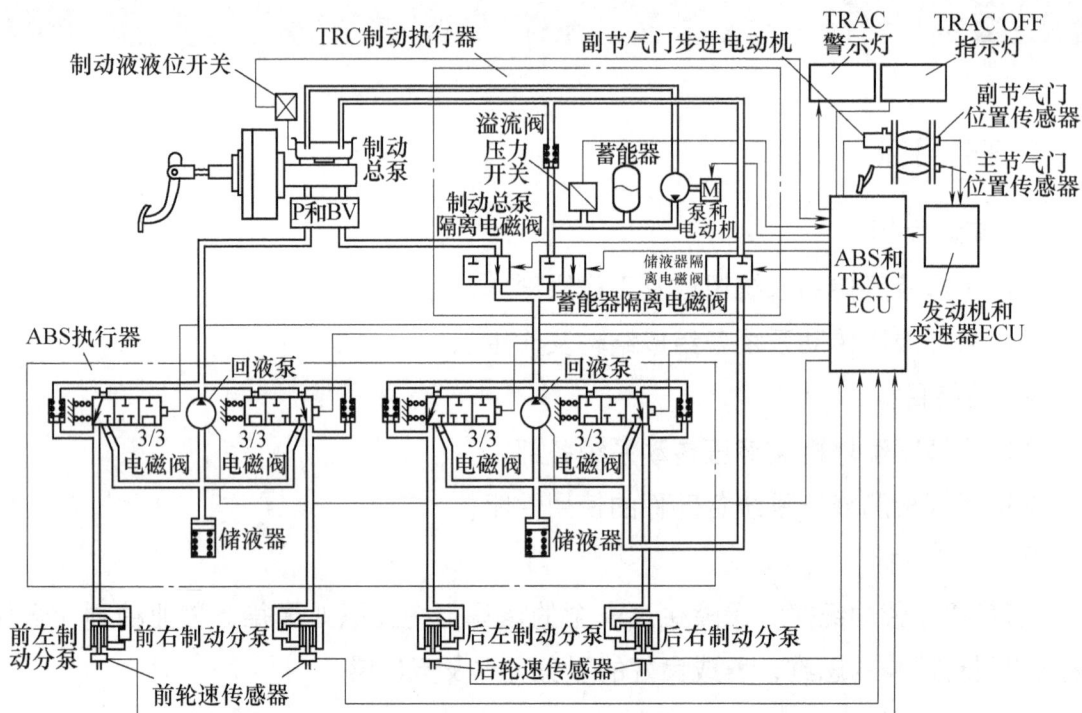

图 3-8　雷克萨斯 LS400 汽车具有 ABS 的 ASR 系统

　　ASR 液压传动系统工作过程是：当不进行驱动防滑控制时，蓄能器隔离电磁阀和储液器隔离电磁阀关闭，制动主缸隔离电磁阀处于开通状态，可以进行常规制动和 ABS 的增压工作模式；当进行驱动防滑控制时，制动主缸隔离电磁阀关闭，而蓄能器隔离电磁阀开放，蓄能器的液压进入到 ABS 驱动轮控制电磁阀，在 ASR 控制器作用下调节驱动轮的制动力的大小。

　　（1）ASR 制动压力调节器的功用和结构　ASR 制动压力调节器的结构形式有独立形式和组合形式两种。独立式 ASR 制动压力调节器是和 ABS 制动压力调节器在结构上各自分开，如图 3-9 所示。组合式制动压力调节器将 ABS 和 ASR 制动压力调节器组合为一体。

　　两种类型的 ASR 制动压力调节器在结构上虽然有所不同，但都离不开液压泵

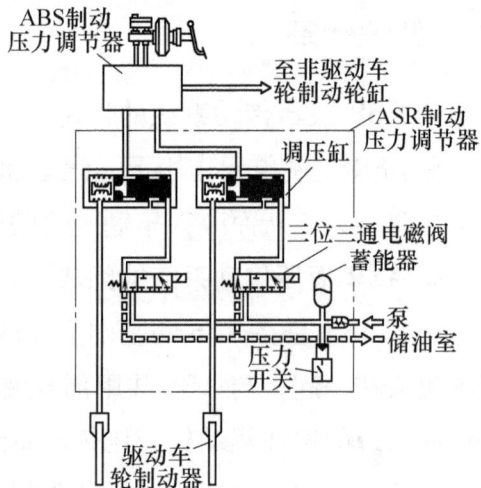

图 3-9　独立式 ASR 制动压力调节器

总成和电磁阀总成。液压泵总成由一个电动机驱动的液压柱塞泵和一个蓄能器组成，如图3-10所示。其中电动柱塞泵的功用是从制动主缸储液罐中吸取制动液，升压后送到蓄能器。蓄能器的功用是储存高压制动液，并在系统工作时向车轮制动轮缸提供制动液压。

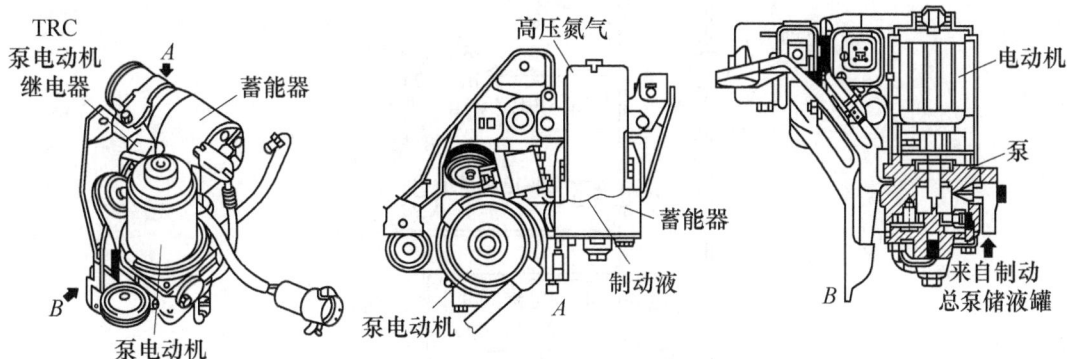

图 3-10　液压泵总成

电磁阀总成主要有3个二位二通电磁阀，即蓄能器切断电磁阀、制动主缸切断电磁阀、储液罐切断电磁阀以及压力开关等部分组成，如图3-11所示。其中蓄能器切断电磁阀的功用是在防滑系统工作时，将制动液由蓄能器中传送至车轮制动轮缸；制动主缸切断电磁阀的功用是当蓄能器中的制动液压传送给车轮制动轮缸后，防止制动液流回制动主缸；储液罐切断电磁阀的功用是在防滑系统工作时将车轮制动轮缸中的制动液传送回制动主缸中；压力开关的作用是调节蓄能器中的压力。

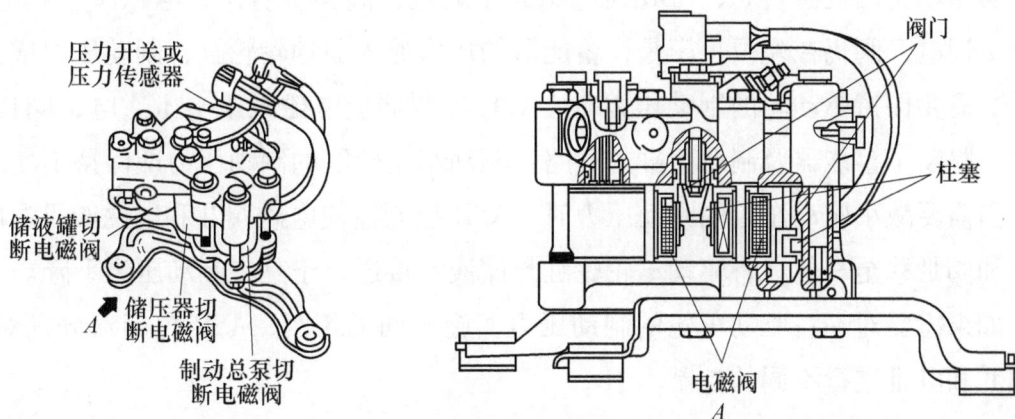

图 3-11　电磁阀总成

（2）ASR 制动压力调节器的工作原理

1）组合式的 ASR 制动压力调节器。雷克萨斯 LS400 轿车同时具有 ABS 和 ASR 系统，且共用一个电子控制单元。其组合式制动压力调节器的液压回路如图 3-12 所示。

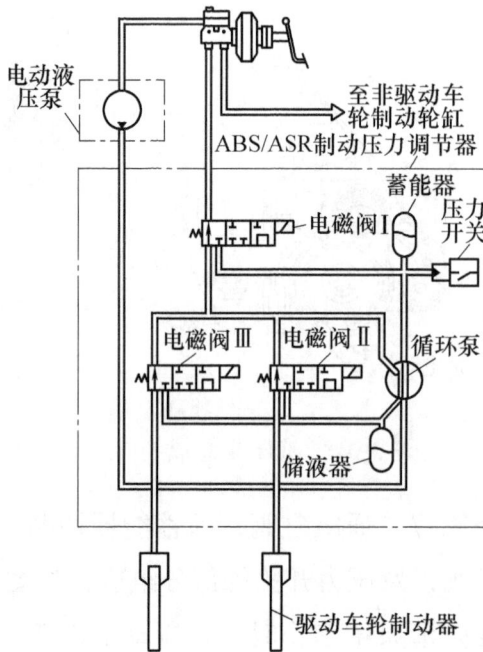

图 3-12　组合式制动压力调节器的液压回路

工作情况如下：

ASR 不起作用时，电磁阀 I 不通电。汽车在制动过程中如果车轮出现抱死，ABS 起作用，通过电磁阀 II 和电磁阀 III 来调节制动压力。

当驱动轮出现滑转时，ASR 使电磁阀 I 通电，阀移至右位，电磁阀 II 和电磁阀 III 不通电，阀仍在左位，于是，蓄能器的压力通入驱动轮轮缸，制动压力增大。

当需要保持驱动轮的制动压力时，ASR 控制器使电磁阀 I 半压通电，阀移至中位，隔断了蓄能器及制动主缸的通路，驱动车轮轮缸的制动压力即保持不变。

当需要减小驱动车轮的制动压力时，ASR 控制器使电磁阀 II 和电磁阀 III 通电，阀 II 和阀 III 移至右位，将驱动车轮轮缸与储液室接通，于是，制动压力下降。

如果需要对左右驱动车轮的制动压力实施不同的控制，ASR 控制器分别对电磁阀 II 和电 III 进行不同的控制。

2）单独式的 ASR 制动压力调节器。单独式是指 ASR 制动压力调节器和 ABS 制动压力调节器在结构上各自分开，如图 3-13 所示。

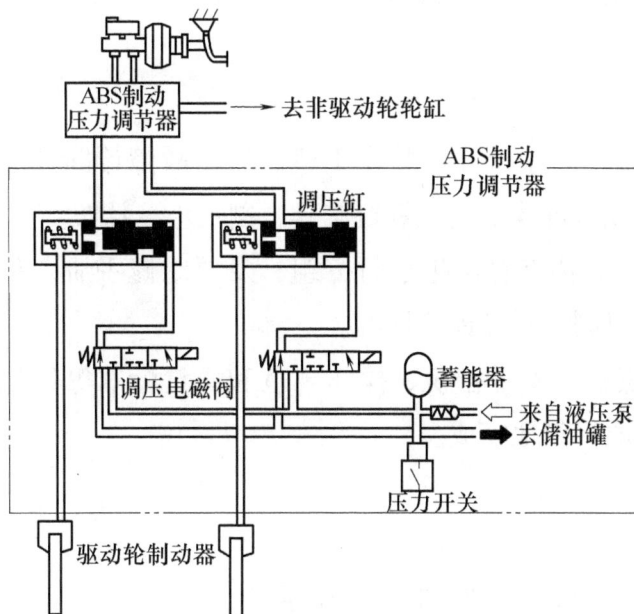

图 3-13　单独式的 ASR 制动压力调节器

在 ABS 不起作用时，电磁阀不通电。电磁阀位于上端位置，调压缸右油腔与储液器相通，由于右腔压力低，调压缸的活塞被复位弹簧推到右边极限位，ABS制动压力调节器与驱动车轮的制动轮缸连通。

当驱动轮出现滑转而需要对驱动车轮实施制动时，ABS 电子控制单元输出控制单元信号，使电磁阀线圈通电移至下端位置。此时调压缸右腔与储液器隔断而与蓄能器连通，蓄能器内的压力制动液推动调压缸的活塞左移，进而切断 ABS 制动压力调节器与驱动车轮轮缸之间的液压通道。同时，随调压缸活塞左移，压缩右腔内的制动液，使调压缸左腔和驱动车轮制动轮缸内的制动压力增大，从而使车轮制动。

当需要保持驱动车轮的制动压力时，电子控制单元使电磁阀电流变小，电磁阀在其复位弹簧力的作用下回到中间位置，调压缸右腔与储液器隔断与蓄能器也隔断，调压缸右腔压力保持不变。

当需减小驱动轮的制动压力时，ECU 控制电磁阀断电，电磁阀在其复位弹簧力的作用下回到上端位置，调压缸右腔与蓄能器隔断而与储液器连通，调压缸右腔压力下降。活塞在复位弹簧力的作用下右移，使调压缸左腔和驱动车轮制动轮缸之间的空间增大，从而使制动力下降。

在驱动车轮出现滑转时，ASR ECU 就是通过对电磁阀的上述控制，实现对驱动车轮制动力的控制，将车轮的滑转率控制在目标范围内。

任务准备

1）设备及工具：带有 ASR 的整车 1 辆、汽车故障诊断仪、制动液加注回收专用设备等；常用成套拆装工具及螺钉旋具、制动液、抹布。

2）根据作业任务特点对学生进行分组；发放维修手册，制订工艺流程及作业工单，确定评价机制，制订评价标准。

3）强调任务责任、安全意识、操作规范和质量标准等量化指标，确保工作任务安全有序、保质保量地完成。

任务实施

制动压力调节器的更换参照图 3-14 所示。

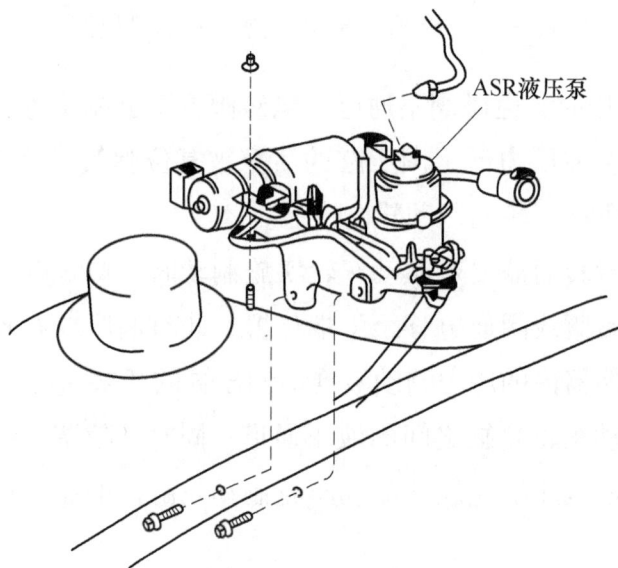

图 3-14　ASR 制动压力调节器的拆卸

1）变速杆置于 P 位，拉紧驻车制动器，关闭点开关，拆下蓄电池负极接线。

2）拆下空气滤清器。

3）用举升器举起车辆。

4）在 ASR 制动压力调节器的放气螺栓上接一个软管。

5）旋松放气螺栓，将高压制动液放出，如图 3-14 所示。

6）当制动液放出、卸压后，按规定的力矩拧紧放气螺栓。

7）降下车辆。

8）拔下 ASR 电子控制单元的连接导线。

9）拆开 ASR 制动压力调节器上液压管路，并将管路接头用胶塞密封。

10）拆下制动压力调节器总成的固定螺栓，取下制动压力调节器。

11）分解制动压力调节器上各元件，如图 3-15 所示。

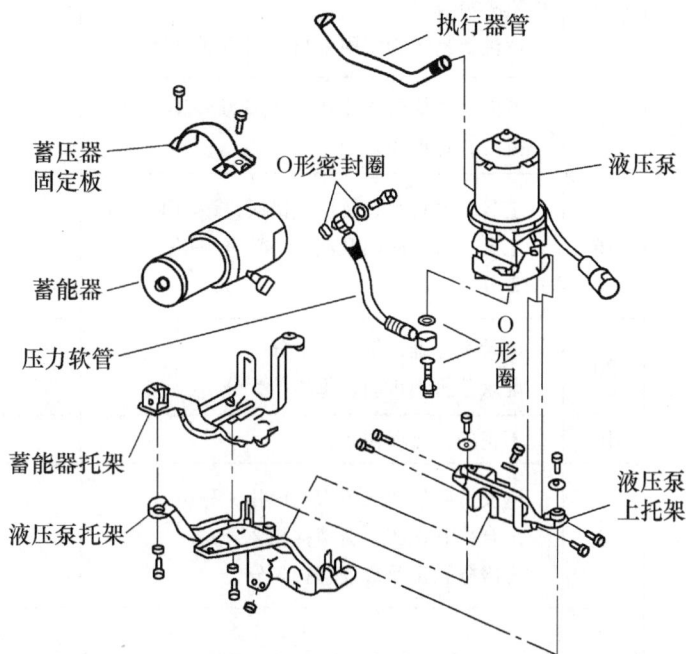

图 3-15 ASR 制动压力调节器分解

>>> **提示** 液压软管的接头处都有 O 形密封圈，安装软管时不能遗漏，并且应更换新件。

12）装配与拆卸顺序相反。

13）记录检测结果，填写任务单。

14）整理、清洁作业现场。

检测评价

评价机构人员由学校高级讲师、企业高级技师及经验丰富的客户组成。三方分别侧重学生知识点、技能点及服务意识的考核。

根据任务完成情况及作业工单，填写以下评价表。

班级：　　　　　　　　姓名：　　　　　　　　学号：

序号	考核内容	配分	评 分 标 准	评分记录	扣分	得分
1	生产安全	20	作业工艺流程不符合要求、有安全隐患的，每项扣3分 违反设备、工具、量具安全操作规程，该项不得分 汽油等易燃物使用不当，该项不得分			
2	操作流程规范	26	不能严格执行作业指导书或维修手册操作规范的，每项扣2分			
3	量具与工具使用	16	工具、量具组装及校正错误，该项不得分 工具、量具使用及测量方法不正确，每次扣2分			
4	任务工单记录分析	20	记录不正确，每项扣2分 记录分析不正确，每项扣5分			
5	知识点	10	不正确，每项扣2分			
6	思政点	8	违反文明生产及组织纪律扣3分 无合作意识和创新精神扣2分 无服务意识及责任感扣3分			
7	总　评			总　分		

课后测评

一、填空题

1. ASR 制动压力调节器的结构形式有＿＿＿＿＿＿和＿＿＿＿＿＿＿两种。

2. TRC 液压制动执行器中的泵总成由＿＿＿＿＿＿和＿＿＿＿＿＿＿两部分组成。

3. TRC 液压制动执行器中的制动执行器由＿＿＿＿＿＿切断电磁阀、制动总泵切断电磁阀、＿＿＿＿＿切断电磁阀和压力开关或压力传感器四部分组成。

二、简答题

1. 简述 ASR 制动压力调节器的功用和基本结构。

2. 简述拆装 ASR 系统时应注意事项。

任务三　　电子控制系统故障诊断与检修

任务目标

1. 知识目标

1) 了解电子控制系统电路的工作原理。

2) 掌握各电气元件的结构及工作原理。

2. 技能目标

1) 能够正确地拆装各电气元件。

2) 能够正确地检测各电气元件故障。

3. 素养目标

培养遵守劳动纪律、保障生产安全的意识；树立职业道德、敬业精神、合作意识和创新精神的思维；养成良好的服务意识及责任感。

任务描述

在车辆行驶时，电子控制系统时实监测车辆驱动轮的驱动滑转率，控制液压泵电动机转动升压，控制液压控制器对滑转车轮实施制动，控制发动机的节气门，以降低发动机输出转矩，完成驱动防滑控制。当电子控制系统出现故障时，会点亮仪表盘上的 ASR 指示灯，驱动防滑系统不起作用，此时需要及时检修。

知识储备

ASR 电子控制系统主要由 ABS 电控单元、传感器和执行器（继电器、电磁阀和故障警告灯）等组成，如图 3-16 所示。

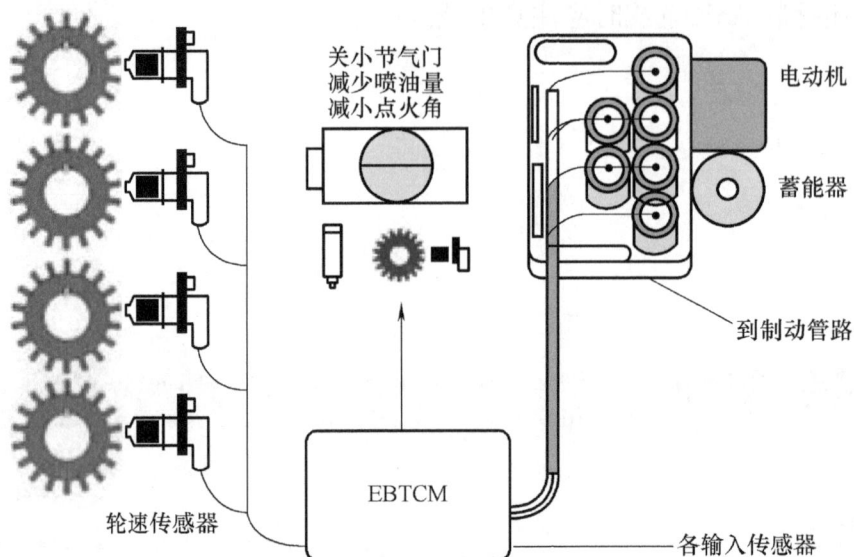

图 3-16　ASR 电子控制系统的组成

1. ABS 电控单元（ECU）

（1）典型 ECU 的结构　ECU 由 3 个 8 位单片机组成，如图 3-17 所示，3 个单片机采用串口进行通信。

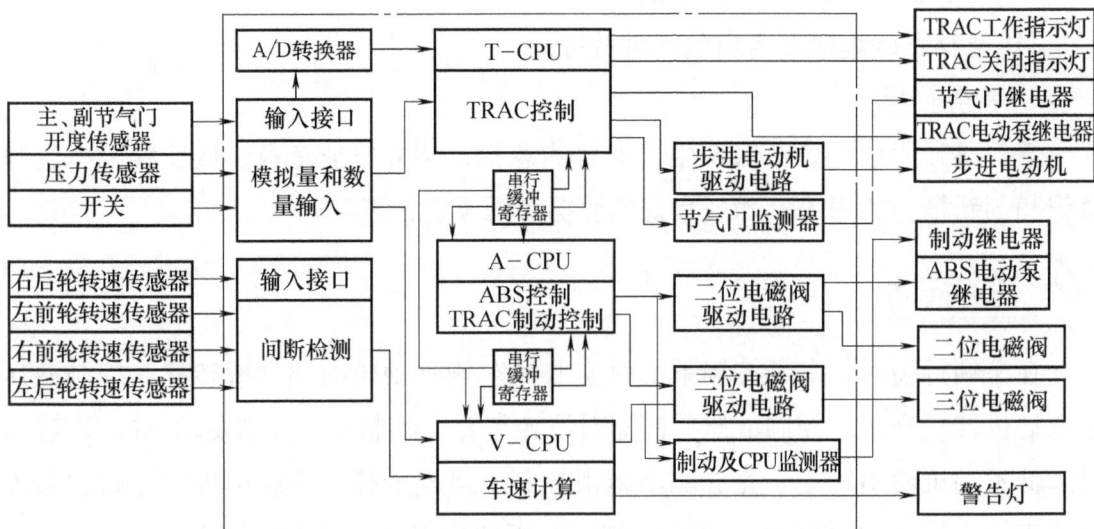

图 3-17　ABS/ASR 组合 ECU 方框图

V – CPU 接收 4 个轮速信号，计算轮速和加速度并传给 T – CPU 和 A – CPU；A – CPU 负责 ABS 的制动控制和 TCS 的制动控制；T – CPU 主要是进行 TCS 的控制，它接收主、辅助节气门的位置信号，同时负责驱动辅助节气门的步进电动机。

（2）ECU 的功能　ECU 将防抱死控制功能和防滑转功能组合为一整体。对于防滑转系统，它根据驱动车轮转速传感器输送的速度信号计算并判断出车轮与路面间的滑转状态，并适时地向其执行机构发出指令，以降低发动机的输出转矩和车轮的转速，从而实现防止驱动轮滑转的目的。此外，ECU 还具有初始检测功能、故障自诊断功能和失效保护功能。

1）车轮防滑转控制。ECU 不断地由驱动轮车轮转速传感器接收到速度信号并不断地计算出每个车轮的速度，同时也计算出汽车的行驶速度和车轮滑转率。当汽车在起步或突然加速过程中，若驱动轮滑转，ECU 立即使防滑转系统工作。

例如，当踩下加速踏板后，主节气门迅速开启，驱动轮加速，若驱动轮速度超过设定控制速度后，ECU 即发出指令，关闭辅助节气门，发动机进气量立即减少，从而使发动机转矩降低。同时，ECU 发出指令接通防滑转制动压力调节器电磁阀，并将 ABS 压力调节器电磁阀置于"压力升高"状态，于是防滑转系统蓄能器使制动液压力升高，加上防滑转系统电动液压泵的制动液压力，足以使制动分泵中的制动液压力迅速升高，实现对滑车驱动轮的制动。当制动作用后，驱动轮加速度立即减小，ECU 将 ABS 压力调节器的三位电磁阀置于"压力保持"状态；若驱动轮速度降低太多，电磁阀就处于"压力降低"状态，使制动分泵中的液压降低，驱动轮转速又恢复升高。

2）初始检测功能。当汽车处在停止状态，变速器变速杆处在 P 或 N 位而接通点火开关时，ECU 即开始对辅助节气门驱动装置和防滑转制动压力调节器电磁阀的工作状态进行检测。

3）故障自诊断功能。当 ECU 检测到防滑转系统出现故障时，即点亮仪表盘上的 ASR 警告灯，以警告驾驶人 ASR 系统已出现故障，同时将故障以故障码的形式存入存储器，供诊断时重新显示出来。

4）失效保护功能。当防滑转系统不工作或 ECU 检测到有故障时，ECU 立即发出指令，断开 ASR 节气门继电器、ASR 液压泵电动机继电器和 ASR 制动主继电器，从而使 ASR 系统不起作用。而发动机和制动系统仍可以按照没有采用 ASR 系统时那样工作。

2. 传感器

ASR 系统的传感器主要是指车轮转速传感器和节气门位置传感器。车轮转速传感器与 ABS 系统共用，而节气门位置传感器则与发动机控制系统共用。

ASR 选择开关是 ASR 系统专用的信号输入装置，将 ASR 选择开关关闭，ASR

系统就不起作用。例如，在需要将汽车驱动车轮悬空转动来检查汽车传动系统或其他系统故障时，ASR 系统就可能对驱动车轮施加制动，影响故障的检查。这时，关闭 ASR 开关，使 ASR 退出工作，就可避免这种影响。

3. 执行器

（1）辅助节气门　ASR 控制系统通过改变发动机辅助节气门的开度，控制进入发动机气缸的空气量，达到控制发动机输出功率的目的。辅助节气门驱动装置安装在节气门壳体上，一般是由步进电动机和传动机构组成，如图 3-18 所示。

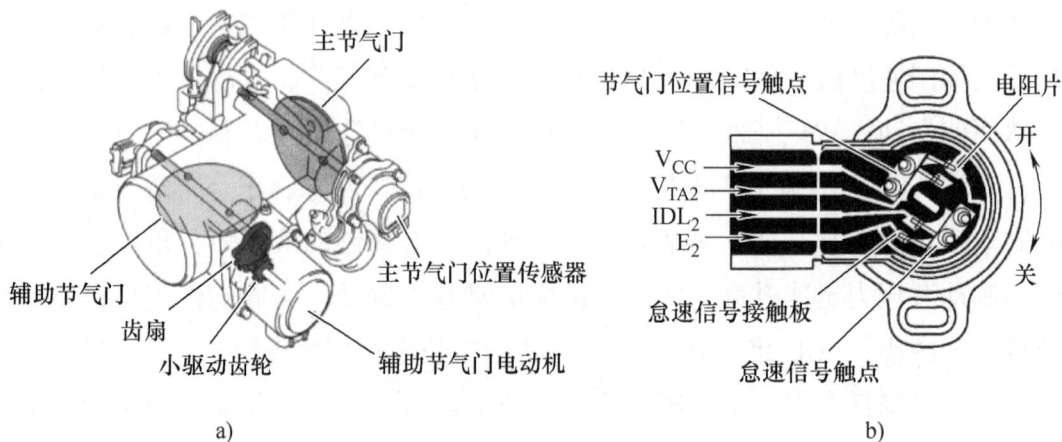

图 3-18　辅助节气门开度传感器的安装及内部结构

a）安装位置　b）内部结构示意

步进电动机根据 ASR ECU 的控制脉冲转动规定的转角，通过传动机构带动辅助节气门转动。在 ASR 不起作用时，辅助节气门在复位弹簧弹力作用下处于全开位置，进入发动机的空气量由驾驶人通过控制主节气门的开度决定。当需要减小发动机的驱动力来控制驱动车轮滑转时，ASR ECU 输出信号，使辅助节气门驱动装置动作，改变辅助节气门的开度，从而达到控制发动机的输出功率，抑制驱动车轮的滑转的目的，如图 3-19 所示。

（2）ASR 电动液压泵　电动液压泵的功能是从制动主缸储液罐中泵出制动液，升压后送到蓄能器。蓄能器的功能是储存高压制动液，并在 ASR 系统工作时向驱动车轮制动轮缸提供制动液压。蓄能器内油压最大为 7MPa，只能对滑转的驱动轮进行适量的制动，达不到全制动的程度。

（3）电磁阀总成　主要由 3 个三位三通电磁阀组成，即蓄能器切断电磁阀、

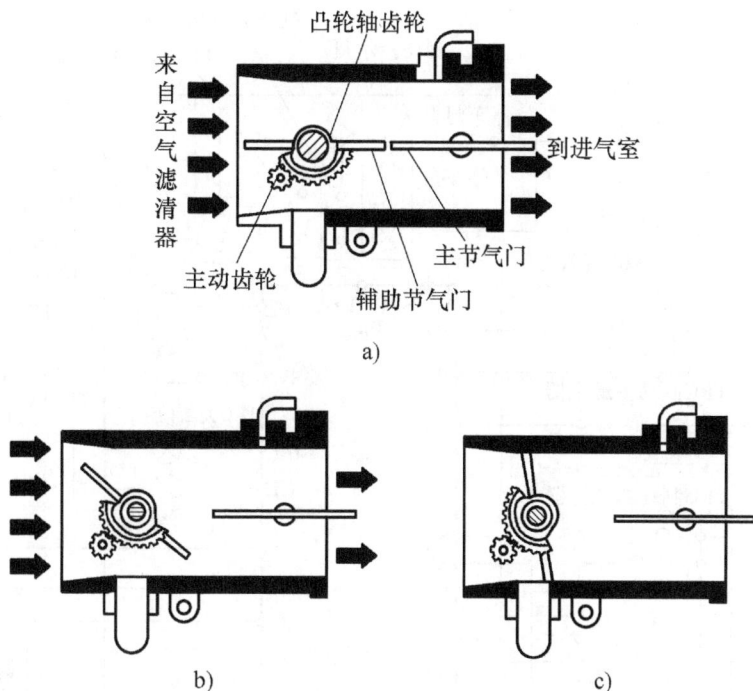

图 3-19　辅助节气门运转状况

a）不运转，辅助节气门全开　b）半运转，辅助节气门打开 50%　c）全运转，辅助节气门全闭

制动主缸切断电磁阀、储液罐切断电磁阀以及压力开关等部分组成。其中蓄能器切断电磁阀的功能是在 ASR 工作时，将制动液由蓄能器传送到车轮制动轮缸；制动主缸切断电磁阀的功能是当蓄能器中的制动液传送给车轮制动轮缸时，防止制动液流回到制动主缸；储液罐切断电磁阀的功能是在 ASR 工作中将车轮制动轮缸中的制动液传送回制动主缸中。

（4）压力开关　压力开关的作用是调节蓄能器中的压力。

（5）继电器　主要有辅助节气门电动机继电器、液压电动泵继电器和电磁阀继电器，分别用于控制各被控元件的电源正极。

4. 典型驱动防滑控制系统工作实例

丰田公司的 TRC 系统电路如图 3-20 所示，主要由 TRC ECU、制动执行器、继电器和传感器等组成。

TRC 系统工作过程如下：

1）系统自检。接通点火开关，蓄电池电压经点火开关加到 ABS/TRC ECU 的 IG 端子上，系统开始自检。ABS/TRC ECU 通过 GND 和 E_1 端子搭铁。

若发现故障，ABS/TRC ECU 将故障情况以故障码的形式存储记忆，关闭驱动

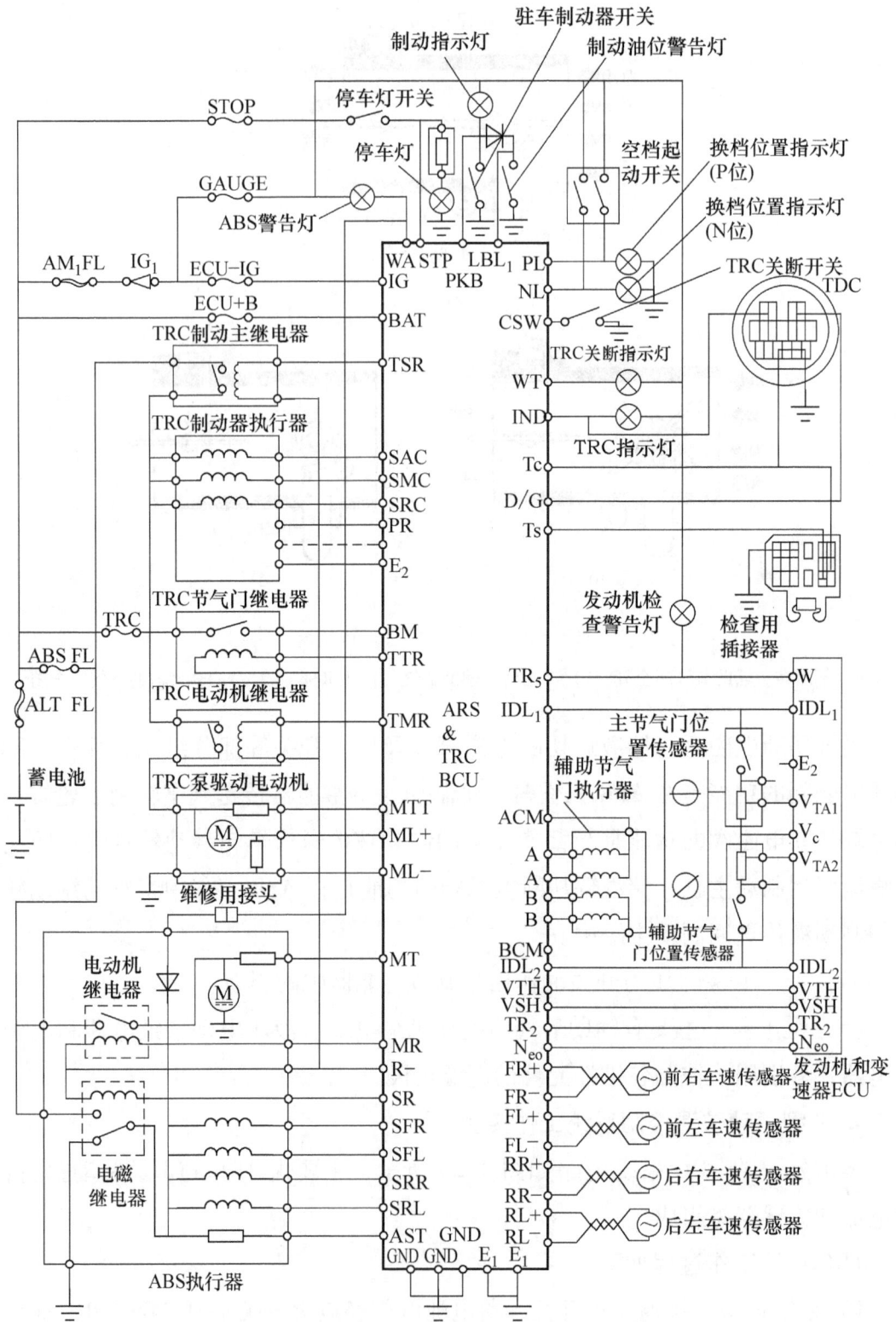

图 3-20 雷克萨斯 LS400 TRC 控制电路

防滑控制系统 TRC。由于调压电磁阀继电器始终处于非激励状态，ABS 警告灯有电流通过而持续点亮。若系统正常，ABS/TRC ECU 将从 BAT 端子获得电源。

2）系统进入工作状态。防抱死制动系统：ABS/TRC ECU 向 SR 端子提供蓄电池电压，并使 R- 端子通过内部搭铁，调压电磁阀继电器将因励磁线圈中有电流通过而处于激励状态，使 ABS 警报灯熄灭，蓄电池电压通过调压电磁阀继电器中的闭合触点加在 4 个调压电磁阀电磁线圈的一端和 ABS/TRC ECU AST 端子上，ABS 系统处于等待工作状态。

驱动防滑控制系统：TRC 关闭开关断开，使 ABS/TRC ECU 的 CSW 端子短路，TRC 也处于等待工作状态。ABS/TRC ECU 向 TSR 端子供给蓄电池电压，使 TRC 制动主继电器处于激励状态，蓄电池电压通过 TRC 制动主继电器中的触点加在 3 个切断电磁阀电磁线圈的一端。当 TRC 中的压力开关因蓄能器中的制动液压力不足而闭合时，ABS/TRC ECU 的 PR 端子将与 E_2 端子具有相同的电压，ABS/TRC 是子控制单元，由此判定需要向 TMR 端子供电，激励 TRC 电动液压泵继电器，使泵运转。电动液压泵继电器励励期间有电压加在 MTT 端子上，ABS/TRC ECU 由此监测电动液压泵继电器的工作状态。ABS/TRC ECU 还供给 WT 端子和 IND 端子电压，使 TRC 关闭指示灯和 TRC 工作指示灯熄灭。

ABS/TRC ECU 还向 WT 端子和 IND 端子提供电压，使 TRC 关闭指示灯和 TRC 工作指示灯熄灭。

车轮转速传感器分别通过 RL－ 和 RL＋、RR－ 和 RR＋、FL－ 和 FL＋、FR－ 和 FR＋ 四对端子向 ABS/TRC ECU 输入各车轮的转速信号。

主、辅助节气门位置传感器通过发动机/自动变速器 ECU 的 V_{TA1}、V、V_{TA2} 端子，再经过 VSH、VTH、IDL_2 和 IDL_1 等端子向 ABS/TRC ECU 输入主、辅助节气门开度及怠速状态等信号。

发动机控制系统出现故障时，点亮发动机故障警报灯，ABS/TRC ECU TR_5 端子搭铁，停止驱动防滑控制。

ABS/TRC ECU 通过监测 PKB 和 LBL_1 的输入电压对驻车制动开关和液位开关的状态进行判定。

ABS/TRC ECU 通过监测 PL 和 NL 端子的输入电压对变速器所处档位进行判定。正常制动时（TRC 不起作用），制动灯开关闭合，蓄电池电压通过制动灯开关从 STP 端子输入到 ABS/TRC ECU，并由此判定汽车进入制动过程。TRC 制动执行器的所有电磁阀均断开。ABS/TRC ECU 根据各车轮转速传感器输入的信号对各车轮状态进行监测，并通过分别控制 ABS 执行器中的三位电磁阀 SRL、SRR、SFL、SFR 4 个端子的搭铁电阻值，控制 ABS 执行器中各调压电磁阀的通过电流，使各相应制动轮缸的制动压力增大、保持或减小。同时，ABS/TRC ECU 向 MR 端子提供电压，驱动电动液压泵运转，ABS/TRC ECU 根据其 MT 端子的电压值判定电动液压泵的工作状态。当放松制动踏板时，制动液从车轮制动分泵中流向制动总泵。

如果汽车后轮在加速过程中滑转，ABS/TRC ECU 就会向端子 TTR 提供电压，使辅助节气门步进电动机处于激励状态，将蓄电池电压通过 BM 端子经过 ABS/TRC ECU 内部供给 ACM 端子和 BCM 端子，ABS/TRC ECU 通过控制辅助节气门步进电动机 A＋、A－、B＋、B－端子减小发动机输出功率，若需制动系统介入时，使 TRC 执行器中所有电磁阀都在 ECU 传来的控制信号作用下全部接通。同时，ABS 执行器中的三位电磁阀处于"压力升高"状态。制动总泵切断电磁阀被接通（关状态），蓄能器切断电磁器也被接通（开状态）。使得蓄能器中被加压的制动液通过蓄能器切断电磁阀和 ABS 执行器中的三位电磁阀，对车轮制动分泵产生作用。当压力开关检测到蓄能器中压力下降（不管 TRC 工作与否）时，ECU 驱动 TRC 泵电动机工作，提高蓄能器压力。当后轮制动分泵中的液压升高或降低到规定值时，由 ABS 执行器中的三位电磁阀进入"压力保持"状态，防止蓄能器中压力的逸出，保持了车轮制动分泵中的制动压力。当需要降低后轮制动分泵中的液压时，ABS/TRC ECU 就将 ABS 执行器的三位电磁阀置于"压力降低"状态，使车轮制动分泵中的制动液通过 ABS 执行器的三位电磁阀和储液切断电磁阀流向制动总泵的储液中。其结果是制动液压降低，同时 ABS 执行器中的泵电动机处于停止工作状态。

闭合 TRC 开关，ABS/TRC ECU 判定其 CSW 端子搭铁，就不再向端子 TSR、TFR 和 TMR 供给电压，使 TRC 制动主继电器、辅助节气门控制步进电动机继电器和 TRC 电动液压泵继电器都处于非激励状态，系统退出防滑控制。TRC 关闭指示灯，ABS/TRC ECU WT 端子通过内部搭铁而亮。

ABS/TRC 工作时控制信号与车速对应关系，如图 3-21 所示。

任务准备

1) 设备及工具：带有 ASR 的整车 1 辆、汽车故障诊断仪、万用表、试灯、测试连接线等；常用成套拆装工具及螺钉旋具。

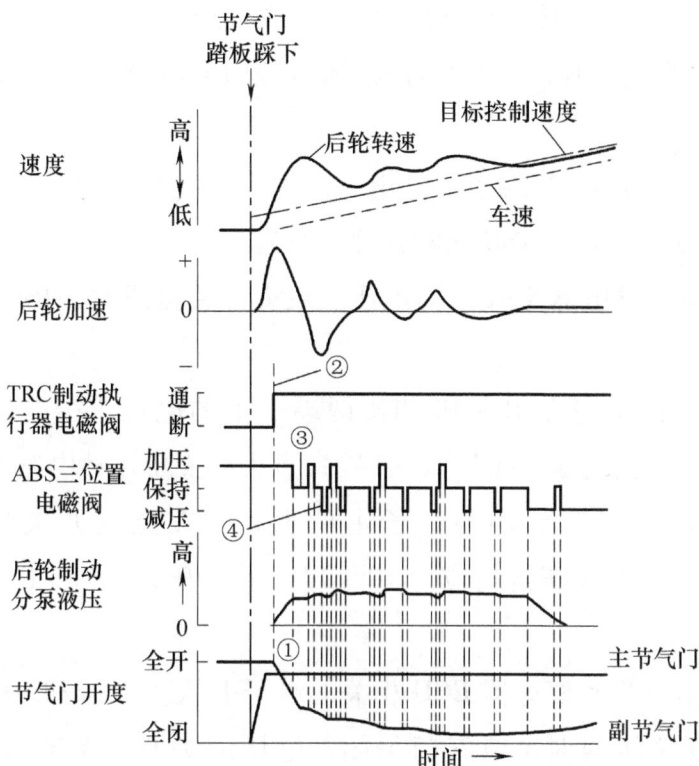

图 3-21 ABS/TRC 工作时控制信号与车速对应关系

2）根据作业任务特点对学生进行分组；发放维修手册，制订工艺流程及作业工单，确定评价机制，制订评价标准。

3）强调任务责任、安全意识、操作规范和质量标准等量化指标，确保工作任务安全有序、保质保量地完成。

任务实施

检测 ASR/ABS ECU 插接器各接线端子与地之间的电压：

1）电源电压。在点火开关断开和接通时，BAT 端子上的电压均应为 10 ~ 14V；在点火开关断开时 IG 端子上的电压应为 0，点火开关接通时，该端子电压应为 10 ~ 14V。

2）空档起动开关两端子 PL、NL 上的电压。PL、NL 两端子上的电压在点火开关断开时，均为 0；当点火开关接通，变速杆在 P 或 N 位时均为 10 ~ 14V，其他位置时为 0。

3）制动开关 STP 端子上的电压。在制动灯开关接通时，STP 端子上的电压应为 10 ~ 14V；制动灯开关断开时应为 0。

4）制动液液面高度警告开关 LBL_1 端子上的电压。在点火开关接通和制动液液面高度开关断开时，LBL_1 端子上的电压值应为 $10 \sim 14V$；液位开关接通时，应小于 $1V$。

5）ASR 切断开关 CSW 端子上的电压。在点开关接通时，按下 ASR 切断开关，其端子电压为 0；放开 ASR 切断开关，约为 $5V$。

6）ASR 制动主继电器 TSR 上的电压。点火开关接通时，TSR 端子上的电压应为 $10 \sim 14V$。

7）ASR 节气门继电器 $R-$ 和 TTR 两端子上的电压。在点火开关接通时，$R-$、TTR 两端子上的电压均应为 $10 \sim 14V$；点火开关断开时均为 0。

8）ASR 制动压力调节器各端子上的电压。在点火开关接通时，SMC、SAC、SRC 三端子上的电压值均应为 $10 \sim 14V$ 压力开关 PR 和 E_2 两端子之间电压应约为 $5V$。

9）与发动机和自动变速器 ECU 相关的端子电压。IDL_1 和 IDL_2 两端子上的电压：在点火开关接通时，节气门关闭，电压应为 0；节气门开启，电压约为 $5V$。

VTH 和 VSH 两端子上的电压：在点火开关接通时，节气门关闭，电压应为 $0.6V$；节气门开启，电压约为 $3.8V$。

TR_2 端子上的电压，在点火开关接通时约为 $5V$。

TR_5 端子上的电压，在点火开关接通和发动机检查灯打开时，约为 $1.2V$；若发动机运转且发动机检查灯关闭时，约为 $10 \sim 14V$。

N_{eo} 端子上的电压。在点火开关接通且发动机停熄时，其电压约为 $5V$；怠速时约为 $2.5V$。

10）ASR 关闭指示灯 WT 端子上的电压。在点火开关接通时，若指示灯断开，电压应为 $10 \sim 14V$；若指示接通，电压应为 0。

11）故障诊断插座 T_c、T_s 和 D/G 端子上的电压。

TC 端子上的电压：在点火开关接通时，其电压应为 $10 \sim 14V$。

TS 端子上的电压：在点火开关接通时，其电压应为 $10V$。

D/G 端子上的电压：在点火开关接通时，其电压应为 $10 \sim 14V$。

12）记录检测结果，填写任务单。

13）整理、清洁作业现场。

检测评价

评价机构人员由学校高级讲师、企业高级技师及经验丰富的客户组成。三方分别侧重学生知识点、技能点及服务意识的考核。

根据任务完成情况及作业工单，填写以下评价表。

班级：　　　　　　　　　姓名：　　　　　　　　　学号：

序号	考核内容	配分	评 分 标 准	评分记录	扣分	得分
1	生产安全	20	作业工艺流程不符合要求、有安全隐患的，每项扣3分 违反设备、工具、量具安全操作规程，该项不得分 汽油等易燃物使用不当，该项不得分			
2	操作流程规范	26	不能严格执行作业指导书或维修手册操作规范的，每项扣2分			
3	量具与工具使用	16	工具、量具组装及校正错误，该项不得分 工具、量具使用及测量方法不正确，每次扣2分			
4	任务工单记录分析	20	记录不正确，每项扣2分 记录分析不正确，每项扣5分			
5	知识点	10	不正确，每项扣2分			
6	思政点	8	违反文明生产及组织纪律扣3分 无合作意识和创新精神扣2分 无服务意识及责任感扣3分			
7	总　评			总　分		

课后测评

一、填空题

辅助节气门执行器安装在节气门壳体上，它依据从_____传来的控制信号驱动辅助节气门转动，从而控制_____，达到控制发动机输出功率的目的。辅助节气门执行器是由_____、驱动线圈和_____组成步进电动机，在旋转轴的末端安装一个_____，它能带动安装在辅助节气门轴一端的凸轮轴齿轮旋转，以此来控制辅助节气门的开度。

二、简答题

1. ASR ECU 有哪些控制功能?

2. ASR 电子控制系统有哪些传感器和执行器?

项目四

电控动力转向系统故障诊断与检修

项目描述

　　电控动力转向系统（Electronic Control Power Steering，EPS）能根据汽车行驶速度和转向阻力的大小自动调节转向助力，使车辆转向操纵轻便，从而保障汽车行驶安全。电控动力转向系统的维修对维修人员提出了很高的要求。本项目的目标是培养学生职业技能的同时使其树立"工匠精神"，培养良好的职业道德与敬业精神，养成把行车安全放在首位和用户至上的服务精神。

任务一　电控液力助力转向系统故障诊断与检修

任务目标

1. 知识目标

1）了解电控液力助力转向系统的功用。

2）掌握电控液力助力转向系统的工作原理。

3）掌握电控液力助力转向系统各组成元件的结构与原理。

2. 技能目标

1）能够正确地识别和拆装系统的各部件。

2）能够正确诊断及检修液力系统各部件的性能。

3）能够正确诊断及检测电子控制系统各元件的故障。

3. 素养目标

培养遵守劳动纪律、保障生产安全的意识；树立职业道德、敬业精神、合作意识和创新精神的思维；养成良好的服务意识及责任感。

任务描述

电控液力助力转向系统是在传统液力动力转向系统基础上加装了电子控制系统形成的，实现了转向助力的精确控制，提高了转向操控性能。电控液力助力转向系统能提供较大助力，因此安装于各类汽车上。电控液力助力转向系统工作中会出现漏油，助力泵磨损，转向控制阀磨损、堵塞等液压系统故障及电子控制系统故障，都可能引起转向沉重及车辆跑偏等故障现象，严重影行车安全。

知识储备

1. 概述

一般说来，车速越低转向操纵越重，若采用固定的助力倍数，当低速下转向的操纵力减小到比较理想的程度时，可能导致高速下操纵力过小、手感操纵力不明显，转向不稳定；反之，如果加大高速转向时的操纵力，低速转向时的操纵力又过大。为了实现在各种转速下转向的都是最佳值，电子控制助力转向系统是最好的选择。它不但可以随行驶条件及时调整转向助力倍数，而且在结构上也远比单纯液力和气力式助力转向系统轻巧简便，特别适合于小轿车。

电控动力转向系统（Electronic Control Power Steering，EPS）根据动力源不同可分为液压式和电动式两种。

液压式 EPS 是在传统的液压动力转向系统的基础上，增设了控制液体流量的电磁阀、车速传感器和 ECU 等。ECU 根据检测到的车速信号控制电磁阀，使转向动力放大倍率实现连续可调，从而满足高、低速时的转向要求。

通过电子控制动力转向系统，可使驾驶人在汽车低速行驶时转向轻便、灵活；在中、高速行驶时增加转向操纵力，使驾驶人的手感增强，从而可获得良好的转向路感和提高转向操纵的稳定性。

2. 分类

EPS 按作用原理分为反力控制式电控液压动力转向系统、流量控制式电控液压动力转向系统和阀灵敏度控制式电控液压动力转向系统。

（1）反力控制式电控液压动力转向系统

1）组成。反力控制式电控液压动力转向系统（Progressive Power Steering，PPS）由转向控制阀、电磁阀、分流阀、动力缸、转向液压泵、转向器、车速传感器及 ECU 等组成，如图 4-1 所示。

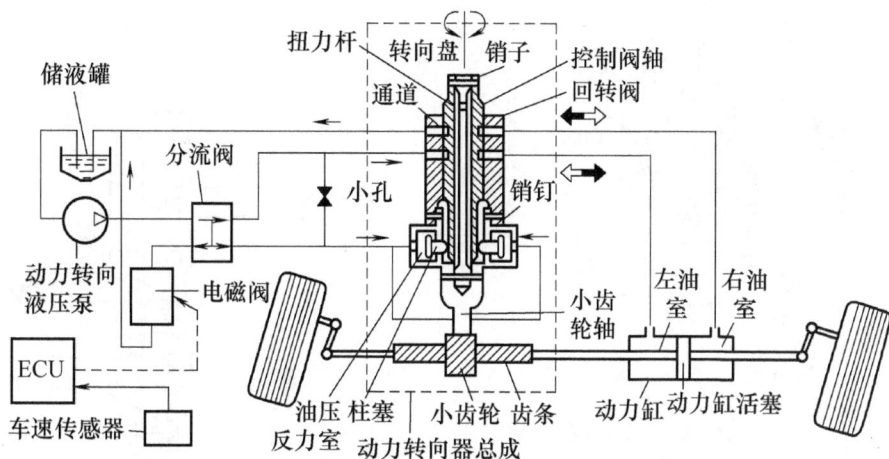

图 4-1　反力控制式电控液压动力转向系统

PPS 可按照车速的变化，由电子控制油压反力，调整动力转向器，从而使汽车在各种行驶条件下转向盘上所需的转向操纵力达到最佳状态，故称反力式电子控制动力转向系统。

① 动力转向器总成。扭力杆上端与控制阀轴、下端与小齿轮轴以销钉连接，小齿轮轴上端用销钉与回转阀连接，转向盘通过转向轴与控制阀轴连接。因此，转向盘回转力，可通过扭力杆与控制阀传递到小齿轮上。

当扭力杆受到转矩作用时，控制阀与回转阀相应发生回转运动，并使各种油孔连通状态发生变化，可控制动力缸的油压流量，变化动力缸左、右室油路通道。

② 转向控制阀。转向控制阀的结构如图 4-2 所示，其基本结构是在传统的整体式动力转向控制阀的基础上，在内部增加了一油压反力室和 4 个小柱塞，4 个小柱塞位于控制阀阀体下端的油压反力室内，输入轴部分由两个小凸起顶在柱塞上。在油压反力室受到高压作用时，柱塞将推动控制阀阀杆。此时，扭力杆即使受到转矩作用，由于柱塞推力的影响，也会抑制控制阀阀杆与阀体的相对回转。

③ 分流阀。分流阀的结构如图 4-3 所示，主要由阀门、弹簧和进出油口组成。分流阀的主要功用是将来自转向液压泵的液流分送到转阀、油压反力室和电磁阀。送到电磁阀和油压反力室中的液流量是由转阀中的油压来调整的，当转动

转向盘时，转阀中的油压增大。此时，分配到电磁阀和油压反力室中的液流量随转阀中的油压增大而增加，当转阀中的油压达到一定值后，转阀中的油压便不再升高，而分配给电磁阀和油压反力室的液流量保持不变。

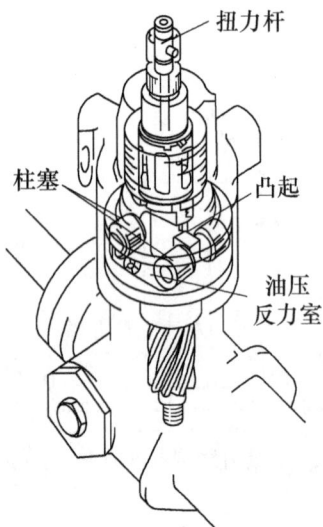

图 4-2　转向控制阀

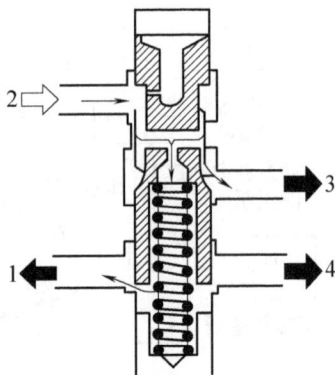

图 4-3　分流阀结构示意图

④ 电磁阀。电磁阀油路的阻尼面积，可随电磁线圈通电电流占空比（通断比）变化。车速较低时，通电电流大，电磁阀的节流面积（开度）变大，流回储油罐的液流量增加，分到油压反力室的液流量减少，而油压减少，使转向轻便。随着车速升高，电流减小，油液回流量也减少，而使分流阀分到油压反力室的流量增加，油压增大，使转向"沉重"。当车速超过 120km/h 时，ECU 保持恒流控制。

⑤ 车速传感器。车速传感器的主要功用是检测汽车行驶速度，通常安装在变速器输出轴上。

⑥ ECU。PPS ECU 输入信号为车速传感器提供的车速信号，执行器为比例电磁阀，ECU 通过控制通入比例电磁阀的电流，实现相应的控制功能。车速提高时，为了增大转向操纵力，需要加大电磁阀的电流；当车速超过 120km/h 时，为了防止电流过大而造成过载，ECU 则使通往电磁阀的电流保持恒定。

2）工作原理。ECU 根据车速传感器的信号判断出车辆停止、低速状态与中高速状态，控制电磁阀通电电流，使动力转向液压系统根据车速的变化，在低速时操纵力减轻，在中速以上操纵力随车速而变化。

① 停车与低速时转向。如图 4-4 所示，汽车在低速范围内运行时，ECU 输出

一个大的电流，使电磁阀的开度增加，由分流阀分出的液流流过电磁阀回到储油罐中的液流增加。因此，油压反力室压力减小，作用于柱塞的背压减小，于是柱塞推动控制阀杆的力减小。利用转向盘的转向力来增大扭力杆扭力。转阀按照扭力杆的扭转角作相对的旋转，使液压泵油压作用于转向动力缸的右室，活塞向左方运动，从而增强了转向力。此时，驾驶人仅需提供一个较小的操纵力，就可以产生一个较大的助力，使转向轻便、灵活。

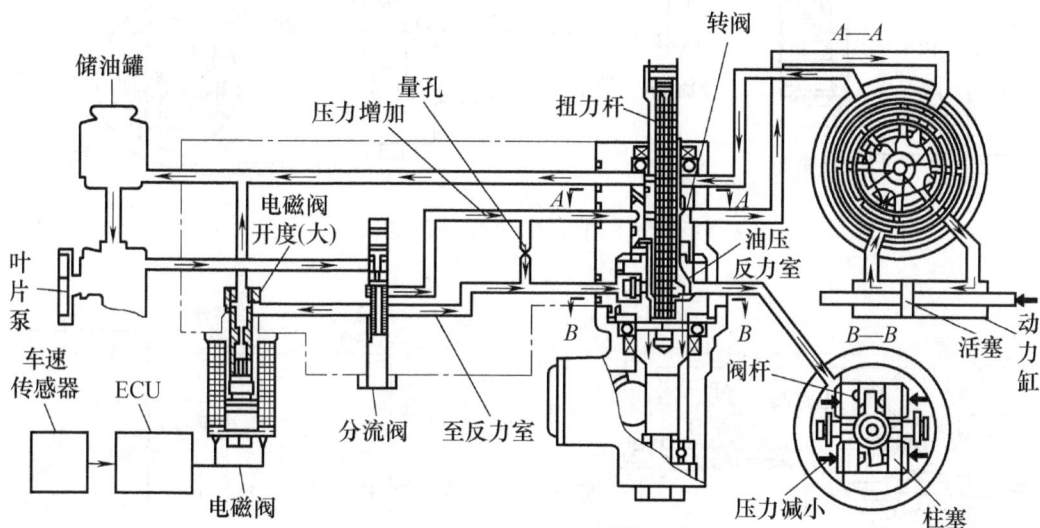

图4-4　PPS在停车或低速行驶时的转向作用

② 中、高速直行时转向。如图4-5所示，汽车转向盘在中、高速直行微量转动时，控制阀杆根据扭力杆的扭转角度而转动，转阀的开度减小，转阀里面的压力增加，流向电磁阀和油压反力室中的液流量增加。当车速增加时，ECU输出电流减小，电磁阀开度减小，流入油压反力室中的液流量增加，反力增大，使得柱塞推动控制阀杆的力变大。液流还从量孔流进油压反力室中，这也增大了油压反力室中的液体压力，故转向盘的转动角度增加时，将要求一个更大的转向操纵力，从而获得稳定且直接的手感。

（2）流量控制式电控液压动力转向系统

1）丰田雷克萨斯轿车EPS。如图4-6和图4-7所示，雷克萨斯轿车EPS主要由车速传感器、电磁阀、整体式动力转向控制阀、动力转向液压泵和ECU等组成。

电磁阀安装在通向转向动力缸活塞两侧油室的油道之间，当电磁阀的阀针完全开启时，两油道就被电磁阀旁通。

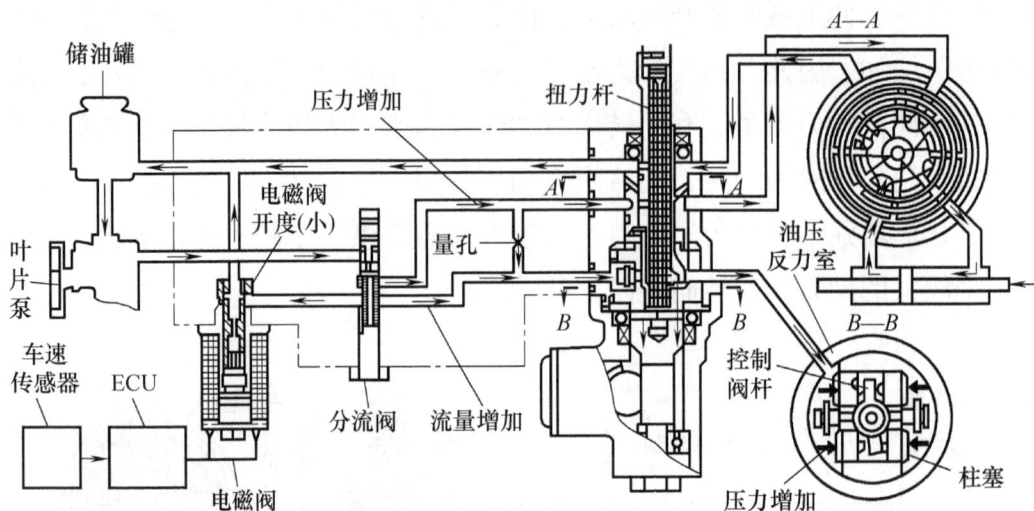

图4-5 PPS在中、高速行驶时的转向作用

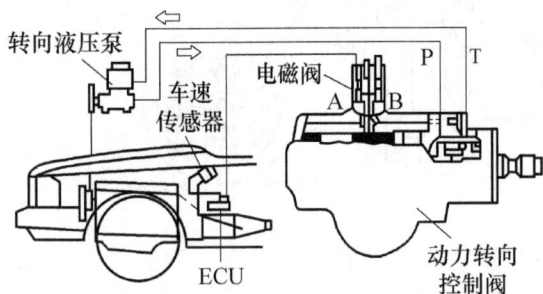

图4-6 雷克萨斯LS400轿车流量控制式EPS

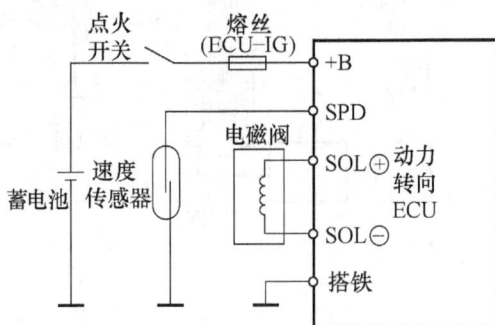

图4-7 雷克萨斯轿车EPS电路图

流量控制式动力转向系统就是根据车速传感器的信号，控制电磁阀阀针的开启程度，从而控制转向动力缸活塞两侧油室的旁路液压油流量，来改变转向盘上的转向力。车速越高，流过电磁阀电磁线圈的平均电流值越大，电磁阀阀针的开启程度越大，旁路液压油流量越大，而液压助力作用越小，使转动转向盘的力也随之增加。转向助力随车速提高而减小，同时根据运行道路条件，设计了不同控制模式。可根据20s内的平均车速与平均转

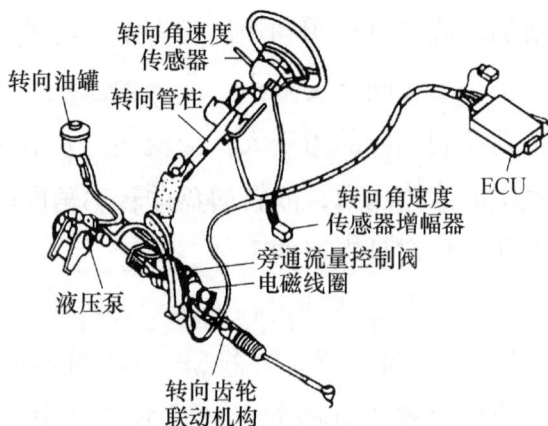

图4-8 蓝鸟轿车EPS的组成

向盘转角判定车辆当前运行道路条件。变换控制模式最多需要 1.1s，可避免助力的急剧变化。

2）蓝鸟轿车 EPS。如图 4-8 所示，在一般液压动力转向系统上增加了旁通流量控制阀、车速传感器、转向角速度传感器、ECU 和控制开关等。在转向液压泵与转向器体之间设有旁通管路，在旁通管路中又设有旁通油量控制阀。根据车速传感器、转向角速度传感器和控制开关等信号，ECU 向旁通流量控制阀按照汽车的行驶状态发出控制信号，控制旁通流量，从而调整转向器供油的流量，如图 4-9 所示。当向转向器供油流量减少时，动力转向控制阀灵敏度下降，转向助力作用降低，转向力增加。驾驶人可变换仪表板上的转换开关，满足不同的行驶条件（选择不同的转向力特性，如图 4-10 所示）。同时，ECU 可根据转向角速度传感器输出信号的大小，在汽车急转弯时，对转向力特性实施最优控制，如图 4-11 所示。

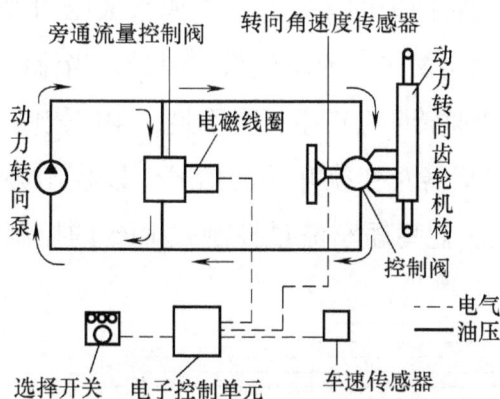

图 4-9　蓝鸟轿车 EPS 流量控制

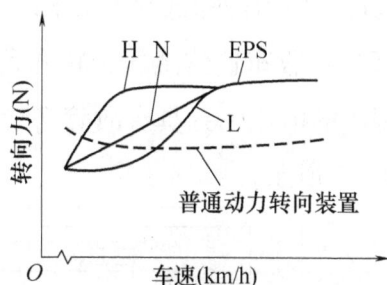

图 4-10　蓝鸟轿车 EPS 三种
不同的转向特性曲线

旁通流量控制阀的结构如图 4-12 所示，在阀体内装有主滑阀和稳压滑阀，在主滑阀的右端与电磁线圈柱塞连接，主滑阀与电磁线圈的推力成正比移动，从而改变主滑阀左端流量主孔的开口面积。调整调节螺钉可以调节旁通流量的大小。稳压滑阀的作用是保持流量主孔前后压差的稳定，以使旁通流量与流量主孔的开口面积成正比。当因转向负荷变化而使流量主孔前后压差偏离设定值时，稳压滑阀阀芯将在其左侧弹簧张力和右侧高压油压力的作用下滑移。如果压差大于设定值，则阀芯左移，使节流孔开口面积没有污点，流入到阀内的液压油量减少，前后压差减小；如果压差小于设定值，则阀芯右移，使节流孔开口面积增大，流入到阀内的液压油量增多，前后压差增大。流量主孔前后压差的稳定，保证了旁通流量的大小只与主滑阀控制的流量主孔的开口面积有关。

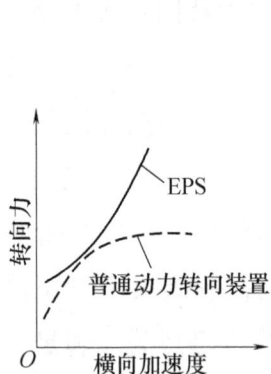

图 4-11 蓝鸟轿车急转弯时转向力特性

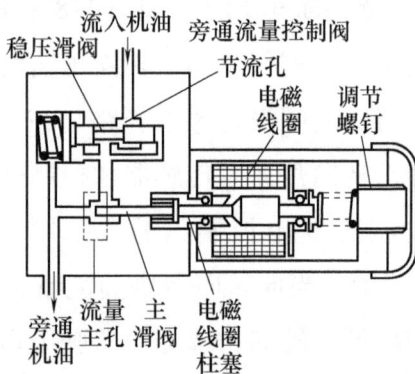

图 4-12 旁通流量控制阀的结构

总之，流量控制式 EPS 是通过车速传感器信号调节动力转向装置供应压力油，改变压力油的输入、输出流量，以控制转向力的大小。它在原来液压动力转向功能上再增加压力油流量控制功能，所以结构简单、成本较低。但是，当流向动力转向机构的压力油降低到极限值时，对于快速转向会产生压力不足、响应较慢。

ECU 接收车速传感器、转向角速度传感器及变换开关的信号，以控制旁通流量控制阀的电流，并具有故障自诊断功能。蓝鸟轿车流量控制式 EPS 的控制电路如图 4-13 所示。

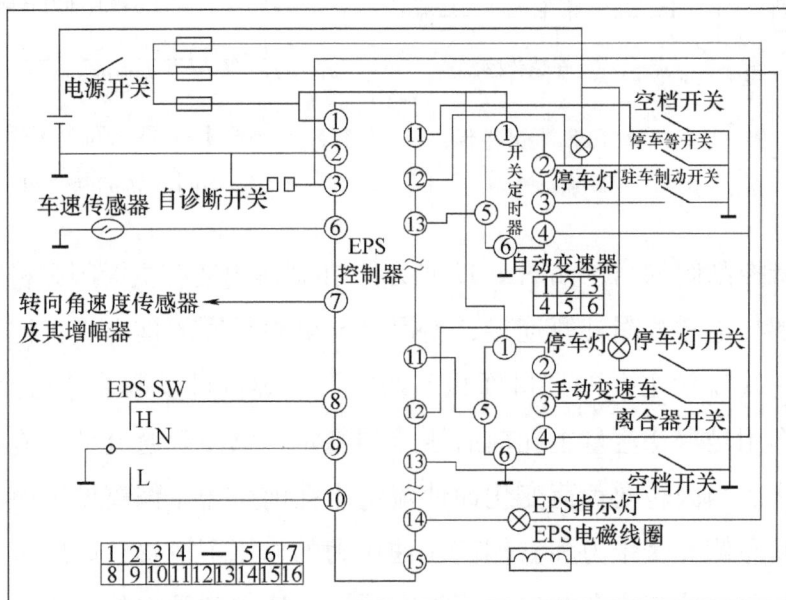

图 4-13 蓝鸟轿车流量控制式 EPS 的电路图

（3）阀灵敏度控制式电控液压动力转向系统　阀灵敏度控制式 EPS 是根据车速控制电磁阀，直接改变动力转向控制阀的油压增益（阀灵敏度）来控制油压的。这种转向系统结构简单、部件少、价格便宜，而且具有较大的选择转向力的自由度，与反力控制式转向相比，转向刚性差，但可以最大限度提高原来的弹性刚度来加以克服，从而获得自然的转向手感和良好的转向特性。

阀灵敏度控制式 EPS 的系统示意图如图 4-14a 所示。阀灵敏度控制式 EPS 主要由转子阀、电磁阀及 ECU 等组成，转子阀结构如图 4-14b 所示。

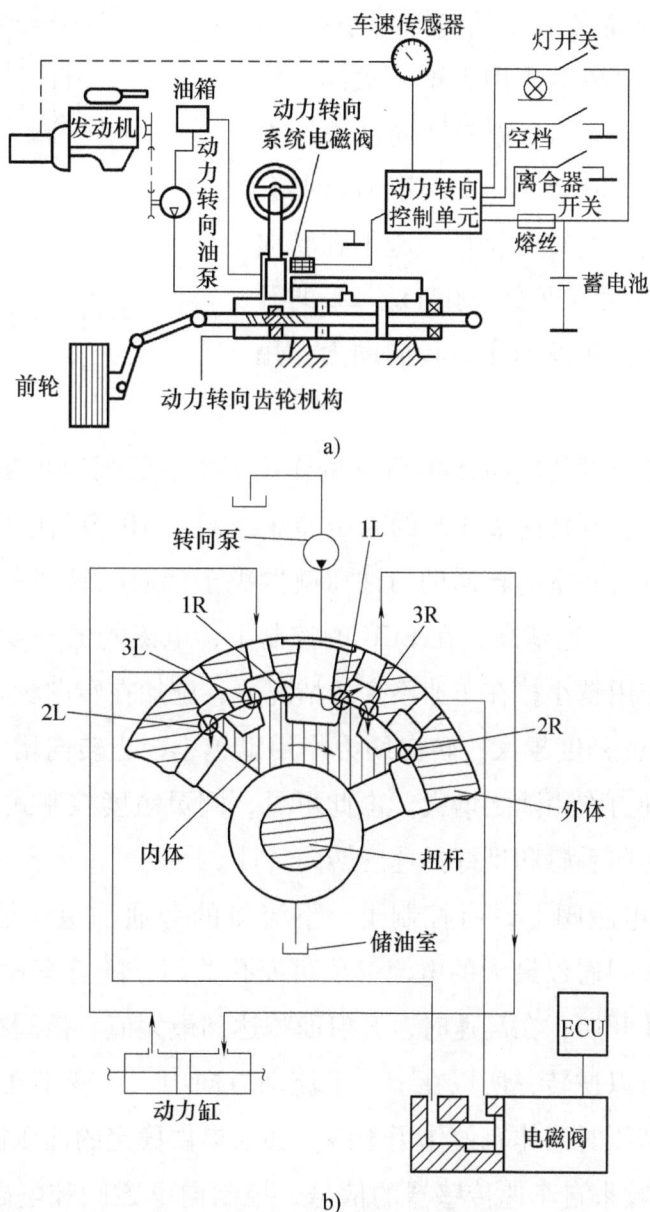

a)

b)

图 4-14　阀灵敏度控制式 EPS

a）系统示意图　b）转子阀

1）转子阀。转子阀的结构如图4-15所示，圆周上有6或8条沟槽，各沟槽利用阀外体，与泵、动力缸、电磁阀及燃油箱连接。

如图4-16所示，转子阀的可变小孔分为低速专用小孔（1R、1L、2R、2L）和高速专用小孔（3L、3R）两种，在高速专用可变孔的下边设有旁通电磁阀回路，其工作过程是：当车辆停止时，电磁阀完全关闭，如果此时向右转动转向盘，则高灵敏度低速专用小孔1R和2R在较小的转向转矩作用下即可关闭，转向液压泵的高压油液经1L流向转向动力缸右腔室，其左腔室的油液经3L、2L流回储油箱。所以，此时具有轻便的转向特性。施加在转向盘上的转向力矩越大，可变小孔1L、2L的开口面积越大，节流作用就越小，转向助力作用越明显。

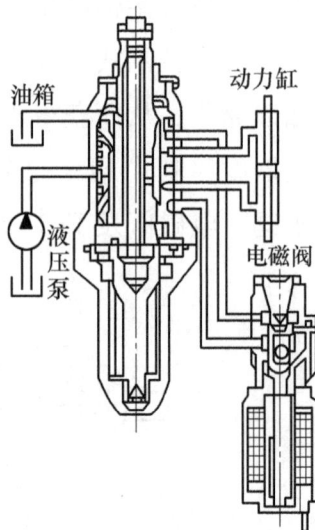

图4-15 转子阀及电磁阀

随着车辆行驶速度的提高，在ECU的作用下，电磁阀的开度也线性增加，如果向右转动转向盘，则转向液压泵的高压油液经1L、3R旁通电磁阀流回储油箱。此时，转向动力缸右腔室的转向助力油压就取决于旁通电磁阀和灵敏度低的高速专用孔3R的开度。车速越高，在ECU的控制下，电磁阀的开度越大，旁路流量越大，转向助力作用越小；在车速不变的情况下，施加在转向盘上的转向力越小，调整专用小孔3R的开度越大，转向助力作用也越小，当转向增大时，3R的开度逐渐减小，转向助力作用随之增大。由此可见，阀灵敏度控制式EPS可使驾驶人获得非常自然的转向手感和良好的速度转向特性。

2）电磁阀。电磁阀上设有控制上、下流量的旁通油道，是可变的节流阀。在低速时向电磁线圈通以最大的电流，使可变孔关闭，随着车速升高，依次减小通电电流，可变孔开启；在高速时，开启面积达到最大值。该阀在左、右转向时，油液流动的方向可以逆转，所以在上、下流动方向中，可变小孔必须具有相同的特性。为了确保高压时液体有效作用于阀，必须提供稳定的油压控制。

3）ECU。接收来自车速传感器的信号，控制向电磁阀和电磁线圈输出电流，控制系统的回路如图4-17所示。

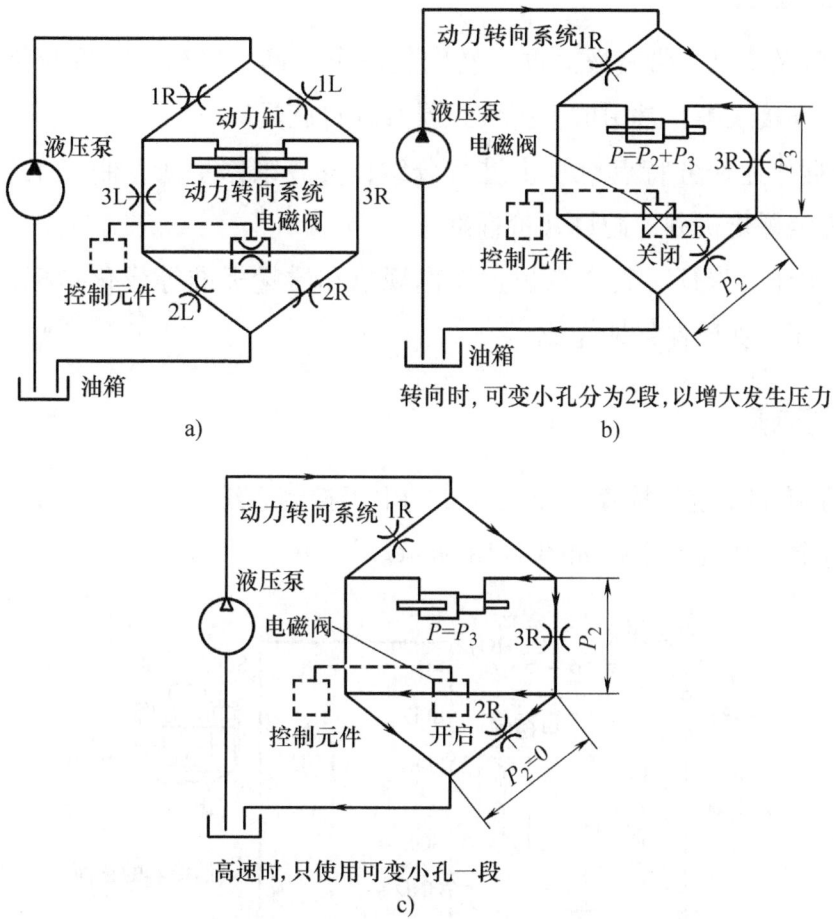

图 4-16 阀灵敏度控制式 EPS 阀部的等效液压回路

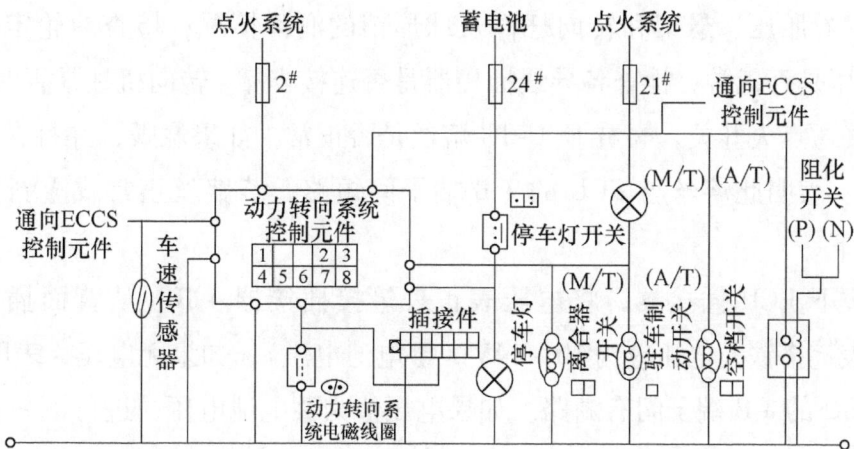

图 4-17 阀灵敏度控制式 EPS 电路图

任务准备

1) 设备及工具：带有液力助力转向的整车1辆、汽车故障诊断仪、万用表、试灯、测试连接线等；常用成套拆装工具及螺钉旋具。

2) 根据作业任务特点对学生进行分组；发放维修手册，制订工艺流程及作业工单，确定评价机制，制订评价标准。

3) 强调任务责任、安全意识、操作规范和质量标准等量化指标，确保工作任务安全有序、保质保量地完成。

任务实施

1. 电子控制系统的检查 （皇冠3.0的电子控制系统）

电子控制系统控制电路如图4-18所示。

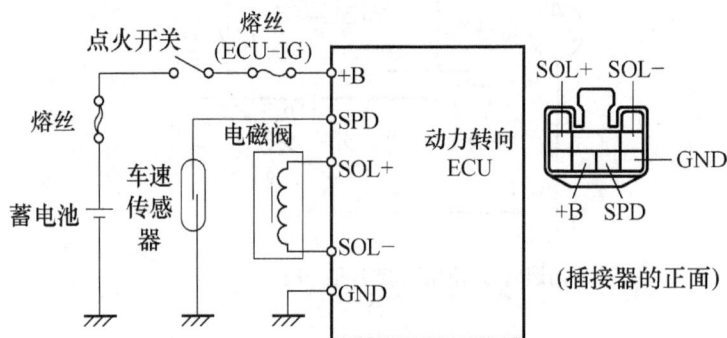

图4-18 皇冠轿车动力转向系统电控电路图

1) 察看胎压、悬架和转向杆件及球形销的润滑情况；检查前轮定位、动力转向泵油压是否正常；检查各导线插接器是否连接牢靠，转向机柱是否弯曲等。

2) 接通点火开关，察看ECU-IG熔丝是否正常。如果烧毁，并且在重新更换后又烧毁。表明此熔丝与ECU的+B端子间短路。若熔丝正常或重新更换后正常，进行下一步。

3) 拔下ECU插接器，将电压表正表笔接插接器+B（从背面插入，以下同），负表笔搭铁，电压应为10～14V（蓄电池电压），如果无电压，表明ECU-IC熔丝与ECU的+B端子间有断路。如果电压值为蓄电池电压，进行下一步。

4) 将万用表打到欧姆档，正表笔接插接器GND端子，负表笔仍搭铁，此时，电阻应为零。否则，ECU的GND端子与车身搭铁处之间有断路或接触不良。如果电阻为零，进行下一步。

5）支撑起一侧前轮，将电阻表的正表笔接插接器 SPD 端子，负表笔接 GND 端子。然后转动支撑起的车轮，电阻表阻值应在 0 ~ ∞ 之间交替变化，否则说明 ECU 的 SPD 与车速传感器之间有断路或短路，或车速传感器有故障，如果电阻表指示正常再进行下一步。

6）将电阻表的正表笔接插接器的 SOL - 端子，负表笔接 GND 端子。电阻表所指示的电阻值应为∞；否则 SOL + 或 SOL - 端子与 GND 端子间的线路有短路，或电磁阀有故障。如果指示正常，进行下一步。

7）将电阻表的正表笔接插接器的 SOL + 端子，负表笔接 SOL - 端子。两端子间的电阻应为 6.0 ~ 11Ω，否则电阻正常检查 ECU。

2. 电子控制机件的检查

1）电磁阀的检查。拔开插接器，用电阻表测量电磁线圈的电阻，电阻应为 6.0 ~ 11Ω，如图 4-19 所示。

从转向机内拆下电磁阀，将蓄电池正极接电磁线圈的 SOL + 端子，负极接 SOL - 端子。此时针阀应缩回约 2mm，否则更换电磁阀。

2）电子控制液压式动力转向系统的电子控制器 ECU 的检查，如图 4-20 所示。

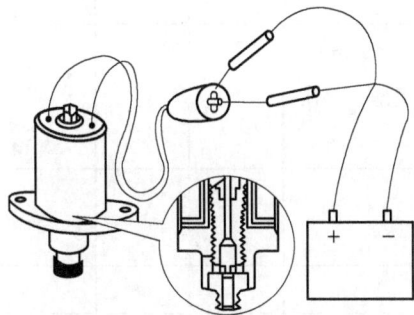

图 4-19 电磁阀的检查

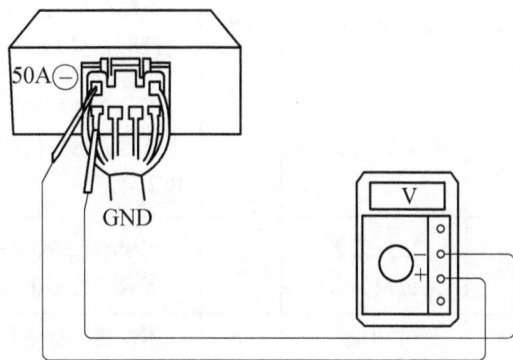

图 4-20 ECU 的检查

① 支撑起汽车，拆下 ECU 插接器。

② 起动发动机，在不拔下 ECU 插接器，发动机怠速运转的情况下，用电压表测量 ECU 的 SOL - 和 GND 两端子之间的电压。

③ 将变速器挂上档，并使车速达到 60km/h，仍按图所示接法再测电压，电压应比原来增加 0.07 ~ 0.22V。如果无电压，应更换 ECU，如果 ECU 损坏应更换。

3. 填写任务工单

记录检测结果，填写任务单。

4. 做好收尾工作

整理、清洁作业现场。

检测评价

评价机构人员由学校高级讲师、企业高级技师及经验丰富的客户组成。三方分别侧重学生知识点、技能点及服务意识的考核。

根据任务完成情况及作业工单，填写以下评价表。

班级：　　　　　　姓名：　　　　　　学号：

序号	考核内容	配分	评分标准	评分记录	扣分	得分
1	生产安全	20	作业工艺流程不符合要求、有安全隐患的，每项扣3分 违反设备、工具、量具安全操作规程，该项不得分 汽油等易燃物使用不当，该项不得分			
2	操作流程规范	26	不能严格执行作业指导书或维修手册操作规范的，每项扣2分			
3	量具与工具使用	16	工具、量具组装及校正错误，该项不得分 工具、量具使用及测量方法不正确，每次扣2分			
4	任务工单记录分析	20	记录不正确，每项扣2分 记录分析不正确，每项扣5分			
5	知识点	10	不正确，每项扣2分			
6	思政点	8	违反文明生产及组织纪律扣3分 无合作意识和创新精神扣2分 无服务意识及责任感扣3分			
7	总评			总分		

课后测评

一、判断题

（　　）1. 在液压常流滑阀式动力转向装置中，当转动转向盘并维持在一定

176

的位置时，滑阀会回到中间的位置。

（　　）2. 分流阀的作用是将来自转向液压泵的液流分送到转阀、油压反力室和电磁阀。

（　　）3. 电控液压动力转向系统中，常见在液压进油路中安装一个旁通流量控制电磁阀。

（　　）4. 电控液压动力转向系统的旁通流量控制电磁阀是由 ECU 控制的，ECU 会根据车速、转向盘速度等控制液压流量（压力）。

二、填空题

1. 据控制方式不同，液压式电子控制动力转向系统可分为＿＿＿＿＿＿＿＿、＿＿＿＿＿＿＿＿和＿＿＿＿＿＿3 种形式。

2. 液压式 EPS 是在传统的液压动力转向系统的基础上增设了控制液体流量的＿＿＿＿＿＿＿＿＿、＿＿＿＿＿＿＿＿＿＿＿＿和＿＿＿＿＿＿＿＿。

3. 液压式电控动力转向系统（液压式 EPS）是在传统的液压动力转向系统的基础上增设了控制液体流量的＿＿＿＿＿＿＿、＿＿＿＿＿＿＿和＿＿＿＿＿＿＿等，根据检测到的＿＿＿＿＿＿＿＿＿＿，控制＿＿＿＿＿＿＿使转向动力放大倍率实现连续可调，从而满足高、低速时转向助力的要求。根据控制方式的不同，液压式电控动力转向系统可分为＿＿＿＿＿＿＿、＿＿＿＿＿＿＿和＿＿＿＿＿＿＿3 种形式。

4. 阀灵敏度控制式 EPS 是根据＿＿＿＿＿＿＿＿控制电磁阀，直接改变动力转向控制阀的＿＿＿＿＿＿＿来控制油压的方法。

5. 电磁阀上设有控制上下流量的旁通油道，是一种可变的＿＿＿＿＿＿＿。在低速时向电磁线圈通以＿＿＿＿＿＿＿＿的电流，使可变孔关闭，随着车速升高，依次减小通电电流，可变孔开启；在高速时，开启面积达到＿＿＿＿＿＿＿＿＿。

三、简答题

1. 液压式 EPS 有哪几种类型？各有何特点？

2. 试述液压式 EPS 的组成与工作原理。

任务二　　电动助力转向系统故障诊断与检修

任务目标

1. 知识目标

1）了解电动助力转向系统的组成及功用。

2）掌握电动助力转向系统的工作原理。

3）掌握电动助力转向系统各组成元件的结构与原理。

2. 技能目标

1）能够正确地识别及拆装电动助力转向系统的各元件。

2）能够正确地诊断电动助力转向系统的故障。

3）能够正确地检测电动助力转向系统各元件的性能。

3. 素养目标

培养遵守劳动纪律、保障生产安全的意识；树立职业道德、敬业精神、合作意识和创新精神的思维；养成良好的服务意识及责任感。

任务描述

电动助力转向系统（Electric Power Steering）具有节能、成本低和便于控制、易于装车、提高操纵稳定性和轻便性以及符合机电一体化的要求等优点，正迎合了时代的要求。电动助力转向系统是采用现代控制方法的高新技术，其助力较小，目前多应用于中小型轿车上。由于其为全电控系统，故障率较低，主要采用诊断仪及万用表诊断其系统的故障。

知识储备

电动式 EPS 是利用直流电动机作为动力源，ECU 根据转向参数和车速等信号，控制电动机转矩的大小和方向。电动机的转矩由电磁离合器通过减速机构减速增扭后，加在汽车的转向机构上，使之得到一个与工况相适应的转向作用力。

1. 电动助力转向系统的特点

液压式 EPS 利用液压缸对转向传动机构加力，其动力由发动机驱动的液压泵供给，用分配阀来控制油液的流动方向；电动 EPS 则利用电动机代替了液压缸，电动机由汽车电源供电。当驾驶人转动转向盘时，传感器检测出其运动情况，使电动机产生足够的动力带动转向轮偏转。

电动式 EPS 能根据不同的情况产生适合各种车速的动力转向，不受发动机停止运转的影响。在停车时，驾驶人也可获得最大的转向动力；汽车在行驶过程中，电子控制装置可调整电动机的助力以改善路感。电动式 EPS 的质量比液压式转向系统轻 25%（零部件少，质量轻）；由于该动力转向装置不是发动机直接驱动的，电动机只是在转向时才接通，故可节省燃油。

总之，电动式 EPS 有许多优点，它比液压式动力转向系统更轻便、紧凑、可靠。对控制计算机编程，可提供不同程度的动力转向，而且它能与汽车上其他电气设备相连接，有助于四轮转向的实现，并能促进悬架系统的发展。

2. 电动助力转向系统的基本组成

电动助力转向系统的基本组成如图 4-21 所示，主要由车速传感器、转矩传感器、转向角传感器、电子控制器 ECU、电动机及减速机构等组成。该系统广泛应用于日产、三菱、大发、富士重工和铃木等汽车公司的车型上。

（1）电动机 电动助力式 EPS 所用的电动机与起动发动机用直流电动机原理基本相同，但通常采用永磁磁场。最大电流一般为 30A 左右，电压为 12V，额定转矩为 10N·m 左右。

图 4-22 所示为控制直流电动机正、反转的控制电路，a_1、a_2 为触发信号端。当 a_1 端得到输入信号时，晶体管 VT_3 导通，VT_2 得到基极电流而导通，电流经 VT_2、电动机 M、VT_3、搭铁而构成回路，于是电动机正转；当 a_2 端得到输入信号时，电流经 VT_1、M、VT_4、搭铁而构成回路，电动机则因电流方向相反而反转。只要控制触发信号端电流的大小，就可以控制通过电动机电流的大小，即可以控制电动机输出转矩的大小。

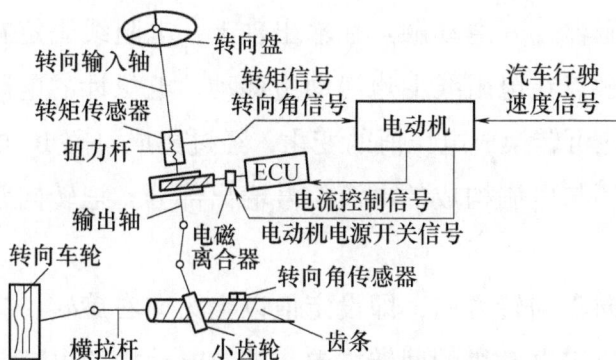

图 4-21 电动助力转向系统的基本组成

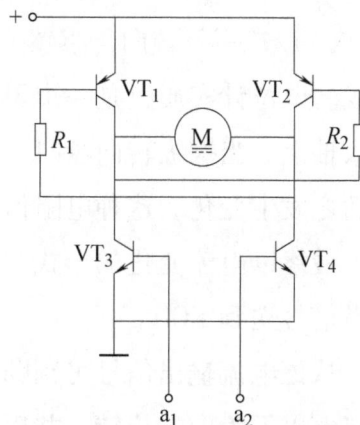

图 4-22 电动机正、反转控制电路

（2）电磁离合器 电磁离合器的结构如图4-23所示，主要由电磁线圈、主动轮、从动轴和压板等组成。

工作时，电流通过滑环进入电磁线圈，主动轮便产生电磁吸力，带花键的压板就被吸引，并与主动轮压紧，于是电动机的输出转矩便经过输出轴→主动轮→压板→花键→从动轴，传递给执行机构（蜗轮蜗杆减速机构）。

电磁离合器可保证电动助力只在预定的车速范围内起作用。当汽车行驶速度超过系统限定的最大值时，电磁离合器便切断电动机的电源，使电动机停转，离合器分离，不起传递转向助力的作用。另外，在不传递助力的情况下，离合器还能消除电动机的惯性对转向的影响；当该动力转向系统发生故障时，离合器还会自动分离，此时又可恢复手动控制转向。

（3）减速机构 减速机构主要由蜗轮和蜗杆构成，如图4-24所示。蜗杆的动力来自于电磁离合器和电动机，经蜗轮减速增扭后，传送给转向轴，然后再通过其他部件传送给转向轮，以实现转向助力。

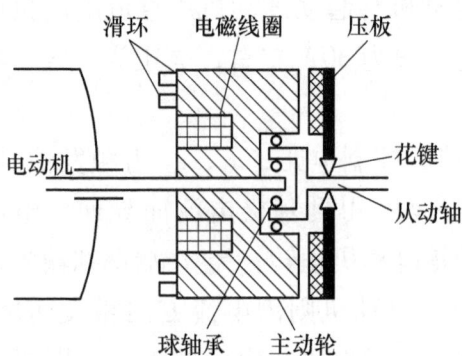

图 4-23 电磁离合器　　　　图 4-24 减速机构

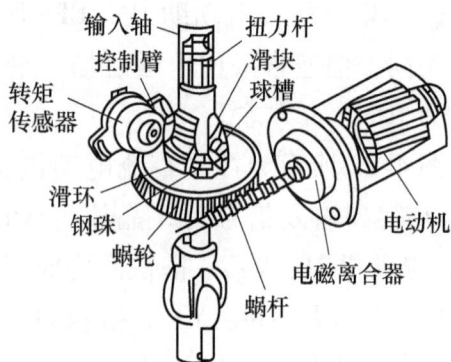

（4）转矩及转向传感器 它由电位计、集成电路IC部分、电流信号输出部分组成。电位计实质上是一个可变电阻器，其滑动触点在输出轴上，电阻线固定在输入轴上。当操纵转向盘时，滑动触点在电阻线上边滑动边移动，电位计的电阻值随之发生变化。这种电阻值的变化可转换成电压值的变化，经过集成电路IC处理，最终以电流变化的形式，从滑环与电刷构成的电流信号输出部分，把转向盘操纵信号送到ECU。

从该电流输出信号可判断出转向盘回转方向，即设定值以上为向右旋转，在设定值以下为向左旋转，并以此来决定电动机的回转方向。转向电动机的电流是流向电动机的驱动电流，它可作为监视电动机反转或异常状态的信号。

信号控制器从各个传感器处接收输入信号，并且可判断转向助力的大小与方向，向电动机发出驱动指令。

（5）ECU　如图4-25所示，工作时，转向转矩和转向角信号经过A/D转换器被输入到中央处理器（CPU），中央处理器根据这些信号和车速计算出最优化的助力转矩。ECU把已计算出来的参数值作为电流命令值送到D/A转换器并转换为模拟量，再将其输入到电流控制电路；电流控制电路把来自微处理器的电流命令值同电动机电流的实际值进行比较，产生一个差值信号。该差值信号被送到驱动电路，该电路可驱动动力装置并向电动机提供控制电流。即当转矩传感器和转向角传感器的信号经A/D转换器处理后，微处理器就在其内存中寻找与该信号相匹配的电动机电流值，然后将此值输送给D/A转换器进行数字模拟转换，处理后的模拟信号再送给限流器，由限流器来决定电动机驱动电路电流值的大小。微处理器同时给电动机驱动电路输出另一个信号，即决定电动机（左转或右转）的转动方向。

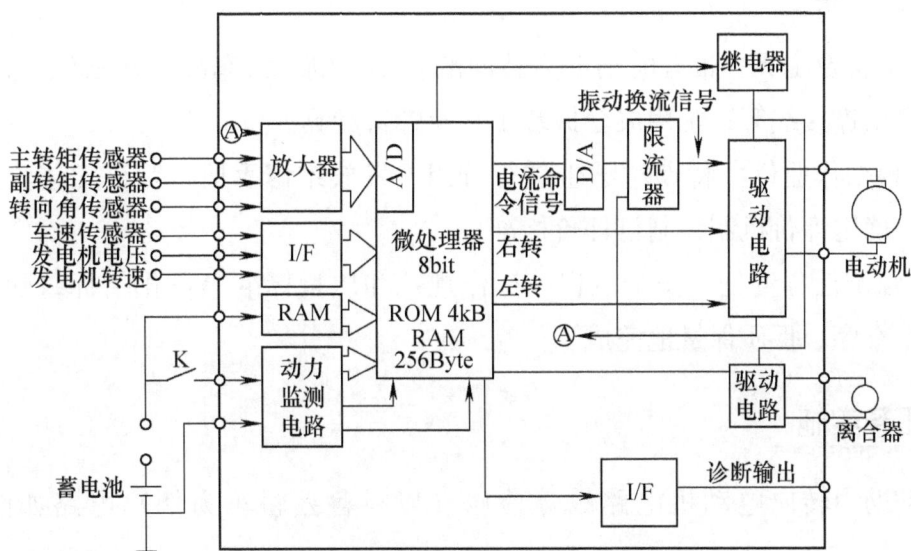

图4-25　电动助力转向ECU及其控制系统

3. 电动助力转向系统的工作原理

电动式EPS利用电动机作为助力源，根据车速和转向参数等，由ECU完成助力控制。当操纵转向盘时，装在转向盘轴上的转矩传感器不断地测出轴上的转矩信号，该信号与车速信号同时输入到ECU。ECU根据这些输入信号，确定助力转矩的大小和方向，即选定电动机的电流和转向，调整转向辅助动力的大小。电动机的转矩由电磁离合器通过减速机构增扭后，加在汽车的转向机构上，使之得到一个与汽车工况相适应的转向作用力。

当车速为 0 ～ 45km/h 时，根据车速决定转向助力的大小。当车速高于 43 ～ 52km/h 时，停止对电动机供电的同时，使电动机内的电磁离合器分离，按普通转向控制方式工作，以确保行车安全；在转向器偏转至最大时，由于此时电动机不能转动，所以注入电动机的电流达到最大值，为了避免持续的大电流使电动机及控制组件发热损坏，所以每当较大电流连续通过 30s 后，系统就会控制电流使之逐渐减小。当临界控制状态解除后，控制系统就会再逐渐增大电流，一直达到正常的工作电流值为止。

该系统的 ECU 具有故障自诊断功能，当 ECU 检测出系统存在故障时，可显示出相应的故障码，以便采取相应的措施。当 ECU 检测到系统的基本部件（如转矩传感器、电动机和车速传感器等）出现故障而导致系统处于严重故障的情况下，系统就会使电磁离合器断开，停止转向助力控制，确保系统安全与可靠。

任务准备

1）设备及工具：带有电动助力转向的整车 1 辆、汽车故障诊断仪、万用表、试灯、测试连接线等；常用成套拆装工具及螺钉旋具。

2）根据作业任务特点对学生进行分组；发放维修手册，制订工艺流程及作业工单，确定评价机制，制订评价标准。

3）强调任务责任、安全意识、操作规范和质量标准等量化指标，确保工作任务安全有序、保质保量地完成。

任务实施

电动助力转向电动机电路故障检修（以科鲁兹轿车为例）电路如图 4-26 所示。

1）将点火开关置于"OFF（关闭）"位置并且关闭所有车辆系统，断开 K43 动力转向控制模块的 X2 线束插接器。关闭所有车辆系统可能最多需要 2min。

2）测试低电平参考电压电路端子 1 和搭铁之间的电阻是否小于 10Ω。如果等于或大于 10Ω，进行下一步。

3）点火开关置于"OFF（关闭）"位置。

4）测试搭铁电路端对端的电阻是否小于 2Ω，如果为 2Ω 或更大，修理电路中的断路（电阻过大）；如果小于 2Ω，修理搭铁连接中的断路（电阻过大）；如

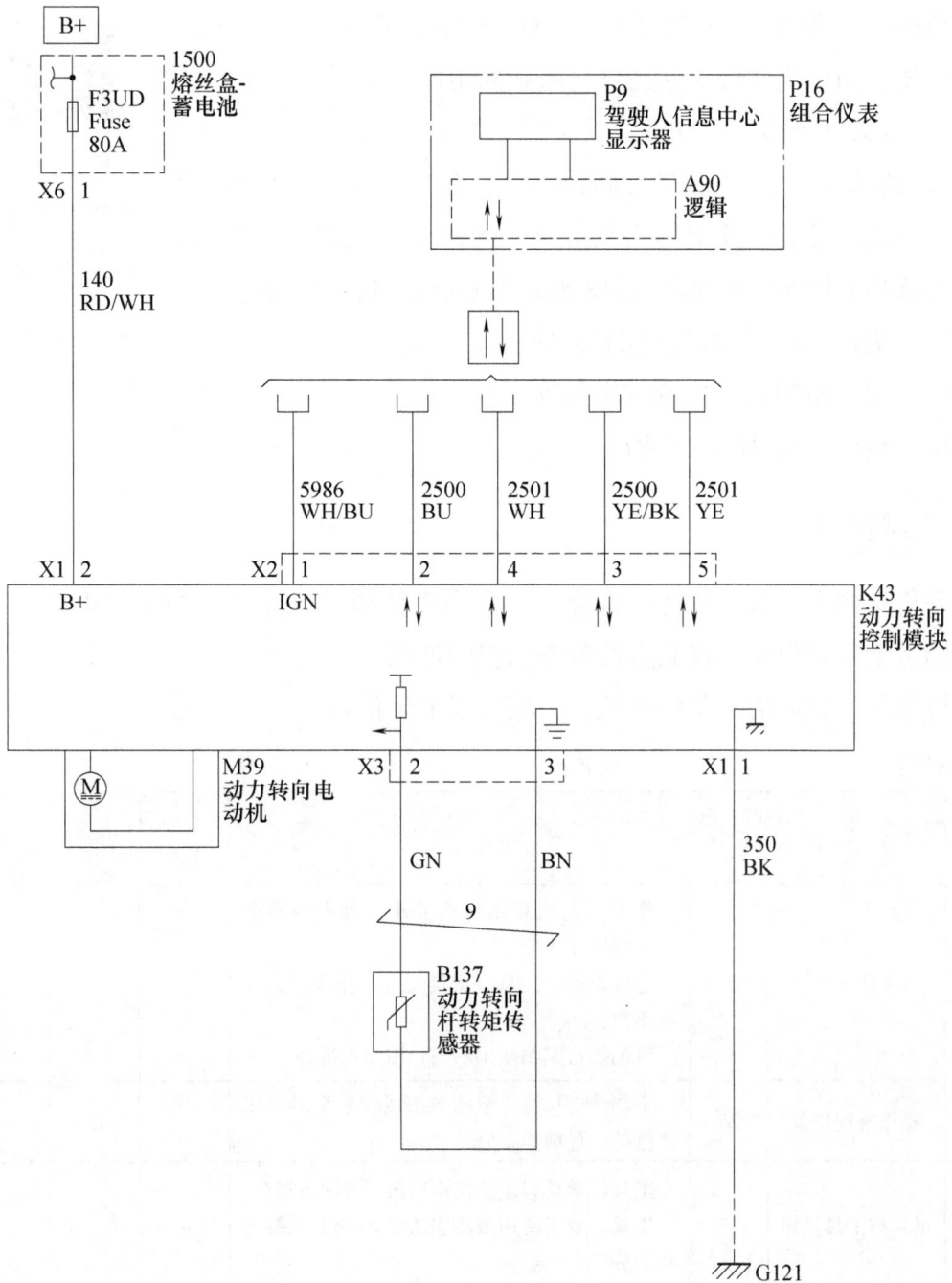

图 4-26　科鲁兹轿车电动助力转向电动机电路

果小于 10Ω，进行下一步。

5）确认 B＋电路端子 2 和搭铁之间的测试灯点亮。如果测试灯未点亮且电路熔丝良好，进行下一步。

6）点火开关置于"OFF（关闭）"位置。

7）测试 B＋电路端对端的电阻是否小于 2Ω。如果为 2Ω 或更大，修理电路中的断路（电阻过大）；如果小于 2Ω，确认熔丝未熔断且熔丝处有电压。如果测试灯未点亮且电路熔丝熔断，进行下一步。

8）点火开关置于"OFF（关闭）"位置。

9）测试 B + 电路和搭铁之间的电阻是否为无穷大。如果电阻不为无穷大，修理电路上的搭铁短路故障；如果电阻为无穷大，更换 K43 动力转向控制模块。如果测试灯点亮，进行下一步。

科鲁兹轿车电
动助力转向电
动机电路检查

10）更换 K43 动力转向控制模块。

11）记录检测结果，填写任务单。

12）整理、清洁作业现场。

检测评价

评价机构人员由学校高级讲师、企业高级技师及经验丰富的客户组成。三方分别侧重学生知识点、技能点及服务意识的考核。

根据任务完成情况及作业工单，填写以下评价表。

班级：　　　　　　　　　姓名：　　　　　　　　　学号：

序号	考核内容	配分	评 分 标 准	评分记录	扣分	得分
1	生产安全	20	作业工艺流程不符合要求、有安全隐患的，每项扣 3 分 违反设备、工具、量具安全操作规程，该项不得分 汽油等易燃物使用不当，该项不得分			
2	操作流程规范	26	不能严格执行作业指导书或维修手册操作规范的，每项扣 2 分			
3	量具与工具使用	16	工具、量具组装及校正错误，该项不得分 工具、量具使用及测量方法不正确，每次扣 2 分			
4	任务工单记录分析	20	记录不正确，每项扣 2 分 记录分析不正确，每项扣 5 分			
5	知识点	10	不正确，每项扣 2 分			
6	思政点	8	违反文明生产及组织纪律扣 3 分 无合作意识和创新精神扣 2 分 无服务意识及责任感扣 3 分			
7	总　评			总　分		

课后测评

一、判断题

（　　）1. 电磁离合器的功用是保证电动助力只有在预定的车速范围内起作用。

（　　）2. 转矩传感器的作用是测量转向盘与转向器之间的相对转矩。

（　　）3. 电动式 EPS 是利用直流电动机作为动力源，ECU 根据转向参数和车速等信号，控制电动机转矩的大小和方向。

（　　）4. 横摆角速度比例控制是通过检测横摆角速度以控制后轮转向操纵量。

二、填空题

1. 电动助力转向系统需要控制电动机电流的_____和_____。

2. 电动助力转向系统基本上是由_____、_____、_____、_____和_____组成。

三、简答题

试述电动式 EPS 的组成与工作原理。

项目五

电控空气悬架系统故障诊断与检修

项 目 描 述

　　电控空气悬架系统能根据路况变化及汽车的行驶速度，自动调节悬架的弹簧刚度和减振器的阻尼，通过对汽车行驶时车身姿态的自动控制，提高车辆的舒适性和通过性，并提高了车辆的附加值，其主要应在高级车辆上。本项目的目标是培养学生职业技能的同时养成服务意识、善于倾听用户的意见；培养学生形成学习新知识、新技术的风尚，奠定创新基础，增强为人民服务的能力。

任务一　　电控空气悬架系统作用原理概述

任务目标

1. 知识目标

1）了解电控空气悬架的作用及组成。

2）了解电控空气悬架的基本工作原理。

2. 技能目标

1）能够正确就车说出电控空气悬架各部件名称及作用。

2）能够掌握电控空气悬架的拆装方法。

3. 素养目标

培养遵守劳动纪律、保障生产安全的意识；树立职业道德、敬业精神、合作意识和创新精神的思维；养成良好的服务意识及责任感。

任务描述

电控空气悬架由于其性能优良、结构简单、制造成本低，因此在汽车电控悬架中应用最为广泛。其主要原理是在车桥和车架之间加上一个空气垫，电子控制系统根据需要对其刚度、减振器的阻尼系数及车身高度进行实时控制，使车辆乘坐舒适性达到理想状态。

知识储备

1. 概述

（1）电控悬架的类型　根据刚度和阻尼系数是否可调，悬架分为主动悬架和被动悬架；根据有源和无源，电控悬架分为半主动悬架和全主动悬架；根据传力介质的不同，悬架分为油气式主动悬架和空气式主动悬架。

主动悬架是在悬架系统中采用控制元件组成一个闭环控制系统，如图 5-1 所示。根据车辆的运动状况和路面状况主动做出反应，以抑制车身的振动和摆动，使悬架始终处于最佳的减振状态。由于主动悬架在汽车行驶中速度变化以及汽车起动、制动和转向等工况时，都可进行有效的控制，甚至可根据车速的变化自动控制车身高度，所以现代高级轿车广泛使用空气式主动悬架。

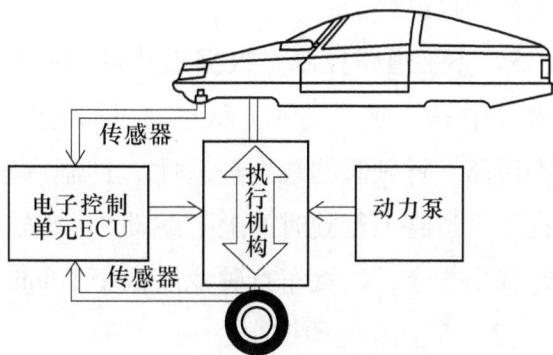

图 5-1　主动悬架

电控空气悬架是利用压缩空气充当弹簧作用，弹簧的刚度和车身的高度是根据汽车行驶状况进行自动控制的，减振器的减振力控制也用来抑制汽车行驶和停驶时车身姿态的变化。

（2）电控悬架的要求

1）在水平路面上高速行驶时，使车身变低、弹簧变软，以提高舒适性。

2）在凹凸不平的路面行驶时，使车身变高、悬架变硬，以消除颠簸，提高通过性。

3）防止纵向仰头、栽头及横向倾斜，保持前照灯光轴不变，提高安全性。

2. 电控悬架的功能

（1）减振力和弹簧刚度的控制

1）防侧倾控制。侧倾发生于汽车在横向坡道高速行驶和汽车高速转弯时。电控悬架能根据汽车行驶速度和转向角度，使减振力和弹簧刚度转换为"坚硬"状态，抑制转弯期间的侧倾（使汽车转向时的姿势变化尽量小），改善汽车的操纵性。这种控制持续时间大约为2s，然后恢复到最初减振力和弹簧刚度。

2）防栽头控制。电控悬架能根据汽车行驶速度、制动开关信号和汽车高度的变化，将减振力和弹簧刚度转换为"坚硬"状态，使汽车制动时的姿势变化尽量小，抑制制动期间的栽头现象。

3）防后坐控制。电控悬架能根据汽车速度、节气门开启角度和速度的变化，将减振力和弹簧刚度转换为"坚硬"状态，用来抑制汽车起步和急加速时汽车后部下坐。在2s后或当汽车速度达到一定水平时，恢复最初的状态。

4）高速控制。当汽车行驶速度超过一定设置水平时，电控悬架使弹簧刚度变成"坚硬"状态，减振力变成"中等"状态，以提高汽车高速行驶时直线行驶稳定性和操纵性能。

5）不平道路控制。根据道路的不平整性，电控悬架使弹簧刚度和减振力转换为"中等"或"坚硬"状态，以抑制汽车车身在悬架上下垂，从而改善汽车在不平道路上行驶时的乘坐舒适性（抑制汽车在不平道路上行驶时的颠簸，抑制汽车在不平道路上行驶时的上下跳动）。实施不平道路控制时，能分别精确地对前、后轮发出指令，当汽车行驶速度低于10km/h时，不能进行调整。

（2）车身高度的控制

1）自动高度控制。不管乘客和行李重量如何，使汽车高度始终保持一个恒定的值。操作高度控制开关能使汽车的目标高度变为"正常"或"高"的状态。

2）高速控制。当汽车在良好路面高速行驶时，若汽车高度控制开关选择为"HIGH"，汽车高度将自动转换为"NORM"，以提高汽车行驶时的稳定性和减少空气阻力。

3）点火开关OFF控制。当点火开关断开后，随乘客重量和行李重量变化而使汽车高度变为高于目标高度时，能使汽车高度降低到目标高度。即能改善汽车驻车时的姿势（汽车高度降低），减小空间占据量并更加安全。

3. 电控悬架系统的组成及工作原理

（1）电控悬架系统的组成　采用空气弹簧的电控悬架系统称为电控空气悬架系统，它用空气压缩机产生压缩空气，送到弹簧和减振器的空气室中，利用气体的可压缩性来实现弹性减振作用，并通过感知载荷、驾驶工况和道路条件的变化，由 ECU 自动控制压缩机和充放气阀的工作状态，从而改变气体压力，以调整悬架刚度及整车高度。

电控空气悬架系统主要包括空气压缩机、电子控制单元、车身高度传感器、车身加速度传感器、储气筒、空气弹簧减振器及控制用的电磁阀组等部件，如图5-2所示。

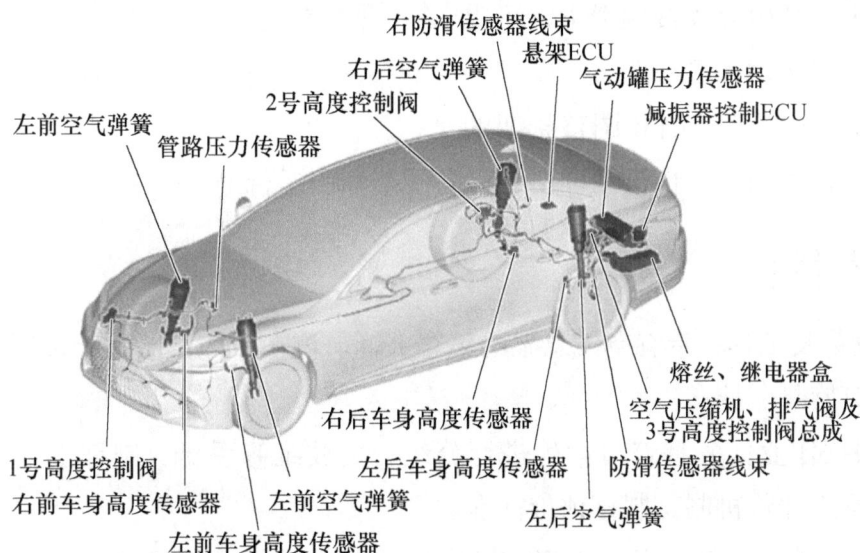

图 5-2　雷克萨斯 LS500h 的电控悬架系统元件在车上的位置

（2）电控悬架系统的工作原理　电控悬架系统是以电子控制单元为控制核心，根据车身高度、转向盘转角、车速和制动等信号，经过计算分析后，输出控制信号，控制各种电磁阀和步进电动机，对汽车悬架参数，如弹簧刚度、减振器阻尼系数、倾斜刚度和车身高度进行控制，从而提高汽车的乘坐舒适性和操纵稳定性的悬架系统，如图5-3所示。

4. 主动空气悬架系统优点

1）汽车载荷变化时，主动悬架系统能自动维持车身高度使其变化较小，保证了电动汽车即使在凹凸不平路面上行驶时也能使车身平稳。

2）悬架刚度可以设计小些，使车身的固有振动频率在 1.2Hz 左右，保持在使人感到乘坐非常舒适的范围内。由于刚度可自动调整，能有效防止和减缓汽车转弯时出现的车身倾斜以及在起步、加速时引起的车身纵向摆动等。

3）一般的悬架系统，在汽车制动时，尤其是紧急制动时，车头会向下俯冲，使后轴载荷剧减，造成后轮与地面的附着条件严重恶化，制动失灵。主动悬架系统能防止这一不良后果，保证应有的附着条件和制动距离。

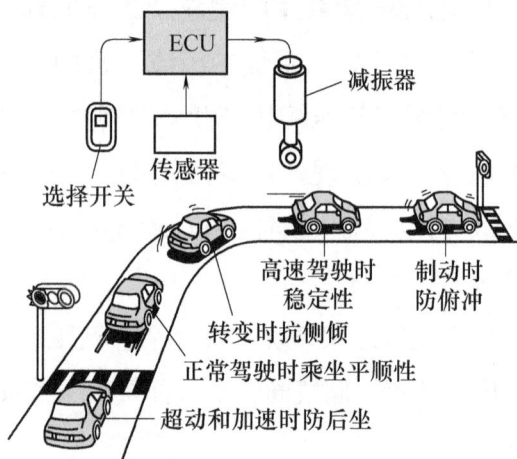

图 5-3　电控悬架的功用与工作原理

4）主动悬架可使车轮与地面一直保持良好接触，因而使附着力稳定，提高了制动力、牵引力和抗侧滑力，可提高动力性、安全性和经济性。

5）由于很好地控制和调整悬架的刚度和阻尼，消除了恶性振动冲击，提高了车辆的运行寿命。

任务准备

1）设备及工具：带有空气悬架的整车1辆、汽车故障诊断仪、常用成套拆装工具及螺钉旋具、抹布。

2）根据作业任务特点对学生进行分组；发放维修手册，制订工艺流程及作业工单，确定评价机制，制订评价标准。

3）强调任务责任、安全意识、操作规范和质量标准等量化指标，确保工作任务安全有序、保质保量地完成。

任务实施

悬架控制系统的认识

1）悬架控制开关：悬架控制开关由 LRC 开关和高度控制开关组成。LRC 开关用于选择减振器和空气弹簧的工作模式（NORM 或 SPORT）；高度控制开关用于选择所希望的车身高度（NORM 或 HIGH）。

2）高度控制通断开关：这一开关位于行李舱的工具储藏室内。将开关拨至 OFF 位置，悬架控制系统中止车辆高度控制。当车辆被举升、停在不平的路面或车辆被拖曳时，这样可避免空气弹簧中压缩空气排出，从而可防止车身高度的下降。

3）制动灯开关：这一开关位于制动踏板支架上，悬架 ECU 利用这一信号判断汽车是否在制动。

4）门控灯开关：4 个车门各有一个门控灯开关，这些开关都位于门柱上，当所有的门都关上时，所有开关都断开。

5）车速传感器：车速传感器位于变速器输出轴上，用来检测变速器输出轴的转速。

6）节气门位置传感器：节气门位置传感器装在节气门体上。

7）发电机 IC 调节器：发电机 IC 调节器位于发动机的交流发电机内。IC 调节器的 L 端子在发动机运转时（即发电机发电）为蓄电池电压，在发动机停止时（即发电机不发电）不高于 1.5V。IC 调节器的 L 端子直接与悬架 ECU 的 REG 端子连接，悬架 ECU 据此判断发动机是否运转。悬架 ECU 利用这一信号，进行如转向高度等传感器的检查和失效保护。

8）转向传感器：转向传感器位于组合开关总成内，用于检测汽车转弯的方向和转弯的角度。

9）高度传感器：高度传感器的作用是检测车身高度及因路面不平引起的每个悬架的位移量，并将之转换成电子信号输入到悬架 ECU。

10）加速度传感器：加速度传感器用来测量车身的垂直加速度。加速度传感器共有 3 个，两个前加速度传感器分别装在前左、前右高度传感器内；一个后加速度传感器装在行李舱右侧的下面。这 3 个加速度传感器分别检测车身的前左、前右和后右位置的垂直加速度。车身后左位置的垂直加速度则由悬架 ECU 从这 3 个加速度传感器所获得的数据推导出来。

悬架 ECU 根据从加速度传感器接收到的信号计算出 4 个车轮的弹簧支承质量的垂直加速度。此外，悬架 ECU 还通过高度传感器计算出弹簧支承质量和非弹簧支承质量之间的相对速度。根据这些数据，悬架 ECU 把 4 个车轮的减振阻尼控制在最佳值，以获得稳定的汽车行驶状态，提高汽车驾驶的稳定性。

11）悬架控制执行器：悬架控制执行器装在各空气弹簧和可调减振器的上方。执行器同时驱动减振器的转阀和空气弹簧的连通阀，以改变减振器的减振阻尼和空气弹簧的刚度。

12）可调式减振器：可调式减振器装在空气弹簧下面，与空气弹簧一起构成悬架支柱，上端与车架连接，下端装在悬架摆臂上。

13）空气弹簧：空气弹簧安装于可调减振器上端，与可调式减振器一起构成悬架支柱，上端与车架相连接，下端装在悬架摆臂上。

14）空气压缩机：空气压缩机用来产生供车身高度调节所需的压缩空气。

15）记录检测结果，填写任务单。

16）整理、清洁作业现场。

检测评价

评价机构人员由学校高级讲师、企业高级技师及经验丰富的客户组成。三方分别侧重学生知识点、技能点及服务意识的考核。

根据任务完成情况及作业工单，填写以下评价表。

班级：　　　　　　　　姓名：　　　　　　　　学号：

序号	考核内容	配分	评 分 标 准	评分记录	扣分	得分
1	生产安全	20	作业工艺流程不符合要求、有安全隐患的，每项扣3分 违反设备、工具量具安全操作规程，该项不得分 汽油等易燃物使用不当，该项不得分			
2	操作流程规范	26	不能严格执行作业指导书或维修手册操作规范的，每项扣2分			
3	量具与工具使用	16	工具、量具组装及校正错误，该项不得分 工具、量具使用及测量方法不正确，每次扣2分			
4	任务工单记录分析	20	记录不正确，每项扣2分 记录分析不正确，每项扣5分			
5	知识点	10	不正确，每项扣2分			
6	思政点	8	违反文明生产及组织纪律扣3分 无合作意识和创新精神扣2分 无服务意识及责任感扣3分			
7	总　评			总　分		

课后测评

一、判断题

（　　）1. 主动悬架是在悬架系统中采用控制元件组成的一个闭环控制系统。

（　　　） 2. 装有电子控制悬架系统的汽车无论车辆负荷多少，都可以保持汽车高度一定，车身保持水平。

（　　　） 3. 装有电子控制悬架系统的汽车可以防止汽车急转弯时车身横向摆动和换档时车身纵向摇动。

（　　　） 4. 装有电子控制悬架系统的汽车在高速行驶时，可以使车高降低，以减少空气阻力，提高操纵的稳定性。

二、填空题

1. 电子控制悬架系统的功能有_____、_____和_____。

2. 汽车电子控制悬架系统主要由感应汽车运行状况的_____、_____、_____和_____组成。

三、简答题

1. 对电控悬架的要求有哪些?

2. 电控悬架具有哪些功能?

任务二　　空气悬架气动系统故障诊断与检修

任务目标

1. 知识目标

1) 了解气路元件的作用。

2) 掌握气路各元件的结构与工作原理。

2. 技能目标

1) 能够正确地拆装各部件。

2) 能够熟练地使用检测工具正确检测各部件。

3. 素养目标

培养遵守劳动纪律、保障生产安全的意识；树立职业道德、敬业精神、合作意识和创新精神的思维；养成良好的服务意识及责任感。

任务描述

空气悬架气动系统主要由过滤干燥器、空压机、空气管路、空气控制阀及空气弹簧组成，是悬架控制系统的基础元件，将净化干燥的空气升压后导入空气弹簧总成。电子控制空气悬架系统利用空气弹簧平缓路面冲击，保持车辆高度，以实现卓越的稳定性。工作中元件易出现磨损、疲劳、老化损伤而导致系统或元件漏气，出现车身不能升降、车身姿态不平及弹簧刚度不能调整等故障现象。

知识储备

1. 气动系统的作用

空气悬架气动系统向空气弹簧提供高压空气，电控系统以此高压空气对悬架的高度及刚度进行控制，改善车辆的乘坐舒适性和驾驶安全性。

2. 气动系统的组成及特点

（1）气动系统的组成　主要由空气压缩机总成、高度控制电磁阀、排气控制阀、空气弹簧、气动罐和空气管路组成。其中高度控制电磁阀多为每个空气弹簧各配一个，部分车型为前、后部空气弹簧分别共用一个高度控制阀，如图5-4所示。

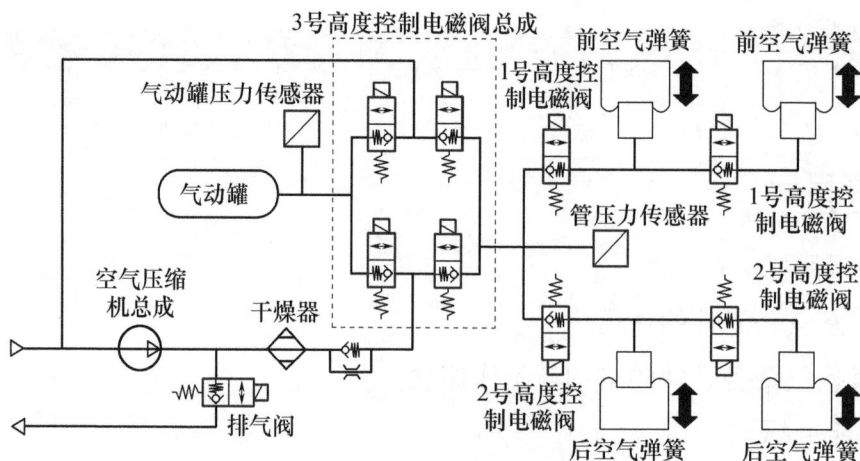

图5-4　雷克萨斯 LS500h 车身高度控制气动系统示意图

（2）主要特点　雷克萨斯 LS500h 采用由气动罐及3号高度控制电磁阀总成与空气弹簧组成的封闭式空气悬架系统，系统在进行车辆高度升高操作时，由于开放式空气悬架利用压缩机电动机压缩吸入的空气并将其供应到空气弹簧的气室中，由于压缩机的起动到产生压力需要一定时间，因此调整车辆高度的速度很慢。而封闭式空气悬架系统是直接将气动罐总成内预存的高压空气供给空气弹簧总成，所以能快速调节车辆高度。

3. 气动系统各组成部件

（1）空气压缩机总成　空气压缩机总成包括空气压缩机、排气电磁阀、干燥器和电动机等，如图5-5所示。其中除干燥器总成外，压缩机和排气电磁阀均不可维修，只能进行总成更换。

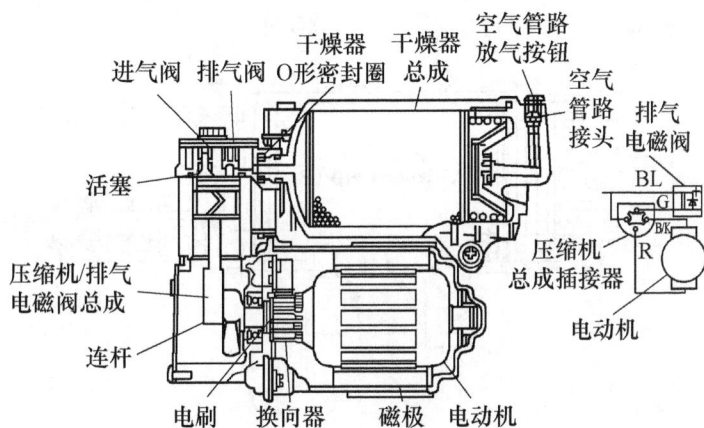

图5-5　空气压缩机总成

空气压缩机由活塞和曲柄连杆机构组成，由直流永磁电动机驱动。空气压缩机由ECU通过继电器进行控制，用来提供车身高度调节所需的压缩空气，如图5-6所示。从压缩机出来的空气进入干燥器，经干燥吸湿后被送入高度控制电磁阀，由高度控制电磁阀控制空气弹簧的充气量。空气弹簧空气室的压力由调节阀控制，当排气阀打开时，空气弹簧内的压缩空气从排气阀排入大气，同时将干燥器内的水分一起带走。

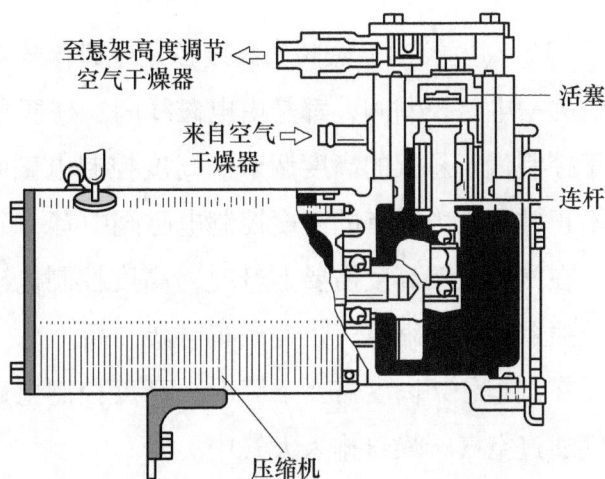

图5-6　空气压缩机工作示意图

当轿车载客人数增加时，车身高度会下降，车身高度传感器将这一信号传送给悬架 ECU，ECU 控制空气压缩机、车身高度控制电磁阀工作，向空气弹簧主气室充气，直至车身高度达到规定值；当车内载荷减少时，车身高度上升。此时，ECU 根据车身高度传感器传来的信号发出控制信号，打开车身高度控制电磁阀，使空气弹簧主气室的空气通过高度控制电磁阀、空气管路，从排气阀排出，从而使车身降低。

（2）空气干燥器（图5-7）　空气干燥器用于去除系统内由于空气压缩而产生的水分。为使结构紧凑，排气电磁阀、空气干燥器装在一起。空气干燥器安装在高度控制电磁阀和排气阀之间，内部充满了硅胶。

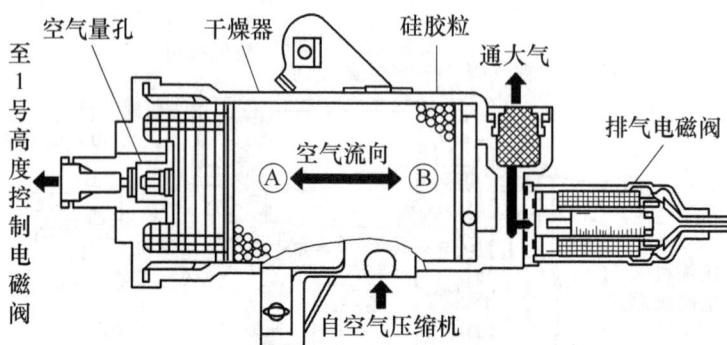

图 5-7　空气干燥器

Ⓐ 悬架上升时，空气从压缩机流向高度控制电磁阀

Ⓑ 悬架高度下降时，空气从高度控制电磁阀排入大气

（3）高度控制电磁阀　高度控制电磁阀安装于空气干燥器和气动减速振器之间，为一电磁控制阀，都是由电磁线圈、柱塞和活动铁心等组成，如图5-8所示，用于控制汽车悬架的高度调节。高度控制电磁阀有4个，为了防止空气管路中产生不正常的压力，有的高度控制电磁阀中有一个溢流阀。

在汽车悬架高度需要上升时，高度控制电磁阀接通，排气电磁阀关闭，向气动减振器充入压缩空气，使汽车悬架升高。

在汽车悬架高度需要下降时，高度控制电磁阀接通，排气电磁阀打开，压缩空气通过空气干燥器排入大气中。

（4）排气电磁阀　排气电磁阀安装于空气干燥器的末端，当接收到悬架控制ECU 发出降低悬架高度的指令时，即将系统中的压缩空气排出，如图5-9所示。

（5）空气弹簧　空气弹簧气室设计为一体式，如图5-10所示。雷克萨斯LS500h 空气弹簧的结构特点是取消了主、副气室结构，不再通过气室控制进行弹

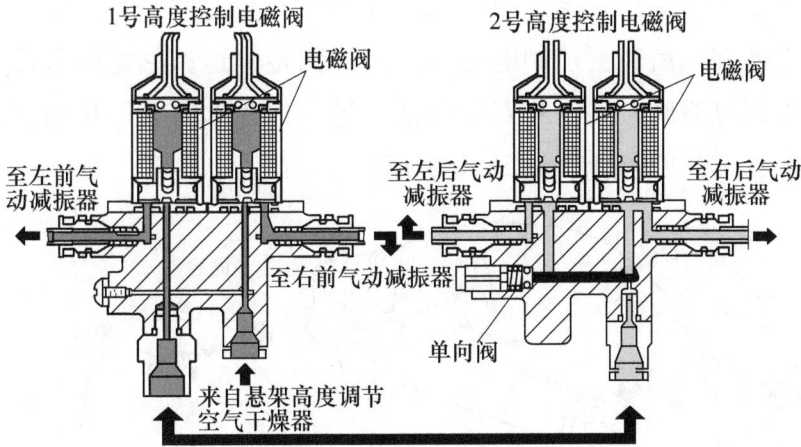

图 5-8　高度控制电磁阀

簧刚度调节，弹簧的刚度可根据车辆的负荷进行选配，空气弹簧的刚度与活塞的直径等因素相关。弹簧上的气口由胶管与控制阀相连，可调节车辆高度，空气弹簧上端与车身相连，下端与车桥相连。减振器的活塞通过中心杆和悬架控制执行器连接，执行器带动阻尼调节杆转动可以改变活塞上阻尼孔的大小，从而改变减振器的阻尼系数。

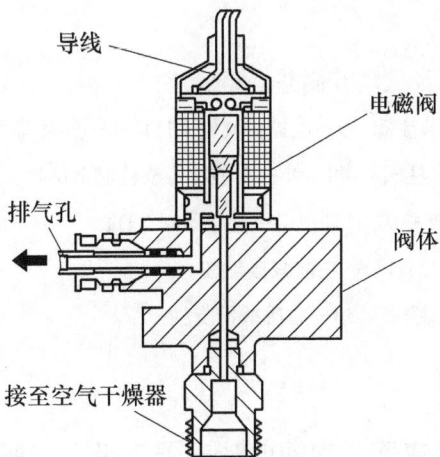

图 5-9　排气电磁阀

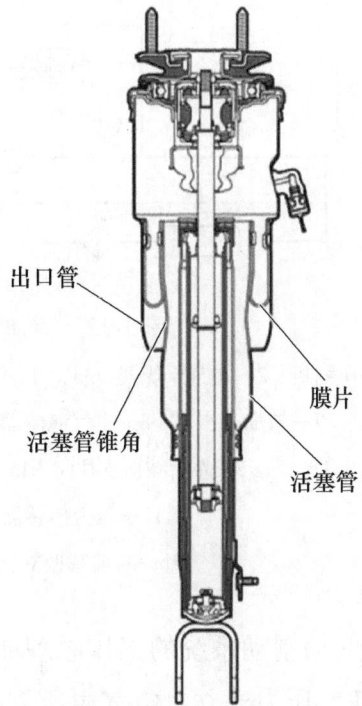

图 5-10　空气弹簧

（6）空气管路 空气悬架系统一般采用钢管和尼龙软管作为空气管。钢管用于固定车身上的前、后高度控制电磁阀之间的固定管道；尼龙软管用于诸如空气弹簧与高度控制电磁阀之间有相对运动的管道。尼龙软管采用单触式接头，以方便维修和具有良好的密封性，如图5-11所示。

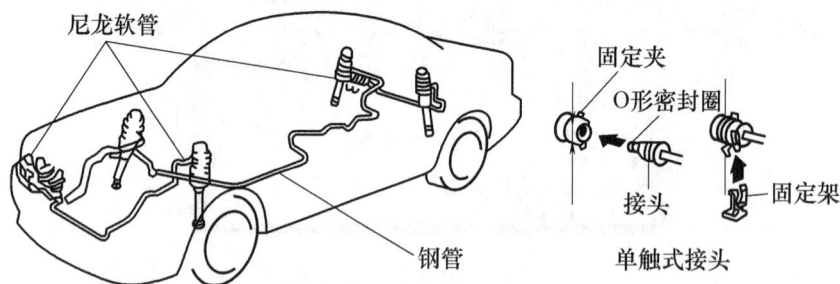

图5-11 悬架的空气管路

（7）奥迪A8轿车空气悬架气动控制系统的组成 奥迪A8轿车空气悬架气动控制系统主要由压缩机、空气干燥器、排气阀和空气滤清器等组成，如图5-12所示。

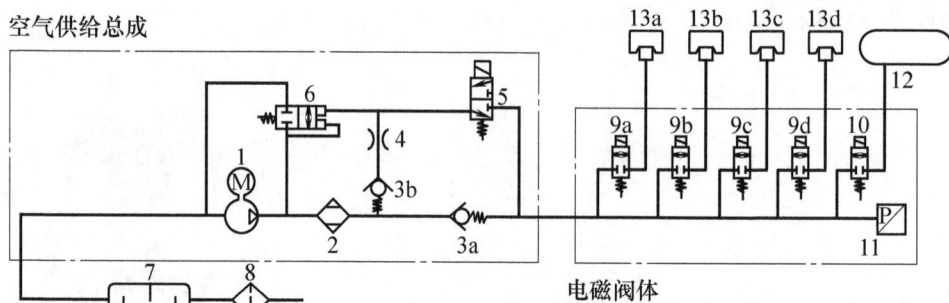

图5-12 奥迪A8轿车空气悬架气动控制系统组成

1—压缩机 2—空气干燥器 3a、3b—单向阀 4—排气节流阀 5—电控排气阀N111 6—气动排气阀
7—辅助消声器 8—空气滤清器 9a—左前减振支柱阀N148 9b—右前减振支柱阀N149
9c—左后减振支柱阀N150 9d—右后减振支柱阀N151 10—蓄能器阀N311
11—压力传感器G291 12—蓄能器 13a—左前减振支柱
13b—右前减振支柱 13c—左后减振支柱 13d—右后减振支柱

气动制动系统的工作原理如下：

1）压力建立。空气由压缩机1经空气滤清器8和辅助消声器7吸入。压缩空气经空气干燥器2、单向阀3a和阀9进入空气弹簧。如果空气弹簧由蓄能器充气，那么阀10和相应车轿上的阀9就会打开。蓄能器12由压缩机1经打开的阀10来

充气。在车辆发生侧滑时，阀9a～9d也可单独来调节。

2）卸压过程。相应的阀9a、9b和9c、9d以及电控排气阀5打开，气流流经排气阀5并打开气动排气阀6。气流经排气阀6、辅助消声器7和空气滤清器8离开系统。当气流流经空气干燥器2时，干燥剂就被还原了，系统工作如图5-13所示。

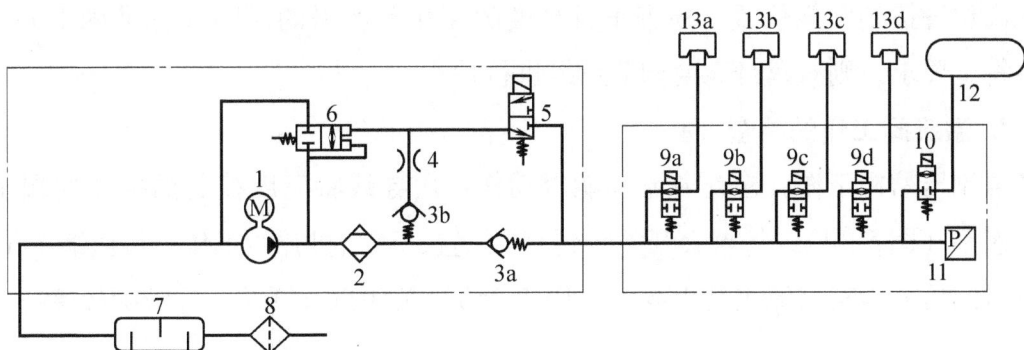

图5-13 奥迪A8空气悬架气动控制系统工作示意图

注：图中数字注解同图5-12。

任务准备

1）设备及工具：举升器、带有空气悬架的整车一台、汽车故障诊断仪、手盆、肥皂水、抹布、常用成套拆装工具及螺钉旋具。

2）根据作业任务特点对学生进行分组；发放维修手册，制订工艺流程及作业工单，确定评价机制，制订评价标准。

3）强调任务责任、安全意识、操作规范和质量标准等量化指标，确保工作任务安全有序，保质保量地完成。

任务实施

1. 一般检查

电控悬架的一般性检查是对悬架的一些功能、状态进行检查和调整，以便及时发现问题，确保电控悬架系统正常工作。

2. 汽车高度调整功能的检查

（1）大致检查 拨动手动车身高度控制开关，看汽车高度变化是否正常。

（2）车身升高检查 检查轮胎气压，胎压应符合要求（前轮为230kPa，后轮为250kPa）；起动发动机，将车身高度控制开关从NORM转到HIGH，检查车身高度的变化情况及所需的时间。如果不符合要求，应对车身高度调节系统进行检查。

从高度控制开关拨到高位置到压缩机起动约需 2s；从压缩机开始工作到完成车身高度调整需 20～40s；车身高度变化量应为 10～30mm。

（3）车身降低检查 在车身处于高的状态下起动发动机，将车身高度控制开关从高位置拨到常规位置，检查车身高度的变化和所需的时间（标准同上）；如果不符合要求，则对车身高度调节系统进行检查。

3. 溢流阀工作的检查

强制压缩机工作，检查溢流阀能否动作：用导线将高度控制插接器的端子 1 和 7 连接（图 5-14），将点火开关转到 ON 位置，压缩机开始工作；待压缩机工作一段时间后，检查溢流阀是否放气（图 5-15）；关闭点火开关，并清除故障码。

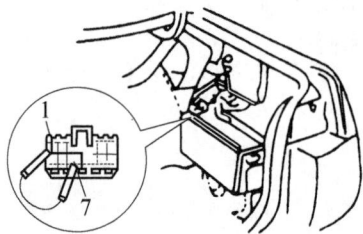

图 5-14 高度插接器端子连接

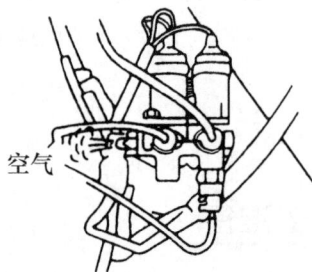

图 5-15 溢流阀放气

如果不能放气，则检查管路中有无漏气、压缩机工作是否正常、溢流阀是否堵塞等。

上述故障都将引起悬架气室压力不正常，造成悬架刚度和车身高度调整不正常；用导线连接高度插接器端子 7 和 1 的方法使压缩机工作，悬架 ECU 会认为有故障而记录下故障码。因此，检查完后，应进行故障码的清除工作。

4. 空气管路漏气的检查

管路漏气将直接影响悬架正常的调节功能。起动发动机，将手动高度控制开关拨到高位置，使车身升高；待车身升高后，关闭点火开关，在管子的接头处涂上肥皂水，检查有无漏气，如图 5-16 所示。

5. 填写记录

记录检测结果，填写任务单。

6. 做好收尾工作

整理、清洁作业现场。

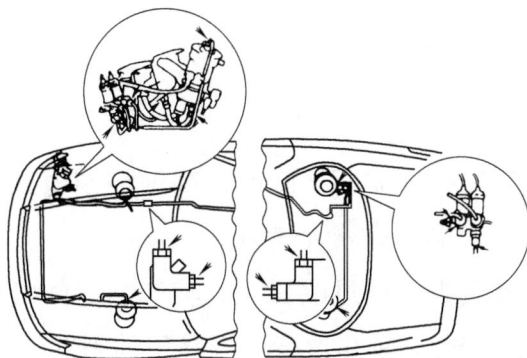

图 5-16　检查漏气的管子接头处

检测评价

评价机构人员由学校高级讲师、企业高级技师及经验丰富的客户组成。三方分别侧重学生知识点、技能点及服务意识的考核。

根据任务完成情况及作业工单，填写以下评价表。

班级：　　　　　　　姓名：　　　　　　　学号：

序号	考核内容	配分	评 分 标 准	评分记录	扣分	得分
1	生产安全	20	作业工艺流程不符合要求、有安全隐患的，每项扣 3 分 违反设备、工具、量具安全操作规程，该项不得分 汽油等易燃物使用不当，该项不得分			
2	操作流程规范	26	不能严格执行作业指导书或维修手册操作规范的，每项扣 2 分			
3	量具与工具使用	16	工具、量具组装及校正错误，该项不得分 工具、量具使用及测量方法不正确，每次扣 2 分			
4	任务工单记录分析	20	记录不正确，每项扣 2 分 记录分析不正确，每项扣 5 分			
5	知识点	10	不正确，每项扣 2 分			
6	思政点	8	违反文明生产及组织纪律扣 3 分 无合作意识和创新精神扣 2 分 无服务意识及责任感扣 3 分			
7	总　评			总　分		

课后测评

一、判断题

(   ) 1. 在汽车悬架高度需要下降时，高度控制电磁阀关闭，排气控制阀打开，压缩空气通过空气干燥器排入大气中。

(   ) 2. 在空气弹簧中，通过改变主、辅气室之间气体通路的大小，使主气室被压缩的空气量发生变化，就可改变空气悬架的刚度。

二、填空题

1. 空气压缩机由_____和_____组成。

2. 气动系统主要有_____、_____、_____、_____和连接管路组成。

三、简答题

简述空气弹簧刚度的调节原理。

任务三　电子控制系统故障诊断与检修

任务目标

1. 知识目标

1) 掌握电子控制系统的组成及功用。

2) 掌握电子控制系统各元件结构与工作原理。

2. 技能目标

1) 能够正确地拆装各电气元件。

2) 掌握电子元件的检测方法。

3) 掌握手动车身高度的调整方法。

3. 素养目标

培养遵守劳动纪律、保障生产安全的意识；树立职业道德、敬业精神、合作意识和创新精神的思维；养成良好的服务意识及责任感。

任务描述

车身的姿态、高度及弹簧刚度的调整是由电子控制系统实现的，通过传感器对车身高度、姿态及车身跳动加速度进行实时监控，控制电磁阀动作，实现各功能控制。当电子控制系统中某一元件或线路出现故障时，就会出现车身高度、姿态不能调节，空气弹簧刚度不能控制，严重影响车辆的通过性、操控性及安全舒适性。故障排除的主要方法是通过诊断设备诊断，用检测工具完成检修。

知识储备

1. 作用

根据传感器输入的车辆行驶状态信息，调整车身高度和姿态，并进行路感控制，提高车辆通过性、操控性及安全舒适性。

2. 电子控制系统的组成及原理

主要由悬架 ECU、各种传感器、开关及执行器组成，如图 5-17 所示。

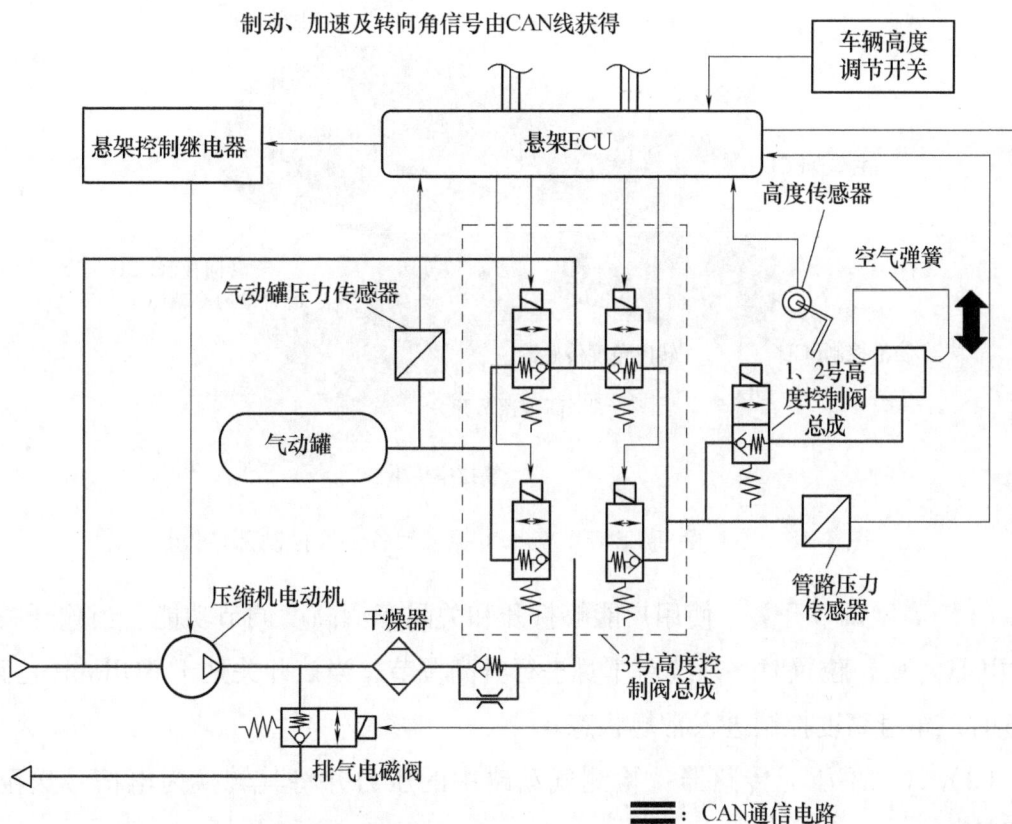

图 5-17　雷克萨斯 LS500h 轿车电子控制系统

输入 ECU 控制系统的信号包括：转向盘转角传感器、加速度传感器、制动压力传感器、车速传感器、车身高度传感器、车门传感器以及模式选择开关等多种信号。其中转向盘转角传感器安装于转向柱上，通过转向盘的转角信号间接地把电动汽车转向程度（快慢、大小）的信息送给 ECU；加速度传感器的作用就是把加速踏板的加速动作信号送给 ECU；而制动压力传感器也就是制动踏板上的制动力信号，制动时向 ECU 送出一个阶跃信号，使 ECU 产生并输出抑制"点头"的信号；车速传感器安装于车轮上，送出与转速成正比的脉冲信号，ECU 利用该信号与转向盘转角信号，可计算出车身的倾斜程度；车身高度传感器有 4 个，分别位于前左、前右、后左、后右位置的相应悬架上，用来测量车身与车轮的相对高度，其变化频率和幅度可反映车身的平顺性信息，同时也用于车高的自动调节；车门传感器是为防止行车过程中车门未关闭而设置的；模式选择开关位于驾驶室仪表盘上，由驾驶人按需要进行控制模式选择。

3. 电子控制系统各组成部件的结构及工作原理

雷克萨斯 LS500h 汽车电控悬架各主要控制部件位置如图 5-18 所示。

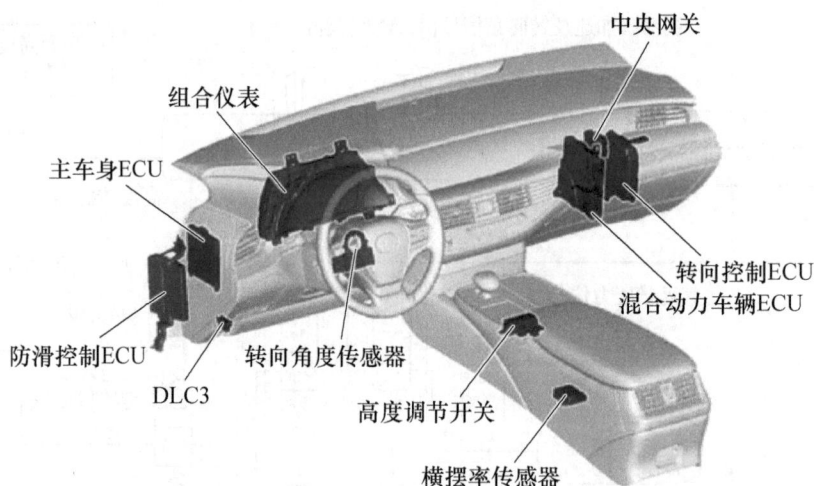

图 5-18　雷克萨斯 LS500h 汽车电控悬架各主要控制部件位置

（1）高度调节开关　使用户能够打开和关闭车辆高度调节功能。当该开关处于 HIGH（高）位置时，系统对车身进行升高调节；当该开关处于 NORM（正常）位置时，车身高度控制进入常规状态。

（2）气动罐压力传感器　检测气动罐中的压力并将其转换为电信号送至悬架 ECU。

（3）管路压力传感器　检测管路中的压力。

（4）悬架控制继电器　向压缩机电动机供电。

（5）压缩机电动机　产生车辆高度控制所需的压缩空气。

（6）高度控制排气阀　打开并将系统内的压缩空气排放到外部空气中，包括气动罐总成和带减振器的气动缸总成内的压缩空气。

（7）3号高度控制阀分总成　根据控制情况切换系统内的气流通道。

（8）高度控制压缩机热敏电阻　检测压缩机电动机附近的温度。

（9）1号和2号高度控制阀分总成　关闭后可以保持各带减振器的气动缸总成内的压缩空气。此外，在车辆高度控制期间打开可以调节带减振器的气动缸总成内的空气量。

（10）高度控制传感器　检测车辆高度的升高和降低。

（11）悬架控制ECU　根据来自各传感器、开关和ECU的信号控制车辆高度。

（12）主车身ECU（多路网络车身ECU）　检测各车门、行李舱门或发动机罩是打开还是关闭，并将信号发送至悬架ECU。

（13）ECM　检测发动机转速并将信号发送至悬架ECU。

（14）防滑控制ECU　检测车轮转速、制动灯开关状态、轮缸压力和主缸压力，并将信号发送至悬架控制ECU。

（15）横摆率传感器（带内置式减速度传感器）　检测车辆纵向和横向加速度和减速度，并将信号发送至悬架ECU。

（16）转向控制ECU　检测VGRS系统工作状态，并将信号发送至悬架ECU。

（17）混合动力车辆控制ECU　检测电源开关是否置于ON（READY）位置及变速杆位置，并将信号发送至悬架ECU。

（18）转向角度传感器　检测转向盘的角度和方向，并将信号发送至悬架ECU。

（19）高模式指示灯　使用车辆高度调节功能打开高模式时亮。

4. 常见控制功能

（1）进入模式控制　悬架ECU根据门锁和车门的状态判定是否有乘员上车。车辆高度调节功能的高模式关闭时，悬架ECU使车辆前部和后部高度升高30mm。通过选择驻车高度功能选择"HIGH"时，悬架ECU使车辆高度升高20mm。通过车辆高度调节功能打开高模式时，悬架ECU使车辆高度升高10mm。

车速变为20km/h或更高时，车辆恢复初始高度。之后，执行车速感应控制。

通过车辆高度调节功能打开高模式时，车辆恢复高模式的高度。

（2）出口高度控制　悬架 ECU 根据档位和车门状态判定是否有乘员上、下车，并使车辆前部和后部高度升高 10mm。

车速变为 20km/h 或更高时，车辆恢复初始高度。之后，执行车速感应控制。

（3）车门锁止时的角度（左/右）调节控制　悬架 ECU 检测到执行车门锁止操作时，根据乘员下车后车辆载重的变化调节车辆角度。

（4）自动水平控制　无论乘员数量和载荷量多少，将电源开关置于 ON（READY）位置时，执行自动水平控制以使车辆高度保持在一个合适的水平。

（5）车速感应控制　根据车速自动调节车辆高度。车速升高时，车辆高度降低；车速降低时，车辆高度升高。

（6）积累控制　安装在气动罐总成上的高度控制压力传感器检测到系统内压力下降时，压缩机电动机运行，将车外空气吸入并积累在气动罐总成内。压缩机电动机以一定的间隔反复运行和停止以防止电动机过热。气动罐通过排气门排出干燥器内的湿气，吸入一定量的空气并排放出来，从而保持恒定的压力。

（7）压力降低控制　安装在气动罐上的高度控制压力传感器检测到系统压力高时，气动罐总成内的压缩空气通过排气门排到外部空气中。

（8）车辆高度调节功能　通过操作车辆高度调节开关可打开和关闭高模式。打开高模式时，车辆高度比正常水平时升高 20mm，且组合仪表总成内的高模式指示灯亮。

5. 电控悬架电路故障的检查方法

电控悬架出现故障时，无论自诊断系统有无故障码输出，都需要进行系统电路故障检查。

如果取得了故障码，可根据故障码的指示对故障的电路进行检查，以找出确切的故障部位，排除故障。若故障码所指示的故障电路正常，则一般应检修或更换悬架 ECU。应注意的是，在有故障码输出的情况下，悬架 ECU 就已中断了相应的悬架刚度和阻尼或车身高度控制。因此，不断开 ECU 仅通过控制开关使其执行器动作来判断故障是不可行的。

如果无故障码显示，则需根据故障分析的结果，对与故障症状相关的电路和部件逐个进行检查。如果所有可能的故障电路和部件均无问题，但悬架控制系统故障症状确实存在，则需对悬架 ECU 进行检查或更换。

丰田雷克萨斯 LS500h 轿车电控悬架电路如图 5-19 所示。

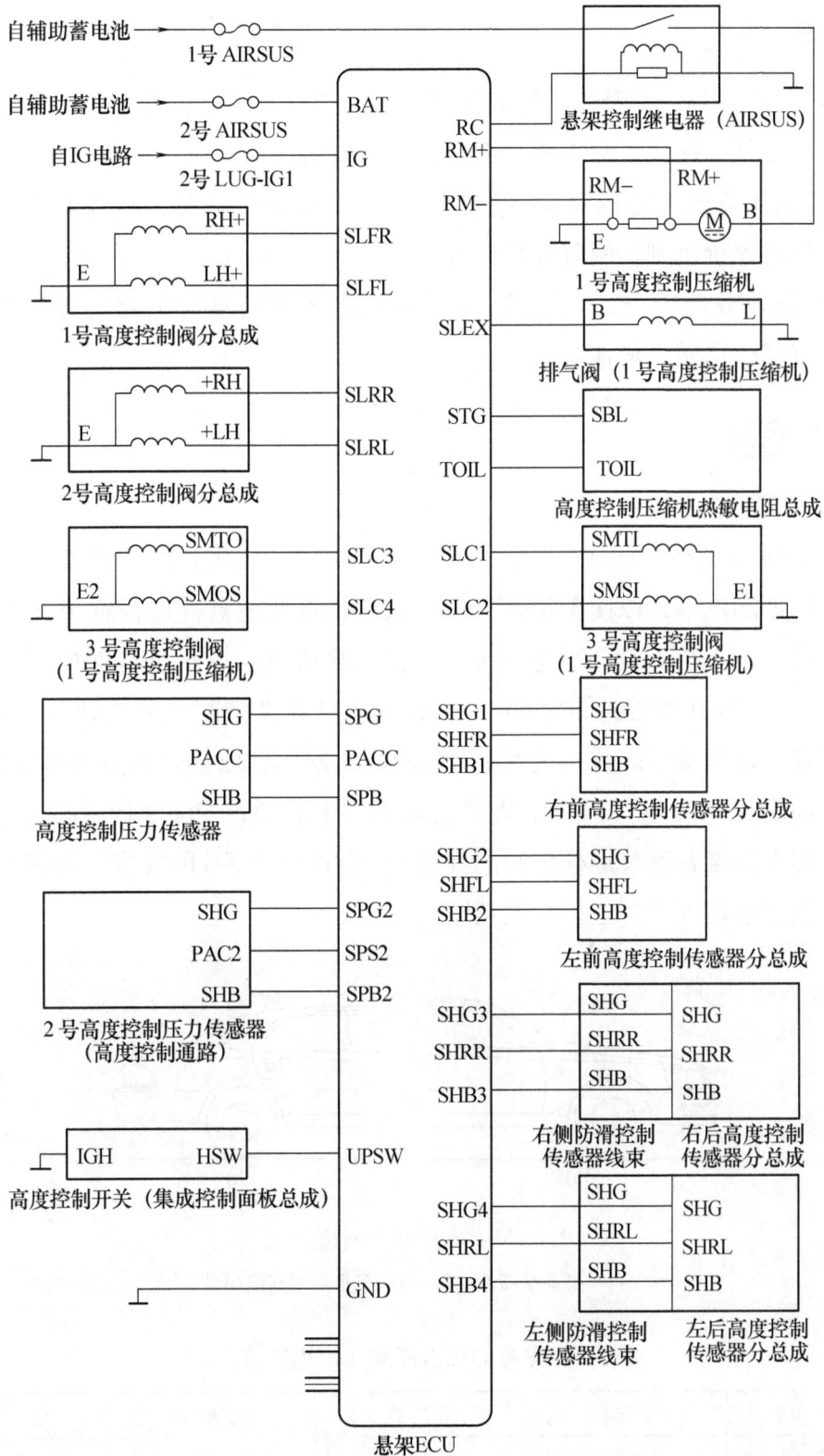

图 5-19　丰田雷克萨斯 LS500h 轿车电控悬架电路

任务准备

1）设备及工具：举升器、带有空气悬架的整车1辆、汽车故障诊断仪、万用表、试灯、测试连接线、常用成套拆装工具及螺钉旋具。

2）根据作业任务特点对学生进行分组；发放维修手册，制订工艺流程及作业工单，确定评价机制，制订评价标准。

3）强调任务责任、安全意识、操作规范和质量标准等量化指标，确保工作任务安全有序、保质保量地完成。

任务实施

1. 车身高度的检查

将LRC开关拨到NORM位置，使车身上下跳振几次，以使悬架处于稳定状态；前、后推动汽车，以使车轮处于稳定状态；将变速器变速杆置于N位，松开停车制动器（应挡住车轮不让它转动），起动发动机；将车身高度控制开关拨到HIGH位置，车身升高后，等待60s，然后将车身高度控制开关拨到NORM位置，使车身下降，待车身下降后再过50s，重复上述操作，以使悬架各部件稳定下来；测量车身高度（如图5-20所示，前端为地面与下悬架臂安装螺栓中心的高度；后端为地面与下悬架臂安装螺栓中心的高度），应符合表5-1的要求，否则应通过转动车身高度传感器连接杆进行高度调整。

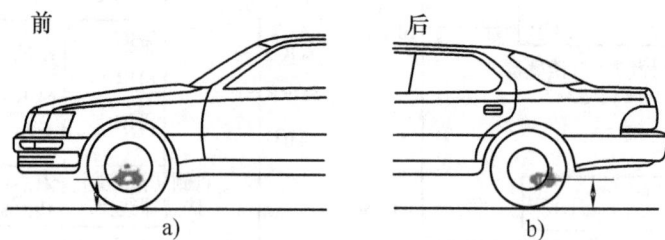

图5-20　车身高度测量位置

a）车身前端高度测量　b）车身后端高度测量

表5-1　车身的正常高度（NORM位置）

部　　位	车前端	车后端	左右误差	前后误差
高度/mm	228 ± 10	210 ± 10	< 10	17.5 ± 1.5

2. 车身高度的调整

拧松车身高度传感器连接杆上的两个锁紧螺母，转动车身高度传感器连接杆，以调节其长度（连接杆每转一圈，车身高度变化大约4mm）；检查车身高度传感器连接杆的尺寸，不应小于极限尺寸（前后端均为13mm）；暂时拧紧锁紧螺母，复查车身高度；车身高度调整完后，拧紧锁紧螺母，拧紧力矩为4.4N·m。

> **≫ 注意**　车身高度的检查与调整应在水平的地面进行，且高度控制开关拨到常规位置；在拧紧车身高度传感器连接杆锁紧螺母时，应确保球节与托架平行；车身高度调整后，应检查车轮定位。

3. 高度传感器的检查（以前轮高度传感器为例）

串联3节干电池（1.5V），将电池的正极（＋）引线连接到端子3（SHB），将电池的负极（－）引线连接到端子1（SHG），如图5-21所示。

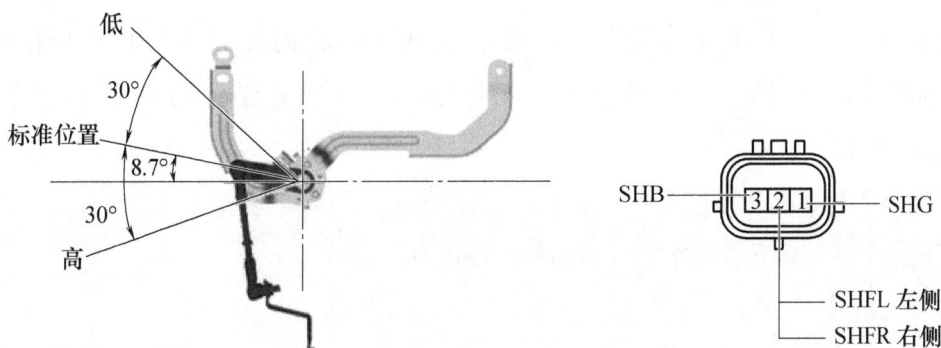

图5-21　前轮高度传感器的检查

缓慢上下移动连杆时，测量端子2（SHFL、SHFR）和端子1（SHG）之间的电压。其电压值应符合表5-2标准，否则应更换高度传感器。

表5-2　高度传感器端子2（SHFL、SHFR）和端子1（SHG）之间电压值标准

检测仪连接	条　件	电压值标准
A74-2（SHFL）-A74-1（SHG）左侧	+30°（高）	3.45V
	0°（标准位置）	2.25V
	-30°（低）	1.05V
A75-2（SHFR）-A75-1（SHG）右侧	+30°（高）	3.45V
	0°（标准位置）	2.25V
	-30°（低）	1.05V

4. 压缩机总成电器部件的检查

（1）检查排气电磁阀 测量排气电磁阀的电阻，如图 5-22 所示。排气电磁阀电阻值标准见表 5-3。

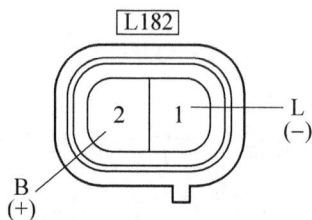

L182

图 5-22 排气电磁阀电阻的测量

表 5-3 排气电磁阀电阻值标准

检测仪连接	条 件	电阻值标准
L182-1（L）- L182-2（B）	20℃（68°F）时	9.36 ~ 10.14Ω

检查排气电磁阀的工作情况。将蓄电池电压施加到各端子上并检查排气电磁阀内部阀门的工作情况，应符合表 5-4 标准。如果检查结果有一项不符合规定，则更换压缩机。

>> **注意** ┃ 不要操作阀门持续或超过 60s。

表 5-4 排气电磁阀内部阀门的工作情况标准

检测仪连接	标准状态
蓄电池正极（＋）→L182-1（＋） 蓄电池负极（－）→L182-2（－）	工作（应能听到工作声音）

（2）检查压缩机电动机 检查压缩机的工作情况。将蓄电池电压施加到各端子上并检查 1 号高度控制压缩机的工作情况（压缩机电动机）。电路连接如图 5-23 所示，工作情况标准见表 5-5。

表 5-5 压缩机电动机工作情况标准

检测仪连接	标准状态
蓄电池正极（＋）→P10-1（B） 蓄电池负极（－）→P10-2（E）	工作（听到工作声音）

P10

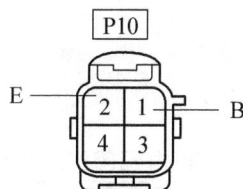

图 5-23　检查压缩机电动机

>> **注意**　　不要操作高度控制压缩机达 60s 或更长时间。由于高度控制压缩机内短路或锁止会导致电流过大，因此压缩机电动机不运转时应立刻停止操作。如果结果不符合规定，则更换压缩机。

（3）检查 3 号高度控制阀　测量 3 号高度控制阀各端子间电阻值，如图 5-24 所示，测量结果应符合表 5-6 中的电阻值标准。

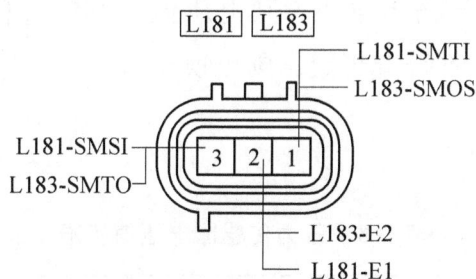

图 5-24　检查 3 号高度控制阀

表 5-6　3 号高度控制阀各端子间电阻值标准

检测仪连接	条　件	电阻值标准
L181-1（SMT1）-L181-2（E）		
L181-3（SMSI）-L181-2（E）	20℃（68°F）时	9.36～10.14Ω
L183-1（SMOS）-L183-2（E）		
L183-3（SMTO）-L183-2（E）		

将蓄电池电压施加到 3 号高度控制阀各端子上并检查电磁阀内部阀门的工作情况，应符合表 5-7 标准，能听到控制阀工作的声音。如果结果不符合规定，则更换 3 号高度控制阀压缩机。

| 注意 | 不要操作阀门持续或超过60s。 |

表5-7　电磁阀内部阀门工作情况标准

检测仪连接	标 准 状 态
蓄电池正极（＋）→L181-1（SMTI） 蓄电池负极（－）→L181-2（E1）	工作（听到工作声音）
蓄电池正极（＋）→L181-3（SMSI） 蓄电池负极（－）→L181-2（E1）	工作（听到工作声音）
蓄电池正极（＋）→L183-1（SMOS） 蓄电池负极（－）→L183-2（E2）	工作（听到工作声音）
蓄电池正极（＋）→L183-3（SMTO） 蓄电池负极（－）→L183-2（E2）	工作（听到工作声音）

（4）检查压力传感器　将5V直流电源接到压力传感器的对应接线端子上，如图5-25所示。测量压力传感器信号输出电压，其电压值标准见表5-8。如果结果不符合规定，则更换压力传感器。

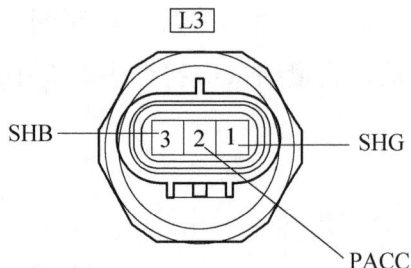

图5-25　检查压力传感器

表5-8　压力传感器电压值标准

检测仪连接	条　　件	电压值标准
L3-2（PACC）-L3-3（SHB）	在端子1（SHG）和3（SHB）之间施加5V电压	0.5～4.5V

（5）检查压缩机热敏电阻　检查压缩机热敏电阻两端子间的电阻值，如图5-26所示。当温度变化时其阻值相应变化，其变化规律应符合表5-9中的数值。如果结果不符合规定，则更换压缩机热敏电阻。

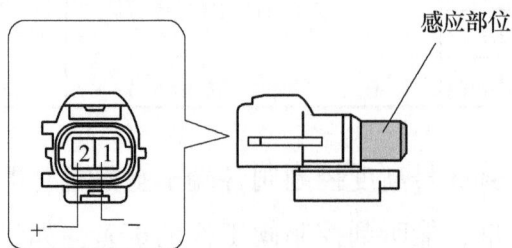

图5-26　检查压缩机热敏电阻

表5-9　压缩机热敏电阻值标准

检测仪连接	条　件	电阻值标准
L180-1（－）-L180-2（＋）	10℃（50°F）	3.00～3.73kΩ
	15℃（59°F）	2.45～2.88kΩ
	20℃（68°F）	1.95～2.30kΩ
	25℃（77°F）	1.60～1.80kΩ
	30℃（86°F）	1.28～1.47kΩ
	35℃（95°F）	1.00～1.22kΩ
	40℃（104°F）	0.80～1.00kΩ
	45℃（113°F）	0.65～0.85kΩ
	50℃（122°F）	0.50～0.70kΩ
	55℃（131°F）	0.44～0.60kΩ
	60℃（140°F）	0.36～0.50kΩ

（6）检查1号高度控制阀分总成　检查1号高度控制阀分总成各端子间电阻值，如图5-27所示。电阻值检测结果应符合表5-10中的数值标准。

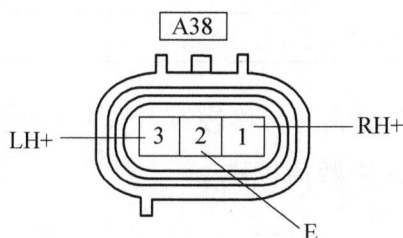

图5-27　检查1号高度控制阀

表5-10　1号高度控制阀电阻值标准

检测仪连接	条　件	电阻值标准
A38-1（RH＋）-A38-2（E）	20℃（68°F）时	9.36～10.14Ω
A38-3（LH＋）-A38-2（E）		

将蓄电池电压施加到端子时，检查1号高度控制阀的工作声音，标准见表5-11。如果结果不符合规定，则更换1号高度控制阀分总成。用同样的方法即可检查2号高度控制阀总成的状态。

表5-11　1号高度控制阀工作声音标准

检测仪连接	标准状态
A38-1（RH＋）-A38-2（E）	可听见1号高度控制阀的工作声音
A38-3（LH＋）-A38-2（E）	

（7）检查悬架控制继电器 拆下悬架控制继电器。检查悬架控制继电器壳和端子是否变形和腐蚀。如果正常，检查继电器触点接触情况，如图5-28所示。检查结果应符合表5-12规定的标准要求。如果结果不符合规定，则更换悬架控制继电器。

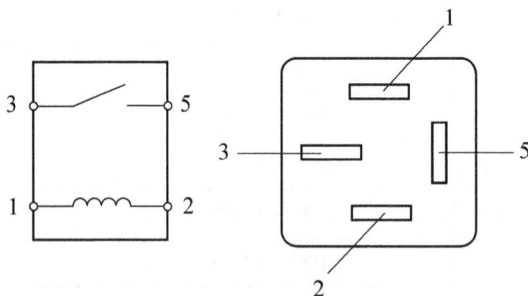

图5-28 检查悬架控制继电器

表5-12 悬架控制继电器电阻值标准

检测仪连接	条 件	电阻值标准
3-5	未在端子1和2之间施加蓄电池电压	10kΩ或更大
	在端子1和2之间施加蓄电池电压	小于1Ω

（8）检查集成控制面板总成（高度控制开关） 测量图5-29中两端子间的电阻值，其结果应符合表5-13中数值标准。

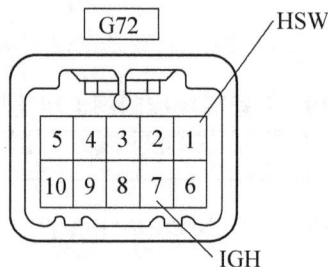

图5-29 检查集成控制面板总成（高度控制开关）

表5-13 集成控制面板总成（高度控制开关）电阻值标准

检测仪连接	开关状态	电阻值标准
G72-4（HSW）-G72-10（IGH）	按下开关	小于10Ω
	未按下开关	10kΩ或更大

将蓄电池电压施加在如图5-30所示集成控制面板总成（高度控制开关）端子之间，并检查集成控制面板总成（高度控制开关）的照明情况，检查结果应符

合表 5-14 中的要求。如果结果不符合规定，则更换集成控制面板总成（高度控制开关）。

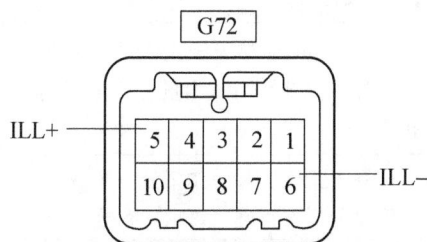

图 5-30　检查集成控制面板总成（高度控制开关）照明灯

表 5-14　集成控制面板总成（高度控制开关）的照明情况标准

检测仪连接	标准状态
蓄电池正极（＋）→G72-5（ILL＋） 蓄电池负极（－）→G72-6（ILL－）	亮

5. 填写记录单

记录检测结果，填写任务单。

6. 做好收尾工作

整理、清洁作业现场。

检测评价

评价机构人员由学校高级讲师、企业高级技师及经验丰富的客户组成。三方分别侧重学生知识点、技能点及服务意识的考核。

根据任务完成情况及作业工单，填写以下评价表。

班级：　　　　　　　　姓名：　　　　　　　　学号：

序号	考核内容	配分	评分标准	评分记录	扣分	得分
1	生产安全	20	作业工艺流程不符合要求、有安全隐患的，每项扣3分 违反设备、工具、量具安全操作规程，该项不得分 汽油等易燃物使用不当，该项不得分			
2	操作流程规范	26	不能严格执行作业指导书或维修手册操作规范的，每项扣2分			

（续）

序号	考核内容	配分	评 分 标 准	评分记录	扣分	得分
3	量具与工具使用	16	工具、量具组装及校正错误，该项不得分 工具、量具使用及测量方法不正确，每次扣2分			
4	任务工单记录分析	20	记录不正确，每项扣2分 记录分析不正确，每项扣5分			
5	知识点	10	不正确，每项扣2分			
6	思政点	8	违反文明生产及组织纪律扣3分 无合作意识和创新精神扣2分 无服务意识及责任感扣3分			
7	总 评				总 分	

课后测评

一、判断题

（　　）1. 转向盘转角传感器用于检测转向盘的中间位置、转动方向、转向角度和转动速度。

（　　）2. 当车速超过60km/h时，为了提高汽车的行驶稳定性和减少空气阻力，ECU使排气阀和高度控制电磁阀工作，悬架气室向外排气，以降低车身高度。

二、填空题

1. 汽车电控悬架系统的传感器有_____、_____、_____和_____等。

2. 汽车电控悬架系统的开关有_____、_____、_____和_____等。

三、简答题

1. 电控悬架的传感器及开关有哪些？各有何作用？

2. 悬架电控单元（ECU）的功能有哪些？

3. 汽车高度如何调整？

参 考 文 献

[1] 庞成立. 汽车底盘电控系统原理与检修 [M]. 哈尔滨：哈尔滨工业大学出版社，2013.

[2] 谭小锋. 汽车底盘电控系统构造原理与检修 [M]. 北京：机械工业出版社，2016.

[3] 鲁民巧. 汽车构造 [M]. 北京：高等教育出版社，2008.